Gleison dos Santos Soares
ORGANIZADOR

CIÊNCIAS CRIMINAIS EM TÓPICOS ESPECIAIS

Dados Internacionais de Catalogação na Publicação (CIP)
(Câmara Brasileira do Livro, SP, Brasil)

Ciências criminais em tópicos especiais /
organizador Gleison dos Santos Soares. --
1. ed. -- São Paulo : Letras Juridicas Editora,
2021.

424 p.; 23 cm
Bibliografia
ISBN 978-65-89565-16-1

1. Criminologia 2. Direito criminal 3. Direito
penal 4. Direito penal - Brasil 5. Processo penal
6. Política criminal I. Soares, Gleison dos Santos.

21-68739 CDU-343.1(81)

Índices para catálogo sistemático:

1. Brasil : Processo penal : Direito penal 343.1(81)

Maria Alice Ferreira - Bibliotecária - CRB-8/7964

GLEISON DOS SANTOS SOARES

Juiz de Direito do Tribunal de Justiça do Estado da Bahia.
Doutorando em Direito Público e Evolução Social
pela Universidade Estácio de Sá.
Mestre em Direito Público pela Universidade Federal da Bahia.
Pós-graduado em Direito Penal e comportamento humano pela
Universidade de Castilla-La Mancha.
Pós-graduado em Processo Penal pela Universidade de Coimbra.
Especialista em Ciências Criminais pela Universidade Estácio de Sá.

ORGANIZADOR

CIÊNCIAS CRIMINAIS EM TÓPICOS ESPECIAIS

1ª Edição – 2021 – São Paulo – SP

LETRAS Jurídicas

Capa, Diagramação e Montagem de Capa:
Armenio Almeida Designer

Revisão:
Juliana Nicoletti

Editor:
Cláudio P. Freire

1a Edição – 2021 – São Paulo – SP

LETRAS Jurídicas

LETRAS JURÍDICAS EDITORA
Rua Eduardo Prado, 28, Casa 1 – Vila Bocaina
CEP 09310-500 – MAUÁ – SP.
Telefone/Fax (11) 3107-6501 – Celular (11) 9-9352-5354
Site: www.letrasjuridicas.com.br;
E-mail: vendas@letrasjuridicas.com.br;

Impresso no Brasil

APRESENTAÇÃO

A presente obra foi fruto da confluência do pensamento científico criminal no âmbito brasileiro e latino-americano, contando com a colaboração dos mais de diversos e capacitados pesquisadores que se dedicam diuturnamente a identificar os problemas hodiernos, investigando minuciosamente suas causas e apresentando horizontes viáveis por onde a ciência penal deverá seguir caminhando.

Para tanto, essa coletânea de contributos científicos repousou seus olhares sobre as mais variadas questões do Direito Penal, Processo Penal, Criminologia e Política Criminal, debruçando-se sobre as discussões atualmente relevantes que envolvem a teoria da pena, punitivismo, sistema carcerário, igualdade e violência de gênero, atos infracionais, neurociências, neuro direito, inteligência artificial, dolo, política criminal de drogas, acordo de não persecução penal, investigação criminal e presunção de inocência.

Sem descuidar da precisão técnica e dos profundos fundamentos que alicerçaram os escritos aqui abrangidos, os autores buscaram contextualizar as temáticas abordadas em face à realidade social que os rodeia, tudo sob a contínua perspectiva da implementação dos direitos humanos e fundamentais no seio do Estado Democrático de Direito diuturnamente concretizado.

Certo da importância deste trabalho coletivo para a conformação do espírito crítico no âmbito das Ciências Criminais desejo a todos uma ótima leitura!

Gleison dos Santos Soares
(Organizador)

SUMÁRIO

PENA CRIMINAL E INTELIGÊNCIA ARTIFICIAL:

breves considerações sobre o vácuo de justificação das teorias da pena diante das novas formas de inteligência artificial

Gleison dos Santos Soares[1]

RESUMO

Este artigo científico visa analisar as teorias acerca das finalidades da pena criminal, identificando a construção filosófica das teorias absolutistas, especialmente de Kant e Hegel, assim como as teorias relativistas da prevenção geral e prevenção especial, negativas e po-

1. Juiz de Direito do Tribunal de Justiça do Estado da Bahia. Doutorando em Direito Público e Evolução Social pela Universidade Estácio de Sá (UNESA). Mestre em Direito Público pela Universidade Federal da Bahia (UFBA). Pós-graduado em Derecho penal y comportamiento humano pela Universidade de Castilla-La Mancha (UCLM-ES). Pós-graduado em Processo Penal pela Universidade de Coimbra (UC-PT). Especialista em Ciências Criminais pela Universidade Estácio de Sá. E-mail: gleison.soares@hotmail.com. ORCID: https://orcid.org/0000-0002-8869-7791.

sitivas. Em tempo, o desígnio será o de verificar a complexidade do fenômeno criminal e investigar as diversas fases que a pena se apresenta no âmbito jurídico, questionando acerca da suficiência justificadora destas quando diante de ações ofensivas praticadas por máquinas autônomas, construídas sobre as bases da nova geração de inteligência artificial e tendo como pano de fundo o *machine learning*.

Palavras-chave: Pena. Teorias retribucionistas. Teorias relativistas. Teoria unificadora. Inteligência Artificial.

SANCIÓN PENAL E INTELIGENCIA ARTIFICIAL:

Breves consideraciones sobre el vacío de justificación de las teorías del castigo ante las nuevas formas de inteligencia artificial.

RESUMEN

Este artículo científico tiene como objetivo analizar las teorías sobre los propósitos del castigo penal, identificando la construcción filosófica de las teorías absolutistas, especialmente de Kant y Hegel, así como las teorías relativistas de la prevención general y la prevención especial, negativa y positiva. De una manera oportuna, el objetivo será verificar la complejidad del fenómeno delictivo e investigar las distintas fases que presenta la pena en el ámbito jurídico, cuestionando la justificación de estas ante acciones ofensivas practicadas por máquinas autónomas, construidas sobre la base de la nueva generación de inteligencia artificial y con el *machine learning* como telón de fondo.

Palabras clave: Sanción. Teorías retributivas. Teorías relativistas. Teoría unificadora. Inteligencia artificial.

INTRODUÇÃO

A pena, entendida enquanto elemento essencial à manutenção da ordem social, imprescindível à força coercitiva do próprio direito, adquiriu, ao passar dos tempos, os mais diversos significados, exteriorizando-se em diferentes formas e legitimando-se através de variadas finalidades, tendo demonstrado com maior limpidez, a partir do século XVIII, sua indispensável existência, onde o ramo do direito até então denominado de criminal passou a chamar-se Direito Penal, em evidente referência ao instituto da pena como consequência principal do delito.

A determinação da origem etimológica da pena não é pacífica entre os estudiosos da penalogia. Alguns entendem que a palavra provém do latim *poena*, que significa sofrimento. Na mitologia romana, *Poena* é uma das divindades infernais, deusa do castigo e auxiliar de Nêmesis. Outros, entretanto, crêem que a palavra deriva do grego *poinê*, o qual designava uma das queres mitológicas, filha de Nix e responsável pelos castigos (SOUZA; JAPIASSÚ, 2018, pág. 02). Na língua portuguesa, o vocábulo pena é multívoco, como já delineou Luís de Camões em seu famoso poema "Perdigão perdeu a pena"[2].

2. "Perdigão Perdeu a Pena. Não há mal que lhe não venha. Perdigão que o pensamento subiu a um alto lugar, perde a pena do voar, ganha a pena do

A compreensão da sanção culmina no entendimento de que o indivíduo poderá, mediante a imposição da pena, melhorar a si mesmo, bem como a toda sociedade (GOMES, 2008, pág. 27). Por este sentido, o direito canônico absorveu a ideia de penitência como forma de purificação do pecado cometido.

Numa função de exegese restritivamente gramatical, entender-se-á a pena como imposição de castigo, aflição, acoimo ou sofrimento, sendo, portanto, sempre representativa da noção de um mal (BRANDÃO, 2008, pág. 279), posto que implicará, necessariamente, na perda ou restrição de um bem jurídico, quer seja a vida, a liberdade, o patrimônio, dentre outros. Neste aspecto, "a pena, do mesmo modo que o delito, é um mal, ou em termos econômicos, um dano" (CARNELUTTI, 2003, pág. 14).

Franz von Liszt (2006, pág. 05), ao seu turno, entende ser a pena – quando estudada ao revel dos caracteres utilitaristas que se agregaram em momento posterior na história do mundo – marcada pelo brocardo latino *malum passionis quod infligitur propter malum actiones*, ou seja, um mal infligido àqueles que um mal provocou, configurando, então, em verdadeira imposição no âmbito da vontade do transgressor que tumultuou a esfera do poder e da pretensão de outrem.

Todavia, através de um sentido jurídico propriamente dito, a pena pode ser definida, de acordo com as palavras de Aníbal Bruno (1976, pág. 10) como sendo "a

tormento. Não tem no ar nem no vento asas com que se sustenha: não há mal que lhe não venha. Quis voar a uma alta torre, mas achou-se desasado; e, vendo-se depenado, de puro penado morre. Se a queixumes se socorre, lança no fogo mais lenha: não há mal que lhe não venha".

reação que uma comunidade politicamente organizada opõe a um fato que viola uma das normas fundamentais da sua estrutura e, assim é definido na lei como crime", conceituação esta que introduz, na pena, a característica de ser a mesma uma consequência jurídica direta do delito.

Parte-se, então, da diferença marcadamente fundante entre sanção interior (moral) e exterior (pena), sendo esta última a modalidade capaz de conferir às normas jurídicas plena eficácia social, direcionando todos os indivíduos "à concórdia e à paz" (BOBBIO, 2003, pág. 16), ante a insuficiência daquela primeira.

A indispensabilidade da pena para o convívio social, então, decorre da noção de que o direito não pode resumir-se a um mero aporte de conselhos, sendo indispensável a manifestação coercitiva em seus próprios preceitos (WELZEL, 1997, págs. 281-282).

Sob este enfoque, o presente artigo científico busca identificar as respostas fornecidas pela teoria da pena no âmbito das ciências criminais quanto ao questionamento formulado acerca da finalidade da sanção, bem como analisar o aspecto simbólico impregnado no uso da ameaça estatal punitiva como forma de desenvolvimento de uma política criminal preventiva, notadamente direcionada a uma sociedade com elevados índices de criminalidade e fatores criminógenos.

Ao final, o intento será o de verificar se os fundamentos filosóficos estruturantes das teorias da pena até então desenvolvidas – desde sua previsão abstrata na lei, passando-se pelo momento de aplicação concreta na sentença judicial até chegar-se à fase executiva do cumprimento da sanção – são, por si próprios, suficientes quando diante do novo paradigma diuturnamente apresentado da inteligência artificial, notadamente acerca dos fatos ilicitamente previstos pela lei penal praticados por estruturas de inteligência (*"Intelligent agentes"*) dotadas de *"Machine Learning"*.

Nestes termos, o destaque que aqui se faz não está a se referir aos fundamentos da punição – ou "por que se pune?" – mas sim acerca da finalidade específica da punição criminal, ou seja "para que se pune?" e "com quais finalidades se pune?", embora se possa advertir, desde logo, na esteira do pensamento de Vicente de Paulo Barreto e Abel Fernandes Gomes, que:

> *A questão em torno das finalidades pelas quais se pune diz respeito àquilo que se quer fazer da pena como instrumento de direito aplicado ao infrator e o escopo que se visa com a sua aplicação. Nessa linha, a pena passa a ser um instituto de direito penal, o qual, como ciência jurídica, irá definir as suas espécies, suas formas de execução, seus objetivos como elemento conformador das relações sociais, tudo de acordo com a Constituição, mas tudo isso que, se não guardar relação com o fundamento da punição, sempre estará mais tendente à incongruência e ao malogro (BARRETO; GOMES, 2018, págs. 13-14).*

Assim, ao final, o objetivo será o de vislumbrar o horizonte das teorias da pena face as novas tecnologias disruptivas que diariamente se inserem nas relações da vida cotidiana, entre carros auto conduzidos ou autônomos, passando-se por robôs cirurgiões, até chegar-se a drones de combate não tripulados.

TEORIAS ABSOLUTISTAS DA PENA: ENTRE O RETRIBUTIVISMO ÉTICO DE KANT À REAFIRMAÇÃO DA VIGÊNCIA NORMATIVA DE HEGEL

A teoria absoluta da pena, hodiernamente mais denominada de teoria retributiva, remete-nos a um direito pelo qual era através da pena que se fazia a "verdadeira justiça". Entende-se o seu conceito através de sua própria denominação, pois, aqui, a finalidade da sanção é retribuir o mal provocado pelo agente com fundamentação puramente ética ou jurídica.

Cumpre registrar, assim como fez Ferrajoli (2002, pág. 204), que a principal diferença existente entre as teorias absolutas e as relativas consiste no fato de que as primeiras são as que idealizam a pena como um fim em si mesma, portanto como uma expiação, um reflexo reparatório do mal causado, ao passo que as últimas identificam a pena como meio à consecução de um fim desejado, o qual geralmente é vinculado à intenção de prevenir futuros delitos, quer pela intimidação, quer pela ressocialização.

Daí Kant afirmar taxativamente que:

> *A punição imposta por um tribunal (poena foerensis) – distinta da punição natural (poena naturalis) na qual o vício pune a si mesmo e que o legislador não considera – jamais pode ser infligida meramente como um meio de promover algum outro bem a favor do próprio criminoso ou da sociedade civil. Precisa sempre ser a ele infligida somente porque ele cometeu um crime, pois um ser humano nunca pode ser tratado apenas a título de meio para*

> *fins alheios ou ser colocado entre os objetos de direitos a coisas: sua personalidade inata o protege disso, ainda que possa ser condenado à perda de sua personalidade civil (KANT, 2003, págs. 174-175).*

Dentre os defensores das teorias absolutistas encontram-se principalmente como maiores expoentes: Maggiore, Welzel, Kant e Hegel, os quais entendiam que tendo o autor do fato delituoso a livre capacidade de decisão e compreendendo o que a sociedade acha justo e injusto deveria, portanto, caso negasse a legalidade estabelecida, responder pela atitude tomada.

Contudo, muito embora todos eles comungassem do mesmo sentimento retribucionista, foram Kant e Hegel que melhor explicitaram as razões de tal doutrina, diferenciando-se apenas no tocante ao valor atribuído à pena, sendo que o primeiro a entendia por meio de uma significação ética, enquanto o segundo conferia-a um sentido jurídico.

É que a lei da punição, para Kant, poderia ser definida como um imperativo categórico, onde através da sanção se perseguisse o princípio da igualdade, promovendo um ajuste adequado da pena ao crime praticado (KANT, 2003, pág. 175).

Dizia Kant que:

> *Mas que tipo e que quantidade de punição correspondem ao princípio e medida da justiça pública? Nada além do princípio de igualdade (na posição do ponteiro na balança da justiça) inclinar-se não mais para um lado do que para o outro. Em conformidade com isso, seja qual for o mal imerecido que infliges a uma outra pessoa no seio do*

> *povo, o infliges a ti mesmo; se o feres, feres a ti mesmo; se o matas, matas a ti mesmo* (KANT, 2003, pág. 175).

A filosofia da doutrina kantiana acerca do direito e da punição toma como pressuposto a compreensão de que o ato criminoso praticado em face de terceiros, também é um ato praticado contra si mesmo, haja vista que cada cidadão infrator é também legislador, na medida em que promove a constituição de leis sancionatórias a serem aplicadas em face dos transgressores. Nesta perspectiva, o cidadão racional é, a um só tempo, criador das leis e submisso às leis criadas, devendo agir "externamente de modo que o livre uso de teu arbítrio possa coexistir com a liberdade de todos de acordo com uma lei universal" (KANT, 2003, pág. 77). É neste sentido que Kant afirma que:

> *Em conformidade com isso, seja qual for o mal imerecido que infliges a uma outra pessoa no seio do povo, o infliges a ti mesmo. Se o insultas, insultas a ti mesmo; se furtas dele, furtas de ti mesmo; se o feres, feres a ti mesmo; se o matas, matas a ti mesmo. Mas somente a lei de talião (ius talionis) - entendida, é claro, como aplicada por um tribunal (não por teu julgamento particular) – é capaz de especificar definitivamente a qualidade e a quantidade de punição; todos os demais princípios são flutuantes e inadequados a uma sentença de pura e estrita justiça, pois neles estão combinadas considerações estranhas* (KANT, 2003, pág. 175).

Por isso a lei do talião é, para Kant, a representação legítima do princípio da igualdade, concretizando a ideia absoluta de justiça, fundada na retribuição como uma exigência racional de sua filosofia. Através dela os problemas de mensuração da pena, em seus níveis qualitativo e quantitativo, são solucionados, apresentando adequação entre infração e punição, racionalidade até mesmo admitida pelo próprio infrator, posto que "nunca se ouviu dizer que um condenado à morte por homicídio se tenha queixado de que com isso lhe está a acontecer algo de excessivo e, portanto, injusto; qualquer um se lhe riria na cara se ele se expressasse nesse sentido" (KANT, 2011, pág. 213).

A sanção penal é, aqui, "a imposição de um mal justo contra o mal injusto do crime" (SANTOS, 2008, pág. 461), fundado na ideia clássica do *punitur, quia peccatum est* (punido, porque pecou)[3], distanciando-se de quaisquer incumbências utilitaristas, haja vista a mesma justificar-se pela própria existência do delito (PRADO, 2004).

Neste sentido, a filosofia kantiana acerca da punição apresenta um ponto de interseção com a espécie de pena primitiva denominada "vingança de sangue" ou "vindicta", a qual, segundo Erich Fromm, "blood revenge is a sacred duty that falls upon the member of a family, clan, or tribe who has to kill a member of the corresponding unit if one of his people has been killed" (1973, pág. 272).

Na concepção de Kant:

> *Mesmo se uma sociedade civil tivesse que ser dissolvida pelo assentimento de todos os seus membros (por exemplo, se um povo habitante de uma ilha decidisse se-*

---

3. Encampando a referida máxima, as Sagradas Escrituras trazem em suas linhas que: "aquele que derramar sangue humano, por mão de homem será derramado o seu; porque o homem foi feito à imagem de Deus" (Gênesis, 9,6); "não terá teu olho piedade; vida por vida, olho por olho, dente por dente, mão por mão, pé por pé" (Deuteronômio, 19,21).

parar-se e se dispersar pelo mundo), o último assassino restante na prisão teria, primeiro, que ser executado, de modo que cada um a ele fizesse o merecido por suas ações, e a culpa sanguinária não se vinculasse ao povo por ter negligenciado essa punição, uma vez que de outra maneira o povo pode ser considerado como colaborador nessa violação pública da justiça (KANT, 2003, pág. 175).

A crítica que se faz a teoria retributiva pensada por Kant, resulta do fato de que a mesma se encontra construída por um inequívoco ato de fé, posto que a suposição de uma correspondente retribuição se trata de "um dado indemonstrável" (SANTOS, 2008, pág. 463), atendo-se a sua racionalidade teórico-filosófica, inadmitindo prova empírica, conforme preleciona Roxin:

> *A própria ideia de retribuição compensadora só pode ser plausível mediante um ato de fé. Pois, considerando-o racionalmente, não se compreende como se pode pagar um mal cometido, acrescentando-lhe um segundo mal: sofrer a pena. É claro que tal procedimento corresponde ao arraigado impulso de vingança humana, do qual surgiu historicamente a pena; mas considerar que a assunção da retribuição pelo Estado seja algo quantitativamente distinto da vingança, e que a retribuição tome a seu cargo 'a culpa de sangue do povo', expie o delinquente etc., tudo isto é concebível apenas por um ato de fé, que, segundo a nossa Constituição, não pode ser imposto a ninguém, e não é válido para uma fundamentação, vinculante para todos, da pena estatal (ROXIN, 2004, pág. 19).*

Ademais, Kant não considera que a norma penal – e, portanto, também a pena criminal – seja expressão manifesta do poder político, mas sim como imperativo categórico vinculado às exigências morais. Por isso mesmo, a previsibilidade no ordenamento jurídico das causas de extinção da punibilidade, como a prescrição, decadência, renúncia, entre outras, não encontram justificativa.

Lado outro, a teoria absolutista da pena, sob o enfoque fornecido por Hegel, afasta-se da atribuição axiológica ética construída por Kant para fundamentar-se na compensação pela quebra do equilíbrio legal existente, ou seja, somente em sua referência ao próprio delito, enquanto ente jurídico conservador da ordem social, conferindo-lhe significação jurídica para a existência de uma retribuição penal.

Conforme a teoria hegeliana, a sanção penal traduz-se numa pura exigência de "justiça", posto que a expiação do delinquente assume característica obrigatória ante a necessidade do restabelecimento do equilíbrio legal, sendo a sanção penal a consequência direta, imediata e imperiosa do crime, tendo como finalidade a reafirmação do direito.

Para Hegel, a pena é, antes de tudo, um direito do próprio infrator, este último entendido enquanto ser racional que, por sua expressão volitiva, decidiu por praticar o ato criminoso e, por conseguinte, admitiu a incidência da pena contra si. Assim, o ato criminoso decorre da escolha racional do agente, bem como a pena é a consequência jurídica racionalmente admitida pelo mesmo. Nestes termos, afirma Hegel que:

> *A pena com que se aflige o criminoso não é apenas justa em si; justa que é, é também o ser em si da vontade do criminoso, uma maneira da sua liberdade existir, o seu direito. E é preciso acrescentar que, em relação ao próprio criminoso, constitui ela um direito, está já implicada na sua vontade existente, no seu ato. Porque vem de um ser de razão, este ato implica a universalidade que por si mesmo o criminoso reconheceu e à qual se deve submeter como ao seu próprio direito (HEGEL, 1997, pág. 89).*

A pena dignifica o criminoso como ser racional que é (HEGEL, 1997, pág. 90), respeitando a manifestação de vontade expressiva da sua liberdade existencial. Do contrário, seria despi-lo do seu caractere racional, violando-o em sua própria existência.

O referido jus-filósofo alemão entende que o terreno do direito é a efetivação da vontade livre espiritualizada, ao passo que o delito, muito embora não possa ser considerado como a destruição do direito, posto ser este último invulnerável, é a ranhura ou lesão a esse direito. Diante da lesão, a ordem legal reage a tal prática com a pena que é a lesão da lesão do direito. Nas palavras de Hegel:

> *[...] a verdade desta aparência é o seu caráter negativo, e o direito, negando esta negação, restabelece-se e, utilizando este processo de mediação, regressando a si a partir da sua negação, acaba por determinar-se como real e válido aí mesmo onde começara por ser em si e imediato. [...](HEGEL, 1997, pág. 80).*

E continuando sua construção filosófica, o referido autor arremata que:

> *Como evento que é, a violação do direito enquanto direito possui, sem dúvida, uma existência positiva exterior, mas contém a negação. A manifestação desta negatividade é a negação desta violação que entra por sua vez na existência real; a realidade do direito reside na sua necessidade ao reconciliar-se ela consigo mesma mediante a supressão da violação do direito (HEGEL, 1997, pág. 87).*

Portanto, daí concluir-se que se o delito é a negação (lesão) do direito e a pena é a negação (lesão) do delito, então, logicamente a pena é a negação da negação do direito, ou seja, a reafirmação da ordem jurídica. Consonante o retratado entendimento, a aplicação da pena é pressuposto necessário para o restabelecimento da ordem violada.

Para Juarez Cirino dos Santos, a doutrina retribucionista hegeliana é "uma antecipação de dois séculos da prevenção geral positiva de Jakobs, da pena como 'afirmação da validade da norma'" (SANTOS, 2008, pág. 463), tendo-se como exemplo, no direito brasileiro, o quanto disposto no art. 59 do Código Penal, que estabelece a aplicação da pena como meio necessário e suficiente para a reprovação do crime, ou seja, para a revalidação do direito.

Do mesmo modo como acontece com a teoria absolutista kantiana, a reafirmação jurídica proposta por Hegel fragiliza-se sob o aspecto empirista, haja vista padecer da objetividade necessária quando da mensuração acerca do quanto de medida compensatória deve ser aplicada para a reafirmação da ordem jurídica, inexistindo limites para o exercício do *jus puniendi*, haja vista este ter como fim a justiça, sendo esta entendida como conceito inafastavelmente íntimo.

Ainda nessa esteira, a pena como compensação de culpas coaduna-se com os fundamentos de regimes autoritários, posto se afastar da visão crítica negativa, conferindo ampla liberdade ao legislador para criminalizar quaisquer espécies de condutas, haja vista que o delito passa a ser entendido como mera negação do direito, se omitindo em estabelecer limites materiais acerca do que punir e como punir, permitindo-se que qualquer comportamento contrário à ordem jurídica possa ser tido como fato criminoso.

TEORIAS RELATIVISTAS DA PENA: A SANÇÃO CRIMINAL COMO INSTRUMENTO A SERVIÇO DA PREVENÇÃO

Na esteira da tentativa de romper com os ideais propagados pelos defensores da retribuição como forma justificadora e finalista da pena surgiram, então, as denominadas teorias relativas, que imprimem à pena um olhar para o futuro e não mais para o passado como ocorria com a doutrina absolutista. Daí, portanto, afirmar-se que enquanto os ensinamentos retribucionistas fundamentam a sanção penal pelo brocardo *punitur, quia peccatum est*, ou seja, punido, porque pecou, as teorias relativistas justificam a pena pelo aforismo *punitur et ne peccetur*, ou seja, punido para que não peque mais.

A partir dessa premissa, a prevenção de novos delitos é traçada como marca indelével das teorias utilitaristas, ora sob o prisma do próprio infrator – prevenção especial – ora sob o ângulo da sociedade em que o delinquente está inserido, prevenção geral. Num ou no outro caso, o que se busca é a não reiteração do comportamento indesejado, servindo a pena criminal, concretamente aplicada ou até mesmo abstratamente prevista, como instrumento útil a serviço de um fim maior: uma sociedade menos transgressora.

Impõe ressaltar, ainda, que no atual estágio da sociedade do risco, a função de prevenção e gestão dos riscos – por parte do Direito Penal – passa a ser, para alguns doutrinadores, o mister desse ramo jurídico na presente sociedade, eis que como afirma Wolfgang Naucke após realizar um estudo crítico sobre o tema, tanto o legislador, quanto o aplicador, assim como muitos cientistas jurídicos aceitam amplamente a afirmação de que "el derecho penal de la prevención es el moderno derecho penal racional" (HASSEMER; LÜDERSSEN; NAUCKE, 2004, pág. 15).

A palavra prevenção acima empregada tem por fim representar um duplo significado, qual seja: prevenção geral e prevenção especial, muito embora a sociedade contemporânea, em meio aos riscos do desenvolvimento, enfatize a prevalência da primeira hipótese em detrimento da segunda.

Por prevenção geral deve-se entender a intenção do Estado de influenciar os membros da sociedade no direcionamento dos seus comportamentos, a fim de que se pautem pelo respeito aos valores assumidos como importantes, guiando-se conforme as diretrizes normativas estabelecidas. O valor positivo da criminalização (ALAGIA; BATISTA; SLOKAR et. al., 2003, pág. 115) atua sobre aqueles que não delinquiram, quer dissuadindo-

-os (prevenção geral negativa) ou reforçando a confiança na norma penal (prevenção geral positiva).

No sentido negativo da prevenção geral, criminaliza-se um comportamento como forma de intimidar a sociedade a não praticar o fato criminoso previsto na lei, ou seja, se busca demonstrar que quem realizar a conduta típica será punido, o que, por conseguinte, supostamente geraria uma diminuição da criminalidade face ao medo da repreensão. Neste sentido específico, Vicente de Paulo Barreto et al. traz o texto "Os direitos do homem" de Thomas Paine, o qual advertiu que:

> *As cabeças fixadas em espetos, que permanecem durante anos em Temple Bar, não diferiam em nada do horror da cena daquelas transportadas sobre espigões em Paris [...] Talvez se possa dizer que nada significa para o homem o que lhe é feito depois de morto; mas significa muito para os vivos. [...]*
>
> *Quem não se lembra da execução de Damiens, rasgado em pedaços por cavalos? O efeito desses espetáculos cruéis exibidos à população é destruir da ternura ou provocar vingança; e com base na ideia falsa de governar os homens pelo terror, em vez da razão, eles se tornam precedentes (PAINE, 2018, págs. 124-125).*

Dessa forma, Alejandro Alagia, Nilo Batista, Alejandro Slokar e Zaffaroni (2003, págs. 115-116), elencando três versões distintas da teoria relativista da prevenção geral negativa e diferenciando-as das teorias absolutistas ou retribucionistas, elucidam que:

> *As teorias da prevenção geral negativa (cujos modelos são de Feuerbach e Romagnosi) se aproximam das*

absolutas, quando pretendem a) dissuadir b) para assegurar os bens daquelas que poderiam ser futuras vítimas de outros, postos em perigo pelo risco de imitação da c) lesão aos direitos da vítima e d) por isso, carentes de retribuição na medida da injustiça e da culpabilidade pelo ato. Elas se acham ainda mais próximas em uma segunda versão que aspira à: a) dissuasão para b) introduzir obediência ao Estado, c) lesionado por uma desobediência objetiva d) aprenda na medida adequada à retribuição do injusto. Distanciam-se elas das teorias absolutas em uma terceira versão na qual: a) a dissuasão persegue b) tanto a obediência ao Estado quanto a segurança dos bens daqueles que não são vítimas, c) o delito é um sintoma de dissidência (inferioridade ética) e d) a medida da pena deve ser a retribuição por essa condução desobediente da vida. Nas três versões a medida da pena é uma moderação da exemplarização.

A referida prevenção, de cunho intimidativo, se baseia em expectativas de efeitos benéficos da criminalização primária[4], sob a perspectiva de que, segundo Hassemer (1993, pág. 476), os cidadãos inclinados ao delito se vejam motivados a comportarem-se de outra forma, "manteniéndose fieles al Derecho por la respuesta sancionadora y antes por la anunciada respuesta a la infracción de la ley. De modo que el Derecho penal efecturía su aporte al mejoramiento de la sociedad".

Na esteira desse ensinamento, Roxin (1981, págs. 101-102) adverte que a prevenção geral negativa – deno-

4. Conceituada como "ato e o efeito de sancionar uma lei penal material que incrimina ou permite a punição de certas pessoas". (c.f. ALAGIA, Alejandro., BATISTA, Nilo., SLOKAR, Alejandro., ZAFFARONI, Eugenio Raúl. Direito Penal brasileiro. v. 1º, 4ª ed. Rio de Janeiro: Renavan, 2003, pág. 43).

minada pelo mesmo de "prevención general intimidatoria" – ultrapassa a fronteira do respeito à culpabilidade, posto que se:

> *[...] es suficiente con una pena privativa de libertad de quince años para compensar la "culpabilidad" del enfermo mental (es decir, la confianza de la población en el Derecho y su confianza en la eficacia protectora del Derecho Penal), entonces no es lógico que se exponga al delincuente a los efectos perniciosos que para su persona tiene una pena de reclusión perpetua y que, sin necesidad, sea sacrificado en aras de una "intimidación" que, desde el punto de vista empírico, es tan irreal como el efecto intimidatorio de la pena de muerte. Más bien hay que exigir lo contrario, es decir, que el juez no pueda por razones puramente intimidatorias imponer una pena en el grado máximo del marco de la culpabilidad cuando consideraciones de prevención especial hacen aconsejable imponer la pena en el grado mínimo de ese marco.*

Por outro lado, no sentido positivo da prevenção geral (ALAGIA; BATISTA; SLOKAR et. al., 2003, pág. 121), a principal intensão do legislador ao criminalizar condutas não é a de intimidar ou dissuadir os não delinquentes, mas sim utilizar a lei penal como símbolo no intuito de reforçar a confiança dos cidadãos "no sistema social em geral (e no sistema penal em particular)".

No aspecto positivo, busca-se induzir por meio da pena a consciência social da norma, confirmando sua vigência, razão pela qual Santiago Mir Puig, discorrendo sobre o tema (1995, págs. 50-51), elucida que na prevenção geral positiva:

[...] la pena no se dirige sólo a los eventuales delincuentes, pues no trata de inhibir su posible inclinación al delito, sino a todos los ciudadanos, puesto que tiene por objeto confirmar su confianza en la norma.

[...] Así, la confirmación de la vigencia de la norma requiere, según la nueva doctrina de la prevención general, que se imponga una pena proporcionada cuando se infrinjan la normas jurídicas fundamentales.

Desse modo, o escopo principal de tal linha preventiva é o reforço na confiança da ordem jurídica por parte dos cidadãos, como forma de manter validamente reconhecido os postulados básicos do contrato social, reafirmando a proteção dos bens jurídicos.

Alagia, Batista, Slokar e Zaffaroni (2003, pág. 116) sintetizam a prevenção geral positiva afirmando que:

As teorias da prevenção geral positiva, em sua versão eticizada (cujo modelo é Welzel), a) reforçam simbolicamente internalizações valorativas do sujeito não delinquente para b) conservar e fortalecer os valores ético-sociais elementares em face de c) ações que lesionam bens e se encaminham contra esses valores (alguns atenuam o primeiro requisito até quase anulá-lo), as quais d) devem ser respondidas na medida necessária para obter esse reforço (que pode limitar-se como retribuição à culpabilidade eticizada). Em sua versão sistêmica (cujo modelo é Jakobs), elas a) pretendem reforçar simbolicamente a confiança do público no sistema social (criar consenso), a fim de que b) este possa superar a c) desnormalização provocada pelo conflito d) ao qual deve responder a pena, na medida necessária para obter o reequilíbrio do sistema.

A missão de confirmação dos valores ético-sociais por meio da criminalização primária se fundamenta na ideia de que o Direito Penal – instrumento de maior intensidade coercitiva de que dispõe o Estado – deve ter por finalidade influenciar na consciência do cidadão, em sua atitude interna frente ao direito, fidelizando-o a um comportamento que siga os valores positivamente aceitos pela sociedade (MIR PUIG, 1995, págs. 51-52).

Seguindo a linha traçada por Welzel de uma prevenção geral positiva de cunho ético-social, Santiago Mir Puig (1995, pág. 52), debruçando-se sobre os estudos de Armin Kaufmann, leciona que esse último destacou como componentes existentes na mencionada finalidade relativista três elementos, quais sejam: a) informativo, consistente em transmitir à comunidade o conhecimento das condutas proibidas; b) conformativo, relacionado na manutenção da confiança da sociedade na permanência da ordem jurídica e em seu caráter impositivo; e c) criativo, no sentido de constituir e fortalecer a atitude interna dos cidadãos de fidelidade ao direito.

Günther Jakobs, ao seu turno, desenvolveu a teoria da prevenção geral positiva – também denominada de teoria da prevenção integradora (BARATTA, 1985, pág. 09) - estruturando-a sob uma perspectiva diferenciada daquela prevista por Welzel, eis que toma como base a concepção de Luhmann do Direito como instrumento de estabilização social por meio da orientação das ações através da institucionalização das expectativas sociais, assim como se aproxima da visão hegeliana acerca da pena como negação da negação do direito (BRANDÃO, 2008, pág. 282).

Considerando que um mínimo de segurança e estabilidade das expectativas dos indivíduos é elemento inerente à vida social, a função do direito é estabilizar e institucionalizar as expectativas sociais, servindo, desse modo, como guia dirigente das condutas dos cidadãos no contrato social (MIR PUIG, 1995, pág. 52).

Assim, enquanto o delito representa um valor negativo na ordem social, pois trata-se de uma defraudação das expectativas normativas, a pena exterioriza-se como um valor positivo, eis que ao negar a infração, representa a confirmação da vigência da norma, reafirmando-a como orientadora da conduta dos indivíduos.

Portanto, a criminalização de condutas por parte do legislador tem por escopo, entre outras razões, prevenir os efeitos negativos que a violação da norma produz para a estabilidade do sistema e da integração social.

Consonante salienta Alessandro Baratta (1985, pág. 10), pode-se afirmar que:

> *El delito es una amenaza a la integridad y la estabilidad sociales, en cuanto constituye la expresión simbólica de una falta de fidelidad al derecho. Esta expresión simbólica hace estremecer la confianza institucional y la pena es, a su vez, una expresión simbólica opuesta a la representada por el delito. Como instrumento de prevención positiva, ella tiende a restablecer la confianza y a consolidar la fidelidad al ordenamiento jurídico, en primer lugar en relación con terceros y, posiblemente, también respecto del autor de la violación (G. Jakobs, 1983, pág. 09). La prevención especial, es decir, la reeducación del autor de la violación, no es, pues, la función principal, sino apenas un efecto posible y esperable, producido por la pena. Lo que importa en*

la valoración negativa del comportamiento delictivo y en la adscripción de responsabilidad penal a un individuo, no es tanto la producción consciente y voluntaria de un heco lesivo de bienes o intereses dignos de tutela, sino el grado de intolerabilidad funcional hacia la expresión simbólica de infidelidad en relación con os valores consagrados por el ordenamiento positivo [...].

Nesse sentido, a prevenção geral negativa busca por meio da punição exemplar incutir temor interno nos cidadãos, fazendo-os se dirigir em conformidade com o direito, ao passo que a prevenção geral positiva imbui à punição a função de reafirmação dos valores existentes na ordem jurídico-social, promovendo a confiança dos cidadãos na estabilidade do sistema e das instituições, servindo de baliza orientadora para condutas futuras, eis que maximizaria a fidelidade ao direito.

Portanto, pode-se concluir com Alagia, Batista, Slokar e Zaffaroni (2003, págs. 122-123), quando comparando as doutrinas teóricas da prevenção geral negativa e positiva, ressaltam que:

Em últimas análises, as duas versões da prevenção geral não se encontram tão distantes: enquanto a negativa considera que o medo provoca a dissuasão, a positiva chega a uma dissuasão provocada pela satisfação de quem acha que, na realidade, são castigados aqueles que não controlam seus impulsos e, por conseguinte, acha também que convém continuar controlando-os. Quanto às consequências sociais de sua lógica, a prevenção geral positiva não difere da negativa: quanto mais conflituosa for uma sociedade, em razão de sua injustiça estrutural, haverá menos consenso, e logo maiores penas serão aplicadas para produzir o nível de consenso necessário ao sistema.

Para além das teorias da prevenção geral – negativa e positiva – a ideia da prevenção no Direito Penal também abarca as denominadas teorias de prevenção especial (ALAGIA; BATISTA; SLOKAR et. al., 2003, pág. 115), através das quais os valores positivos da criminalização deixam de incidir sobre a sociedade globalmente considerada – ou seja, sobre os que não delinquiram – para atuar, diretamente, sobre os que praticaram o fato criminoso, quer no intuito de neutralizá-los (prevenção especial negativa), quer para reeducá-los (prevenção especial positiva).

O escopo primordial da prevenção especial reside no fato de que, por esta teoria, a pena busca, por meio de sua aplicação, evitar que aqueles que ficaram submetidos à mesma retornem a delinquir.

Pela referida doutrina utilitarista da prevenção especial, compreende-se que a pena é o meio necessário e suficiente para prevenir que futuros delitos sejam novamente cometidos pelo delinquente, utilizando-a como processo de eliminação do indivíduo infrator, ou ainda sua evolução moral, essa última com a finalidade direta de promover, segundo Juarez Cirino dos Santos (2008, pág. 465), a "harmônica integração social do condenado (art. 1° da LEP – Lei n° 7.210/1984)".

A noção de prevenção especial subdivide-se em duas outras teorias: prevenção especial negativa e prevenção especial positiva, conforme o direcionamento de sua finalidade busque a neutralização ou a correção do criminoso, respectivamente.

Segundo Eugenio Raúl Zaffaroni, Alenjandro Alagia e Alejandro Slokar (2002, pág. 57), no que tange a primeira:

> *Las teorías de la prevención especial negativa (el modelo es Garofalo) asignan a la pena la función de eliminación o neutralización física de la persona para conservar una sociedad que se parece a un organismo o a un ser humano, a la que ha afectado una disfunción que es síntoma de la inferioridad biopsicosocial de una persona y que es necesario responder en la medida necesaria para neutralizar el peligro que importa su inferioridad.*

A noção negativa da prevenção especial visa impedir que a pessoa criminalizada continue sendo fonte geradora de um mal para o corpo social, sendo que com a aplicação da pena se impõe uma constrição física capaz de evitar a continuação da prática da conduta indesejada pela sociedade.

Tal teoria, atualizada pela novel roupagem conferida pelo moderno "Movimento de Defesa Social", especialmente na Itália e na França – notadamente através da contribuição de Marc Ancel, em sua obra La défense sociale nouvelle (1966) - pretende inocuizar o indivíduo disfuncional no intuito de manter íntegro e saudável o organismo social.

Por outro lado, no que pertine a teoria da prevenção especial positiva, muito embora essa também faça orientar as finalidades da pena diretamente à pessoa criminosa, não busca a neutralização da mesma, mas sim sua reeducação.

Na perspectiva positiva da prevenção especial, os executores de uma sentença criminal são considerados verdadeiros "ortopedistas da moral", conforme afirma

Foucault (1991, pág. 15), haja vista que objetivam moldar o condenado sobre os padrões morais aceitáveis na ordem jurídica estabelecida, partindo-se do pressuposto platônico de que a pena justa modela os homens, tornando-os mais justos, e acaba por tornar-se uma medicina da alma.

A pena passa a ser considerada, então, como medida pedagógica de emenda, adquirindo contornos pedagógicos e disciplinares com vistas à extinção da possibilidade da reincidência pelo concerto moral do indivíduo, consoante afirma Ferrajoli (2002, pág. 243), o qual, utilizando as palavras de Firpo, elucida que nesta visão:

> *[...] a ninguém é negada a esperança de poder recuperar um dia a liberdade, desde que suporte, obedeça e dê de si mesmo boas expectativas de um honesto comportamento no futuro.*

Na versão positiva da prevenção especial (ALAGIA; BATISTA; SLOKAR et. al., 2003, pág. 116), à pena é atribuída a função de:

> *[...] a) reparar a inferioridade perigosa da pessoa para b) os mesmos fins, c) diante dos mesmos conflitos, e d) na medida necessária para a ressocialização, repersonalização, reeducação, reinserção etc. (o chamado conjunto de ideologias re). As versões moralizantes (cujo modelo é Röder) atribuem à pena a) a função de melhoramento moral da pessoa para b) impulsionar o progresso ético da sociedade e da humanidade em seu conjunto diante de c) ações que vão em sentido contrário ao progresso moral (as quais constituem um sintoma de inferioridade ética) e d) na medida necessária para superar essa inferioridade.*

Baseando-se nos ensinamentos de Franz von Liszt, Reinhart Maurach (1995, pág. 761) leciona que a teoria da prevenção especial está umbilicalmente ligada a três objetivos, quais sejam: a) o preventivo-individual, resultante do medo imposto pelo Estado ao condenado, impondo ao mesmo o temor do regresso ao cárcere caso reitere a conduta ilícita praticada, restando sujeito a uma pena de igual ou maior gravidade; b) o corretivo, exteriorizado pela ressocialização do delinquente, através de sua adaptação aos padrões sociais existentes, sendo este fim uma decorrência imediata da prevenção-individual, pois somente quando a intimidação alcançar o efeito pretendido é que o indivíduo passará a agir conforme os modelos de comportamento positivamente valorados; e c) o "asseguramento", que toma por base a ideia de que, uma vez reincorporado à sociedade, o delinquente-condenado permanece internamente vinculado ao temor imposto pela pena aplicada, mantendo, assim, o estado de paz social.

Desse modo, observando o "Programa de Marburgo" elaborado por von Liszt – intitulado "A ideia de fim no Direito Penal" (1991) - Santiago Mir Puig (2003, pág. 56-57) salienta que:

> *[...] La finalidad de prevención especial se cumple de forma distinta según las tres categorías de delincuentes que muestra la criminología: a) frente al delincuente de ocasión necessitado de corrección, la pena constituye un "recordatorio" (Denkzettel) que le inhiba de ulteriores delitos; b) frente al delincuente de estado (Zustandsverbrecher) corrigible, deben perseguirse la corrección y resocialización por medio de una adecuada ejecución de la pena; c) frente al delincuente habitual incorregible, la pena ha de*

conseguir la inocuización a través de un aislamiento que puede llegar a ser perpetuo.

Dessa forma, a prevenção no Direito Penal assume, para parcela considerável da doutrina, uma importante função, quer sob a ótica de uma prevenção geral – positiva ou negativa – quer sob o ângulo de uma prevenção especial – positiva ou negativa, eis que se trata do instrumento mais contundente a serviço do Estado no exercício do controle social formal, o qual se encontra imbuído do escopo de proteger os bens e valores mais elevados da sociedade.

Necessário, contudo, salientar a advertência feita por Santiago Mir Puig (2003, pág. 55) ao afirmar que "la prevención especial no puede operar, pues, como la general, en el momento de la conminación penal, sino en el de la ejecución de la pena".

O cumprimento da meta prevencionista de se evitar a insegurança social decorrente da elevação dos índices de criminalidade somente pode ser pensado de um modo exitoso caso haja um alinhamento com a perspectiva de prevenção geral, posto que essa se dirige, precipuamente, em direção à toda comunidade, ou seja, aos não delinquentes, não se restringindo ao indivíduo condenado.

TEORIA UNIFICADORA DAS FINALIDADES DA SANÇÃO PENAL

A separação das teorias – e dos teóricos – da pena em campos distintos, alocando em um lado retribucionistas kantianos e hegelianos e noutro relativistas especiais e gerais, há muito representa uma cisão no pensamento jurídico-científico, o qual vem se demonstrando incapaz de conferir uma resposta eficaz, do ponto de vista teórico, no atual estágio do Estado Democrático de Direito, para retribuir ao criminoso a pena adequada, como medida de justiça, e simultaneamente prevenir a repetição da conduta criminosa não só pelo próprio infrator, como sobretudo, pela sociedade.

É que a complexidade do fenômeno criminal se exterioriza no mundo prático para muito além das bordas limítrofes das teorias acima mencionadas quando isoladamente consideradas.

Sob um ângulo macroscópico da sanção penal, é possível identificar três fases distintas em que a pena perpassa no sistema jurídico: previsibilidade, aplicação e execução.

A primeira refere-se ao plano abstrato da norma, encontrando amparo quando da previsão legislativa da cominação penal, enquanto fruto da criminalização primária do comportamento indesejado. Por meio dela o legislador exprime seu intento de punir todos aqueles que lesionem ou ameacem de lesão bens jurídicos tidos por fundamentais à convivência em sociedade. Portanto, aqui, a pena é dirigida em face de todas as pessoas na busca de dissuadi-las da prática de eventual conduta considerada delituosa.

Numa segunda fase, considerando que a previsão abstrata da ameaça de sanção não obsta, por si só, a prática concreta das condutas criminosas (ALAGIA; BATISTA; SLOKAR et. al., 2003, pág. 117), ao sujeito que optou pela realização da infração deverá ser aplicada a pena respectiva por meio do devido processo legal. Ora, neste momento, o que permeará o juízo analítico de dosimetria do julgador deverá corresponder, preponderantemente, ao caráter retributivo da pena, numa perseguição ao princípio da igualdade, externado por escolhas proporcionais acerca de sua qualidade e quantidade, através da busca por uma metrificação em sentido diametralmente oposto ao mal provocado. Neste momento, a aplicação da punição surge como resposta direta e proporcional ao crime praticado.

Por fim, em sua fase executiva, o télos da pena é direcionado, preferencialmente, para a absorção, pelo infrator, dos valores por ele negados quando da realização da prática criminosa. Nela, o cumprimento da pena deverá ser pautado para a introspeção, pelo apenado, dos princípios compartilhados socialmente.

Tal conclusão também foi afirmada por Schmidhäuser em sua "teoria da diferenciação" e por Claus Roxin na construção doutrinária de uma "teoria dialética da união", os quais partem de uma compreensão global das teorias da pena para afirmar a incidência de cada uma em momentos distintos e peculiares, no qual a sanção criminal se realiza.

Segundo Schmidhäuser, compreendendo o sentido da pena para os diferentes sujeitos intervenientes na mesma, pode-se afirmar que para o legislador, a pena serve à defesa da coletividade, enquanto para o magistrado – em sua perseguição à pena justa – e os executores – na busca da ressocialização – a sanção criminal deve ser marcada pela prevenção especial.

Nesse sentido, Santiago Mir Puig resume a visão eclética peculiar de Schmidhäuser afirmando que "en el momento de la conminación penal predomina la prevención general, en el de la medición de la pena la justicia y en el de la ejecución de la pena la tutela del delincuente y la prevención especial" (2003, pág. 63).

Por outro lado, também ratificando a noção de que a criminalização primária é marcada pela prevenção geral, Claus Roxin ressalta que as três fases essenciais pela qual passa a pena – cominação, dosimetria e execução – correspondem a funções diferentes, não se tratando de uma mera justaposição das teorias da pena, nem muito menos de uma barreira intransponível em cada fase, mas sim de uma preponderância de uma teoria em cada fase da pena (1997, pág. 97).

Nesse ínterim, debruçando-se sobre a teoria unificadora da pena de Roxin, Mir Puig (2003, pág. 65) sintetiza os ensinamentos do referido mestre alemão elucidando que:

> *[...] si la función de la pena es, en el momento legislativo, la protección de bienes jurídicos y prestaciones públicas imprescindibles, ello habrá de tener lugar - deduce ROXIN - por la vía de la prevención general, pues la conminación típica es anterior al delito y no podría, por tanto, ser base de la retribución ni de la prevención especial del delincuente. Sin embargo, la previa limitación efectuada del ámbito de lo punible impediría los excesos a que por sí sola la prevención general puede llevar.*
>
> *En resumen, la conminación penal típica sirve a la función de protección de bienes jurídicos y prestaciones públicas imprescindibles pormedio de la prevención general.*

Por seu turno, no momento judicial (imposição e dosimetria da pena) a função da sanção penal é a confirmação da prevenção geral até o limite máximo da culpabilidade (retribuição), pois a pena não pode ultrapassar a culpabilidade do autor, ao passo que na sua fase executiva prepondera a prevenção especial com fito na ressocialização do delinquente (MIR PUIG, 2003, pág. 65).

Harmonizando-se a tal entendimento, Francisco Muñoz Conde (2001, págs. 74-75) conclui que:

> *Si se distingue cada uno de los distintos estadios en que la pena aparece, se observara que en cada uno de ellos la pena cumple funciones y finalidades distintas. En el momento de la amenaza penal, es decir, cuando el legislador prohíbe una conducta amenazándola con una pena, es decisiva la idea de prevención general, pues se intimida a los miembros de la comunidad, para que se abstengan de realizar la conducta prohibida. Pero si, a pesar de esa amenaza e intimidación general, se llega a cometer el hecho prohibido, entonces a su autor debe aplicársele la pena prevista para ese hecho, predominando en la aplicación de la pena la idea retributiva. Finalmente, durante la ejecución de la pena impuesta, prevalece, sobre todo si se trata de una pena privativa de libertad, la idea de prevención especial, porque lo que en ese estadio debe perseguirse es la reeducación y socialización del delincuente. Con otras palabras, cuando nuestro legislador amenaza con la pena de reclusión menor, en el art. 407 del Código Penal, el matar a otra persona, lo hace con la esperanza de que, a la vista de la pena con que conmina la realización de ese hecho, la generalidad de los ciudadanos normales se abstendrá de matar a sus semejantes - prevención general. Pero si, a pesar de esta conminación, alguien llega a cometer*

culpablemente un homicidio, entonces debe aplicársele la pena prevista con un criterio retributivo, es decir, porque ha cometido el homicidio. Una vez impuesta la pena correspondiente, debe procurarse sin embargo, de acuerdo con la idea de prevención especial, que durante la ejecución de 1á pena se actúe directamente sobre el delincuente, educando y reprimiendo sus instintos agresivos, para que, una vez cumplido el castigo impuesto, pueda integrarse en la comunidad como miembro perfectamente idóneo para la convivencia.

Portanto, para os adeptos da teoria unificadora ou diferenciadora da pena, a finalidade preventiva geral atua como elemento fulcral no Direito Penal por meio da tentativa de intimidação aos possíveis delinquentes exercida pela cominação penal. Lado outro, uma vez praticado o fato criminoso em detrimento da ameaça abstrata, a aplicação judicial da sanção penal assume a marca da retribuição, respeitando o princípio da autonomia da pessoa, e respondendo à conduta indesejada através da escolha proporcional qualitativa e quantitativa da pena. Por fim, quando da sua execução concreta, o cumprimento da pena deverá ser guiado em vistas a adoção, pelo executado, dos valores assumidos como fundamentais pela sociedade em que está inserido, buscando sua integração ao tecido social.

O DESENVOLVIMENTO DA INTELIGÊNCIA ARTIFICIAL E O CONTATO COM O DIREITO PENAL

O Direito Penal, aparentemente acima de qualquer outro ramo do direito, demonstra ter sido construído em sua origem para as pessoas (naturais), pois, a princípio, só o ser humano pode, de fato, cometer um crime, direcionando sua ação para causação de um mal à sociedade ou a outrem.

Tal fato, contudo, nunca afastou a sua incidência, de modo excepcional, em face de outros agentes não humanos, a exemplo de animais que foram processados, condenados e punidos na Idade Média por comportamentos considerados prejudiciais (DINZELBACHER, 2002), ou ainda mais recentemente a responsabilização penal das pessoas jurídicas, a qual dependeu de grande esforço da dogmática penal para sua acomodação, mesmo que não se encontre exime de críticas.

Contudo, em qualquer caso, tem-se como muito claro que quando o sistema de justiça criminal se volta a destinatários não humanos, acaba por encontrar severos obstáculos, por vezes intransponíveis, não sendo feito sob medida para estes agentes.

Paralelamente, quando outrora falava-se em máquinas no âmbito do Direito Penal, a resposta a ser dada estava de pronto apresentada: *machina delinquere (et puniri) non potest* (CAPPELLINI, 2019, pág. 501). Essa resposta se dava em razão de que tais agentes não eram reconhecidos como diretamente responsáveis pela prática de delitos, sendo que, quando muito, se admitia a sua atuação como *longa manus*, como instrumento a serviço do verdadeiro responsável pela prática criminosa: o ser humano, que tinha sua responsabilidade configurada através do desenho de uma linha oblíqua de imputação, a qual desviava-se da máquina para chegar àquele que a utilizava para seus próprios propósitos. Tratava-se, portanto, da máquina como ferramenta ou como instrumento a serviço do homem.

Até um passado recente, para além das máquinas automáticas da velha geração, existiam apenas sistemas de Inteligência Artificial (IA) que operavam por meio de algoritmos totalmente predefinidos pelo programador, cujo comportamento, portanto, é de tudo predeterminado. Comparado a esses sistemas de Inteligência Artificial, o modelo de responsabilidade indireta sustentou-se desde o início e se mantém sem grandes problemas particulares na teoria da imputação.

É que, nestes casos originais, a IA é predeterminada e, portanto, previsível para o executor ou programador uma reprimenda, pelo menos como decorrência de uma falha, já que o crime ocorreu como resultado deste comportamento.

Nesta perspectiva, a entidade inteligente atua como mero instrumento do crime cometido pelo homem (RIONDATO, 2014, págs. 600-601). Por exemplo, se um comandante militar configurar intencionalmente um drone autônomo para que mate civis, certamente responderá por suas mortes dolosamente. Mas, se ao invés disso, o drone atira em civis por uma falha de programação ou construção, o programador ou o fabricante, respectivamente, serão responsáveis por este fato criminoso, culposamente, se demonstrado que poderiam ter previsto e evitado o evento, sendo que a natureza peculiar do instrumento pode, no entanto, ter uma importância particular na avaliação da sentença, como agravantes ou atenuantes.

Assim, não fazia sentido falar de responsabilidade moral ou jurídica, muito menos criminal, da máquina, uma vez que essa se encontrava desprovida de consciência e intenção em suas ações, sem a capacidade de autodeterminação, razão pela qual nunca poderia ser censurada por um fato que tinha materialmente causado, porque ao contrário do homem, a IA primária não era livre, mas determinada. Portanto, a ausência de *livre arbítrio* se reflete em uma inevitável ausência de culpa (BORSARI, 2019, pág. 264).

Todavia, o acentuado desenvolvimento da Inteligência Artificial propiciou o uso crescente de aplicações que se inseriram na cotidianidade da vida social em seus mais diversos setores, sendo que sua geração mais recente é caracterizada pelo desenvolvimento de sistemas de processamento de dados com uma dada complexidade, capacidade de absorção das informações de seu ambiente, processamento de forma independente e aptidão reativa destituída de influência humana adicional, tudo com fito no cumprimento de uma determinada tarefa designada (BORSARI, 2019, págs. 264-265).

Graças aos chamados mecanismos de *machine learning*, um sistema de Inteligência Artificial atual é, de fato, capaz de aprender com a experiência e modificar seu próprio comportamento, adaptando-o aos estímulos recebidos (BECK, 2017).

Os algoritmos complexos que os guiam não são mais integralmente predefinidos, fechados e não afetados por mudanças, mas sim abertos a automodificações estruturais, determinadas pela experiência da máquina. A nova geração de IA "lembra" o passado, aprende com sua "experiência" – graças à *machine learning* – e modifica seu comportamento de acordo com tal aprendizado.

Ademais, em muitos casos, por meio do uso de tecnologias de computação em nuvem, uma IA trocando informações com seus próprios "pares", mesmo operando em ambientes diferentes, pode aumentar o seu aprendizado exponencialmente. Sem considerar, especialmente no futuro, a possível interação na nuvem de sistemas de IA e homens no vasto mundo da Internet das Coisas, somando as "experiências de vida" de uma multiplicidade de máquinas inteligentes, submetidas aos mais diversos cenários (BORSARI, 2019, pág. 264).

Assim, essas tecnologias são frequentemente usadas para elevar significativamente a velocidade de aprendizagem das máquinas, diminuindo em paralelo, na contramão, o grau de controle que o homem é capaz de exercer em relação a elas.

Em suma, o efeito final que é obtido com relação a essas entidades artificiais de segunda geração é que cada vez mais seu comportamento se torna, *ex ante*, parcialmente imprevisível, de um ponto de vista que não é apenas subjetivo, mas – pode-se dizer – objetivo-tecnológico, sendo que entre os dados de entrada e comportamentos de saída, há uma opacidade, um vazio de compreensão por parte do observador humano externo de um ponto de vista *a priori*, onde, com relação a esses assuntos, a abordagem tradicional do Direito Penal entra em crise, como no caso dos carros autônomos ou auto conduzidos, em que parte deles possuem automação completa do veículo (em contraposição aos chamados veículos semiautônomos), a ponto de não só guiar-se sem o controle humano, mas também de impedir objetivamente ações humanas de intervenções emergenciais (BECK, 2017), fato que evita a constatação de qualquer culpa do usuário, reduzido, aqui, a um mero passageiro.

Neste caso, o problema máximo não surge como resultado do fato de eventual programação equivocada do algoritmo, ou ainda de uma errônea construção da máquina, mas sim, sobretudo, de que as Inteligências Artificiais de segunda geração detêm comportamentos ativos reais e absolutamente imprevisíveis, decorrentes do trabalho de auto evolução do *machine learning*, de modo que qualquer dano derivado deles escape inexoravelmente às capacidades de previsão dos programadores. Frise-se quando a doutrina mais atual já fala em ações independentes desses agentes de inteligência.

Em resumo, é possível afirmar que chegamos, neste momento, ao ponto de haver casos em que as peculiaridades dos sujeitos artificiais impedem identificar efetivamente uma figura humana para quem, o Direito Penal tradicional, possa responsabilizar a causa culposa do ato materialmente cometido por uma máquina, tornando nula a proteção criminal para tais tipos de ofensas.

O VÁCUO DE JUSTIFICAÇÃO DAS TEORIAS DA PENA DIANTE DAS OFENSAS PRATICADAS PELAS NOVAS FORMAS DE INTELIGÊNCIA ARTIFICIAL

Se, valendo-se das categorias existentes no Direito Penal atual, o problema da imputação já se demonstra de difícil solução quando diante da atuação mecânica dos agentes inteligentes constituídos pela IA de segunda geração, as questões atinentes à teoria da pena neste âmbito aparentam adquirir status de insolubilidade.

Uma imposta a uma máquina inteligente, na verdade, não pode desempenhar nenhuma das três funções clássicas que geralmente a doutrina penalista reconhece como legítima à sanção criminal, conforme minudenciado nos três primeiros capítulos deste breve artigo (ASARO, 2012, págs. 180-183).

Certamente não há espaço para admitir uma eventual justificação retributiva da pena, porque máquinas, ainda que dotadas de inteligência artificial acurada, ainda hoje continuam alheias a uma censura a nível de culpabilidade.

De idêntica forma, é igualmente difícil vislumbrar uma função preventiva na punição robótica. No ponto de vista de uma prevenção especial, não há margem para eventual "reabilitação". A reeducação, aliás, pressupõe a possibilidade de aprendizagem pela sanção imposta como resultado da própria ação errada. Mas uma máquina não pode fazer isso, a menos que seja programada especificamente para tanto, eis que uma IA não pode ser reeducada por meio de uma frase.

Contudo, mesmo neste caso, um "defeito de comportamento" provavelmente pode ser corrigido, de forma muito mais eficaz, por mecanismos de *machine learning* que progressivamente "otimiza" a ação do sujeito artificial, ou mais radicalmente a partir de uma reprogramação, de forma direta, portanto, antes mesmo do instrumento indireto de pressão que é a pena.

Finalmente, também no que diz respeito à prevenção geral – enquanto nos limitamos a sua forma básica, a dissuasão (negativa), sem mergulhar no campo mais complexo da prevenção positiva – não surgem menos problemas. O efeito intimidante direcionado a uma generalidade de "associados robóticos", de fato, seria antes de tudo minado pela habilidade dos sujeitos artificiais de experimentar sentimentos de pavor ou medo.

Mas, ainda mais radicalmente parece até carecer de uma atitude comunicativa da sentença, imposta a um, em relação aos demais. Como poderia uma IA entender que uma sanção imposta a um outro sujeito robótico visa, na verdade, transmitir uma mensagem geral de dissuasão em relação um determinado comportamento? Em última análise, essa punição permaneceria um fato isolado para o sujeito artificial que a sofre, estranha a todos os outros sujeitos (ASARO, 2012, págs. 180-183).

As IAs não são construções de importância apenas social, como ocorre com a pessoa jurídica, mas elas realmente existem no mundo físico. O homem apenas cria as mesmas e as programa, sendo que depois disso, com o distanciamento de seu criador, seu centro de decisão torna-se autônomo. Assim, passam a atuar na realidade física "pelas próprias mãos", autodeterminadas, sem fios que as movem, em tempo real, como marionetes, livres do seu criador.

Uma sanção destinada à Inteligência Artificial, portanto, não afetará essencialmente mais ninguém além de si própria. Não incidirá sobre o comportamento de qualquer ser humano livre de escolha. E mesmo que isso fosse possível, em qualquer caso, sempre permaneceria o fato de que o homem, embora ameaçado por reflexo pelo castigo da máquina, não consegue influenciar diretamente o comportamento do sujeito artificial, levando-o em tempo real a não cometer crimes.

Também sob este ponto de vista, portanto, uma lei penal e uma punição robótica, se dirigida a entidades artificiais, como as mais avançadas até hoje, perderia todo o significado genuinamente "criminoso", razão pela qual há um inegável vácuo de justificação das atuais teorias da pena diante das ofensas praticadas pelas novas formas de inteligência artificial.

CONSIDERAÇÕES FINAIS

O estudo da fundamentação e das finalidades da pena, ou "*por que punir?*" e "*para que punir?*" sempre se apresentou com grande destaque no âmbito da Filosofia do Direito e das ciências criminais.

Diversas formulações e variantes foram ofertadas como respostas válidas às indagações antes referidas, no sentido de propiciar uma conformação teórica sobre o respectivo tema.

Não se pode deixar de considerar, por óbvio, as contundentes críticas formuladas pela Criminologia Crítica e pelas Teorias Abolicionistas da Pena e Teoria Agnóstica da Pena, as quais minudenciam a distância entre as finalidades declaradas e ocultas da sanção criminal, não sendo objeto deste presente artigo em razão do recorte aqui feito exclusivamente acerca da análise dos fins manifestos da pena, sendo que a abordagem sobre as teorias críticas já foi âmbito de investigação em outra análise (SOARES, 2014).

A construção filosófica absolutista de Kant e Hegel alijam os caracteres utilitaristas adjacentes à pena criminal, centrando-se na função exclusivamente retributiva da sanção por meio de uma fundamentação ética ou jurídica, respectivamente, seja por meio de uma compensação de culpas ou pela reafirmação da validade do direito através da negação (pena) de sua negação (crime).

Sob outro ângulo, as teorias relativistas instrumentalizam a pena – e o apenado – a serviço de um objetivo outro, qual seja: a prevenção. Quando voltada para a sociedade, a pena tem por fim servir como meio de dissuadir os cidadãos da prática de atos indesejados (prevenção geral negativa) e reafirmar o valor moralmente aceito em sociedade (prevenção geral positiva), ao passo que quando guiada em face do próprio agente, a pena assume o papel utilitário de inocuizar o infrator da prática de outros crimes (prevenção especial negativa), assim como buscar seu emolduramento moral em conformação aos valores socialmente aceitos (prevenção especial positiva), com vistas a não repetição do comportamento indesejado.

A assunção de qualquer das referidas teorias isoladamente apresenta dissonância, em grande medida, com a complexidade do fenômeno criminal.

Por isso mesmo, após a identificação e análise das três fases distintas em que a pena se apresenta no sistema jurídico (previsibilidade, aplicação e execução) tornou-se possível a constatação de que em cada um desses estágios há uma preponderância – e não exclusividade ou intransponibilidade - de cada uma das teorias da pena.

A previsão normativa e abstrata da sanção, fruto do intento do legislador, exprime a função preventiva geral negativa, ao passo que na aplicação da pena pelo julgador sobressai o caráter retributivo, enquanto que durante a etapa executiva há um destaque à prevenção especial positiva.

Ocorre que, com a evolução diuturna da tecnologia e o desenvolvimento dos novos agentes inteligentes, constituídos sobre a segunda geração de Inteligência Artificial, com base precipuamente em plataformas de *machine learning* tornou-se possível a criação atual de máquinas complexas, capazes de aprender diuturnamente com a realidade que as rodeiam e decidir de forma independente do seu programador/construtor, numa evidente distanciação do conceito originalmente defasado de máquina como mero instrumento ou ferramenta em mãos de agentes humanos.

Nessa perspectiva, surgiram robôs cirurgiões guiados por algoritmos que lesionam, carros autônomos ou auto condutores que colidem, drones de combate não tripulados que matam, agentes financeiros artificiais causadores de *spoofing* no mercado de ações, assim como *boots* sociais, à exemplo da "Tay", IA da Microsoft liberada para o Twitter que, em menos de um dia, converteu-se em propagadora de racismo e discriminação.

Para além de todo o problema da imputação, o qual ainda se encontra muito longe de ser solucionado, diante do dogma tradicional penalista – *machina delinquere (et puniri) non potest* – as teorias da pena outrora utilizadas quando a ação ofensiva resulta de um comportamento humano, acabam por se demonstrar falhas se diante de uma conduta originada por um desses novos agentes artificiais, deixando-as sob um vácuo de justificação da punição criminal.

Há de se considerar, por fim, que se por um lado, a proibição completa inspirada em lógicas de precaução certamente impediria a ocorrência de danos imprevisíveis e ingovernáveis, mas com o perigo de se descartar, juntamente com os riscos tecnológicos, os benefícios sociais decorrentes do desenvolvimento e uso da robótica; por outro lado, há a perspectiva de construir uma área mais ou menos de grande risco permitido, que está enraizado em uma complexa operação de equilíbrio entre os dois aspectos de utilidade coletiva e riscos imponderáveis, inseparáveis uns dos outros, como se vê de modo inerente à difusão das tecnologias de inteligência artificial.

Fato é que a cada dia se demonstra mais indispensável pensar em um Direito Penal que considere a robótica, ainda que sejam necessários levantar novas bases às teorias da pena atualmente em uso.

REFERÊNCIAS

ALAGIA, Alejandro.; BATISTA, Nilo.; SLOKAR, Alejandro.; ZAFFARONI, Eugenio Raúl. **Direito penal brasileiro**. v. 1°, 4ª ed. Rio de Janeiro: Renavan, 2003.

ALAGIA, Alejandro.; SLOKAR, Alejandro.; ZAFFARONI, Eugenio Raúl. **Derecho penal: parte general**. 2ª ed. Buenos Aires: Ediar, 2002.

ANCEL, Marc. **La défense sociale nouvelle**. 2ª ed., Paris: Cujas, 1966.

ASARO, Peter M.. A Body to Kick, but Still No Soul to Damn: Legal Perspectives on Robotics. In: LIN, Patrick ; ABNEY, Keith; BEKEY, George A. .(Org.), **Robot Ethics: the ethical and social implications of robotics**, Cambridge: The MIT Press, págs. 169-186, 2012.

BARATTA, Alessandro. Integración-prevención: una nueva fundamentación de la pena dentro de la teoría sistémica. **Revista Doctrina Penal**. Buenos Aires, a. 8, nº 29, 1985.

BARRETO, Vicente de Paulo; GOMES, Abel Fernandes. **A ética da punição**. São Leopoldo: Ed. UNISINOS; Rio de Janeiro: Lumen Juris, 2018.

BECK, Susanne. Google cars, software agents, autonomous weapons systems – New challenges for criminal law? In HILGENDORF; E. ; SEIDEL, U. (Org.), **Robotics, Autonomics, and the Law: legal issues arising from the autonomics for industry 4.0 technology programme of the German Federal Ministry for Economic Affairs and Energy**, Nomos, págs 227-252, 2017.

BOBBIO, Norberto. **Teoria da norma jurídica**. Trad. de Fernando Pavan Baptista e Ariani Bueno Sudatti. São Paulo: Edipro, 2003.

BORSARI, Riccardo. Intelligenza Artificiale e responsabilità penale: prime considerazioni. In: **Media Laws: Rivista di Diritto dei Media**, nº 3, pág. 262-268, 2019. Disponível em: <http://www.medialaws.eu/wp-content/uploads/2019/11/borsari.pdf >. Acesso em: 20 de jan. de 2021.

BRANDÃO, Cláudio. **Curso de direito penal: parte geral**. Rio de Janeiro: Forense, 2008.

BRUNO, Aníbal. **Das penas**. Rio de Janeiro: Editora Rio, 1976.

CAPPELLINI, Alberto. Machina delinquere non potest? Brevi appunti su intelligenza artificiale e responsabilità penale. In: **Criminalia: annuario di scienze penalistiche 2018**. Pisa: Edizioni ETS, págs. 499-520, 2019.

CARNELUTTI, Francesco. **O problema da pena**. Trad. De Hiltomar Martins Oliveira. Belo Horizonte: Líder, 2003.

DINZELBACHER, Peter. Animal Trials: A Multidisciplinary Approach. **The Journal of Interdisciplinary History**.

Cambridge: The MIT Press, v. 32, nº 3, págs. 405-421, 2002.

FERRAJOLI, Luigi. **Direito e razão: teoria del garantismo penal**. Trad. De Ana Paula Zomer e outros. São Paulo: Revista dos Tribunais, 2002.

FOUCAULT, Michel. **Vigiar e punir: história da violência nas prisões**. 8ª ed. Petrópolis: Vozes, 1991.

FROMM, Erich. **The anatomy of human destructiveness**. New York, Chicago, San Francisco: Holt, Rinehart and Winston, 1973.

GOMES, Geder Luiz Rocha. **A substituição da prisão. Alternativas penais: legitimidade e adequação**. Salvador: JusPodivm, 2008.

HASSEMER, Winfried. La ciencia jurídico penal en la república federal alemana. In **Revista Peruana de Ciencias Penales**. Lima: Cultural Cuzco S.A., a. I, julio/diciembre, 1993.

HASSEMER, Winfried.; LÜDERSSEN, Klaus.; NAUCKE, Wolfgang. **Principales problemas de la prevención general**. Trad. Gustavo Eduardo Aboso e Tea Low. Montevideo: B de F Ltda., 2004.

HEGEL, Georg Wilhelm Friederich. **Princípios da Filosofia do Direito**. Trad. De Orlando Vitorino. São Paulo: Martins Fontes, 1997.

KANT, Immanuel. **A Metafísica dos Costumes**. Trad. Edson Bini., Bauru, SP: Edipro, 2003.

____________. **A Metafísica dos Costumes**. Trad. José Lamego, 2ª ed., Lisboa, Fundação Calouste Gulbenkian, 2011.

LISZT, Franz Von **Tratado de Direito Penal Allemão**. Trad. De José Hygino Duarte Pereira. Brasília: Ed. Fac-sim, 2006.

MAURACH, Reinhart. **Derecho penal – parte general**. Buenos Aires: Astrea, 1995.

MIR PUIG, Santiago. Función fundamentadora y función limitadora de la prevención general positiva. In RAMÍREZ, Juan Bustos. (Org.), **Prevencion y teoria de la pena**. Santiago de Chile: Editorial Jurídica ConoSur Ltda., 1995.

____________. **Introducción a las bases del Derecho Penal**. 2ª ed. Montevideo: B de F Ltda., 2003.

MUÑOZ CONDE, Francisco. **Introducción al derecho penal**. 2ª ed. Montevideo: B de F Ltda., 2001.

PAINE, Thomas. Os direitos do homem, In BARRETO, Vicente de Paulo (et al.), **Das tradições ortodoxas e heterodoxas nos direitos humanos: uma antologia**. Rio de Janeiro: Lumen Juris, 2018.

PRADO, Luiz Regis. **Curso de direito penal Brasileiro: parte geral**. São Paulo: Revista dos Tribunais, 2004.

RIONDATO, Silvio. Robotica e diritto penale (robot, ibridi, chimere, "animali tecnologici"). In: PROVOLO, Debora; RIONDATO, Silvio; YENISEY, Feridun (Orgs.), **Genetics, Robotics, Law, Punishment**, Padova: Padova University Press, págs. 599-606, 2014.

ROXIN, Claus. **Culpabilidad y prevencion em Derecho Penal**. Trad. Muñoz Conde. Madrid: Instituto Editorial Reus S.A., 1981.

____________. **Problemas fundamentais de direito penal: sentido e limites da pena estatal**. Lisboa: Veja/Universidade, 2004.

SANTOS, Juarez Cirino dos. **Direito penal: parte geral**. 3ª ed. Curitiba: ICPC e Lumen Juris, 2008.

SOARES, Gleison dos Santos. Teoria Agnóstica da Pena: por uma justificação legítima da sanção criminal. In: Âmbito Jurídico, Rio Grande, XVII, nº 123, abr. 2014. Disponível em: <http://www.ambito-juridico.com.br/site/?n_link=revista_ar-

tigos_leitura&artigo_id=14623>. Acesso em: 22 de out. de 2018.

SOUZA, Artur de Brito Gueiros; JAPIASSÚ, Carlos Eduardo Adriano. **Direito penal: volume único**. São Paulo: Atlas, 2018.

WELZEL, Hans. **Derecho penal alemán** 11ª ed., Santiago: Editorial Jurídica Del Chile, 1997.

INDULTO E ENCARCERAMENTO DE MULHERES: POLÍTICA CRIMINAL, IGUALDADE E GÊNERO

PRESIDENTIAL PARDON AND WOMEN IMPRISONMENT: CRIMINAL POLICY, EQUALITY AND GENDER

Ana Lúcia Tavares Ferreira[1]

RESUMO

O artigo trata do tradicional uso da graça coletiva como instrumento de política criminal e a recente tendência de se impor restrições ao exercício da atribuição presidencial, por meio da análise de dois decretos de indulto aplicáveis exclusivamente às mulheres encarceradas, examinando se constituem violação ao princípio

1. Defensora Pública do Estado do Rio de Janeiro. Doutora em Direito Penal pela Universidade do Estado do Rio de Janeiro.
Professora no Programa de Pós-Graduação em Direito da Universidade Estácio de Sá. Professora do Curso de Pós-Graduação lato Sensu em Ciências Criminais e Segurança Pública da UERJ. Professora do curso de Especialização em Ciências Penais I da Pontifícia Universidade Católica (PUC) do Rio de Janeiro.

constitucional da igualdade. Propõe-se discutir as diferentes concepções sobre a interação entre a atribuição de graça e o princípio da separação de poderes, além de outros princípios constitucionais no moderno Estado de Direito. O artigo também questiona a noção amplamente aceita de que o poder de perdão do chefe atribuído ao chefe Poder Executivo, embora incluído na maioria das Constituições modernas, deve ser considerado excepcional e, portanto, os presidentes devem se restringir a conceder perdão em casos individuais, raros e peculiares.

Palavras-chave: Gênero. Pena. Política Criminal. Separação de Poderes.

ABSTRACT/RESUMEN/RÉSUMÉ

This article deals with the traditional use of collective pardons as criminal politics tools and recent trends to impose restrictions to this presidential power, addressing specifically two Brazilian especial presidential collective pardons which apply exclusively to incarcerated women, to examine if they violate the constitutional principle of equality. It also aims to discuss different conceptions concerning the interaction between presidential pardons in general and the principles of separation of powers and equality. Moreover, it calls into questioning the broadly accepted notion that executive power to pardon, although included in most modern Constitutions, should be regarded as an exception and, therefore, presidents should be restricted to grant pardons in individual, rare and peculiar cases.

Keywords/Palabras-claves/Mots-clés: Gender. Punishment. Criminal Policy. Separation of Powers.

INTRODUÇÃO

A Constituição da República conferiu ao chefe do Poder Executivo a atribuição de extinguir a punibilidade por meio da graça, isentando os contemplados da execução da pena fixada em sentença condenatória, mediante o preenchimento de determinados requisitos.

O texto constitucional não estabeleceu, porém, diretrizes, regras, hipóteses de cabimento ou limitações ao exercício da atribuição, exceto pela vedação expressa no caso dos crimes hediondos e equiparados.

Não obstante a escassez de balizas, decretos de indulto foram editados todos os anos no Brasil desde o fim de República Velha, tradicionalmente na época das festas natalinas, podendo-se observar, nas últimas décadas, uma tendência de gradual ampliação de alcance e efeitos, para abranger penas mais longas, medidas de segurança e penas restritivas de direitos, além da multa.

O instituto tem sido alvo de inúmeras críticas pela doutrina, caracterizando-se, frequentemente, a atribuição de indultar à violação aos princípios constitucionais da separação de poderes e da igualdade. Nessa perspectiva identifica-se na jurisprudência uma tendência de se adotar uma visão restritiva do instituto, reduzindo sua aplicação a hipóteses excepcionais e irrepetíveis.

Nos anos de 2017 e 2018 foram editados decretos de indulto voltados exclusivamente para as mulheres privadas de liberdade, por ocasião da comemoração do dia das mães, estabelecendo-se condições mais favoráveis para a obtenção do indulto, notadamente no que se refere aos requisitos objetivos (tempo de cumprimento da pena privativa de liberdade).

Nesse contexto, mostra-se necessária uma análise da configuração da atribuição de graça no Estado de Direito, pondo em questão o consenso produzido quanto ao caráter derrogatório do instituto em relação ao princípio da separação de poderes e, por consequência, os discursos que refutam a utilização ampla do indulto como medida desencarceradora.

O presente artigo propõe-se a apresentar os fundamentos teóricos que ampararam os posicionamentos contrapostos no debate jurisprudencial, buscando responder às seguintes questões: 1) se existe uma relação de derrogação entre a atribuição de indulto e os princípios da separação de poderes e igualdade; 2) se o exercício da atribuição de indulto com regras que ampliam seu âmbito de aplicação em relação às mulheres constitui violação ao princípio da igualdade.

Após breve introdução, serão identificados e brevemente resumidos os principais fundamentos doutrinários dos posicionamentos adotados no debate doutrinário e jurisprudencial.

Em seguida, na segunda seção, serão postas em questão as concepções adotadas, buscando-se identificar a configuração da atribuição de indultar no Estado de Direito, investigando a presumida relação de derrogação entre o instituto e o princípio da separação de poderes, bem como seu caráter excepcional.

Será analisada também nessa seção, a alegada relação hierárquica entre a atribuição de indultar e os princípios constitucionais, especialmente igualdade e vedação da proteção deficiente.

Na terceira seção será abordada a questão da utilização do indulto como instrumento desencarcerador especificamente direcionado para mulheres, investigando-se sua compatibilidade com as exigências do princípio constitucional da igualdade.

Ao final, será apresentado um apanhado sintético das questões abordadas, expondo-se as conclusões resultantes do desenvolvimento do tema proposto.

ATRIBUIÇÃO DE INDULTAR E SEPARAÇÃO DE PODERES

A graça[2] tem sido conceituada como decisão extrajudiciária que impossibilita total ou parcialmente a execução da pena criminal, tratando-se, segundo grande parte da doutrina, de um resquício do poder divino das monarquias absolutistas, que se caracteriza, até mesmo nos dias atuais, por um inafastável grau de irracionalidade.[3]

---

2. A nomenclatura é errática e pode-se identificar a utilização dos termos clemência e graça para designar o gênero, do qual seriam espécies o indulto e a graça em sentido estrito. Adota-se aqui a graça como termo que indica o gênero, do qual seriam espécies a anistia, o indulto e a graça em sentido estrito (indulto individual), por ser a mais usualmente encontrada na doutrina (Ferreira, 2017).

3. No sentido do texto Zagrebelsky (1974. pág. 93). Também ressaltando o

Constituiria, segundo Figueiredo Dias (1993, pág. 687), uma "válvula de segurança do sistema", um ato de tolerância da ordem jurídica perante modificações supervenientes, de "caráter excepcional, das relações comunitárias ou da situação pessoal do agraciado", ou ainda, "instrumento de correção de erros legislativos ou judiciários, em "casos excepcionalíssimos."

O instituto deveria ser utilizado, segundo Garcia (2008, pág. 341), para a correção de erros do "rigor da justiça", ou premiar o bom comportamento do apenado, demonstrada a desnecessidade da pena antes do livramento condicional, ou ainda para "eximir de maior sofrimento o preso enfermo que tem os dias contados em razão de algum mal cruciante e incurável", além de "acomodar situações que normas penais inadequadas tornaram iniquamente gravosas."

Nessa perspectiva, a graça teria sido mantida no Estado Democrático de Direito em detrimento do princípio constitucional da separação de poderes, na medida em que importa invasão, pelo Poder Executivo, das esferas de atuação típicas dos poderes legislativo e judiciário.

Adota-se assim, majoritariamente, uma abordagem restritiva, atrelada à concepção clássica da separação de poderes, centrada no conceito iluminista da lei como seu principal ponto de referência.

Nesse contexto, a função legiferante — edição de normas gerais e abstratas — caberia exclusivamente ao Poder Legislativo, enquanto que aos poderes judiciário e executivo restariam tão somente as funções de aplicar

---

caráter religioso e irracional do instituto, Zaffaroni (2002); Gemma, (1973). Pulitanò (1970); Garcia Mahamut (2004); Dominguez Garcia, (2002).

as normas gerais em decisões individuais e implementar as decisões políticas legislativas mediante atuação concreta nos limites da norma jurídica, respectivamente. (PIÇARRA, 1989).

A graça seria incompatível com essa concepção dogmática de repartição de tarefas, constituindo formalmente um ato administrativo, mas materialmente legislativo, visto que inova na ordem jurídica (estabelecendo pressupostos e consequências específicas e criando direitos), ou jurisdicional, já que tem efeitos retroativos, atingindo os efeitos de decisões judiciais.

Como observou Figueiredo Dias (1993, pág. 687), seria uma atribuição reservada a "um poder global, "supraordenado aos três poderes separados, onde o direito e a graça se misturavam", ressalvando-se a exigência de oitiva do Governo como traço que insere o instituto no Estado de Direito.

Essa perspectiva teórica — baseada na concepção excepcional do instituto, vinculada ao caráter derrogatório do princípio da separação de poderes — fundamentou, por exemplo, a posição adotada na decisão de concessão da medida cautelar proferida pela Ministra Carmem Lúcia, no bojo da ADI 5.874.[4]

---

4. De acordo a decisão da Ministra Carmem Lúcia, "Indulto não é nem pode ser instrumento de impunidade. É providência garantidora, num sistema constitucional e legal em que a execução da pena definida aos condenados seja a regra, possa-se, em situações específicas, excepcionais e não demolidoras do processo penal, permitir-se a extinção da pena pela superveniência de medida humanitária. [...] Como repetido acima, o indulto tem a finalidade de realizar benignidade com que se contempla aquele que, condenado e tendo cumprido parte da pena a ele definida judicialmente, está em condições de dificuldades humanas (doença, necessidade de reaver sua socialidade pelo implemento do erro purgado pela execução da pena, dentre outros casos).

O caráter derrogatório do princípio da separação de poderes, por sua vez, implicaria, como foi apontado por Barroso (2018), uma suposta relação de inferioridade hierárquica entre a atribuição de graça e os princípios constitucionais, notadamente igualdade e vedação de proteção deficiente, especialmente no que se refere aos crimes contra a Administração Pública.

Parte da doutrina, porém, adota posição divergente, entendendo que a atribuição de graça conferida ao chefe do Poder Executivo constitui norma de repartição de poderes estabelecida pelo próprio poder constituinte originário.

A atribuição de graça seria prevista na Constituição, segundo Schätzler (1992), como autêntica norma de repartição de poder, facultando-se ao chefe do executivo o exercício ilimitado e arbitrário da atribuição.

O ato de graça teria, segundo esse autor, natureza *sui generis*, não se enquadrando como atividade administrativa, legislativa ou jurisdicional, de forma que estaria apto a revogar atos jurisdicionais,

Adotando posicionamento semelhante, Brito (2018, pág. 8063) admite a natureza administrativa do ato, porém ressalta que sua prática é "de total disponibilidade do presidente, observados os ditamos da conveniência e oportunidade públicas."

Foi essa a concepção que amparou o voto dissidente do Ministro Alexandre de Moraes, que acabou por prevalecer no julgamento da ADI 5.874, com adesão da maioria.[5]

---

5. De acordo com o voto do Ministro Alexandre de Moraes, a concessão de indulto não está vinculada à política criminal estabelecida pelo legislativo, tampouco adstrita à jurisprudência formada pela aplicação da legislação

A partir do debate resumido acima, pode-se observar que a divergência decorre de uma concepção dogmática do princípio da separação de poderes que desconsidera a evolução do sistema de repartição de competências.

Impulsionados pelas rápidas transformações da sociedade técnica e pelas necessidades de um Estado garantidor de liberdades positivas, os órgãos legislativos deixaram de atuar exclusivamente na produção de normas gerais e abstratas com caráter prospectivo, segundo o modelo estabelecido com base no conceito iluminista de lei, passando, também, a atuar na persecução dos objetivos do Estado.

A lei perdeu os atributos de generalidade e abstração para atender às necessidades conjunturais mediante medidas econômicas de duração limitada. A utilização da lei como instrumento político desencadeou uma tendência de aumento da produção legislativa e da atuação do Estado por outros instrumentos jurídicos

---

penal, muito menos ao prévio parecer consultivo do Conselho Nacional de Política Criminal e Penitenciária, sob pena de total esvaziamento do instituto, que configura tradicional mecanismo de freios e contrapesos na tripartição de poderes. O exercício do poder de indultar não fere a separação de poderes por supostamente esvaziar a política criminal estabelecida pelo legislador e aplicada pelo Judiciário, uma vez que foi previsto exatamente como mecanismo de freios e contrapesos a possibilitar um maior equilíbrio na Justiça Criminal (PINTO FERREIRA, Comentários à Constituição brasileira. v.. 2. São Paulo: Saraiva, 1992, pág. 574 e ss.; ALCINO PINTO FALCÃO. Constituição Federal anotada. Freitas Bastos. v. 2, pág. 214).[...] Com o devido respeito às posições em contrário, não compete ao SUPREMO TRIBUNAL FEDERAL reescrever o decreto de indulto, pois, ou o Presidente da República extrapolou o exercício de sua discricionariedade, e, consequentemente, a norma é inconstitucional; ou, entre as várias opções constitucionalmente lícitas, o Presidente da República escolheu validamente uma delas, e, consequentemente, esta opção válida não poderá ser substituída por uma escolha discricionária do Poder Judiciário, mesmo que possa parecer melhor, mais técnica ou mais justa.

que não a lei, além de instaurar o fenômeno da descentralização legislativa.[6]

No que tange ao Poder Executivo, o processo de descentralização legislativa se dá de dois modos, a saber: pela intervenção do executivo no procedimento de elaboração (por meio dos institutos de sanção, veto, promulgação e publicação do ato normativo de lei) ou pelo exercício pelo próprio executivo da função de elaborar a lei, em sentido formal ou em sentido material.[7]

Os mecanismos mencionados demonstram a expansão dos poderes executivo e legislativo, assim como a interpenetração das atividades de ambos no desenvolvimento da função política do Estado, indicando que a atual conformação do princípio da separação de poderes é muito diversa da teoria clássica, consolidada pelo Estado liberal.

A necessidade de proteção de liberdades positivas e direitos sociais redimensionou também o papel do judiciário na divisão de poderes estatais.

Na teoria clássica de separação de poderes, reservava-se ao judiciário uma função subalterna ao Poder Legislativo, competindo-lhe atos de subsunção do fato à norma geral editada pelo Poder Legislativo soberano.

---

6. A descentralização legislativa é conceituada por Clève (1993) como a possibilidade de criação de atos normativos sob a forma de lei ou não, por outros órgãos que não propriamente o Legislativo. Segundo o autor, a descentralização pode ser decorrente de delegação legislativa ou de atribuição legislativa outorgada pelo Constituinte, transferindo-se a função legiferante para órgãos internos do próprio Poder Legislativo ou para outros órgãos estatais.

7. O crescente exercício do poder de iniciativa, presente na maioria das Constituições, indica, segundo Clève (1993) uma tendência de colaboração entre Executivo e Legislativo, em sinal de superação da tradicional separação de poderes.

Neutralizava-se politicamente a atividade jurisdicional, exigindo-se que o juiz fosse imparcial e apartidário no desempenho de suas funções.

Com o desenvolvimento do Estado social e da sociedade tecnológica, atribuiu-se ao judiciário, além do exame da responsabilidade pessoal – atividade voltada para o passado –, o controle do exercício do poder de legislar, tendo em vista a meta de concretização dos objetivos fixados constitucionalmente.

A responsabilidade pela política legislativa tende, nesse contexto, a ser compartilhada entre os três poderes, na medida em que o juiz, abandonando sua antiga posição de neutralidade, desempenha uma "ação corretiva de desvios na consecução das finalidades a serem atingidas por uma política legislativa." (BARROSO, 2011, pág. 81).

Baseada na experiência constitucional superficialmente resumida acima é que a doutrina constitucional aponta o processo de flexibilização da divisão de poderes estatais. Em lugar do equilíbrio entre poderes que se inibem mutuamente, como pretendia a teoria clássica de separação de poderes, o que se observa é uma predominância cíclica de cada um deles em diferentes contextos históricos.

Constata-se que o princípio constitucional de separação de poderes perdeu, ao longo do tempo, o caráter que se lhe conferia de classificação universal e atemporal. Tornou-se, assim, de pouco interesse a elaboração de teorias de classificação das funções estatais, prevalecendo a importância da análise das funções do Estado como princípio materializado no texto de uma determinada Constituição concreta.

Nessa perspectiva, a relação entre a atribuição de graça e o princípio da separação de poderes não pode ser estabelecida aprioristicamente e em abstrato. O sistema de racionalização do poder político por freios e contrapesos, elemento estrutural do Estado de Direito, é concretizado no texto constitucional.

Eventual conflito entre atribuição constitucional de graça e o princípio de separação de poderes somente pode ser apontada em caso de desequilíbrio entre poderes estatais, com a supremacia de um deles em detrimento dos demais, no contexto de uma determinada Constituição.

O caráter excepcional da atribuição de graça não pode ser presumido, portanto, como consequência necessária da divisão de funções estatais. O estabelecimento de pressupostos de excepcionalidade e limitações qualitativas ou quantitativas, como, por exemplo, vedação da modalidade coletiva, pode ser resultado, e não premissa, do processo de interpretação da Constituição.

Não há relação de hierarquia entre a atribuição de graça concretizada como norma constitucional e as demais normas e princípios constitucionais, de forma que não se justifica uma aplicação excepcional ou limitada do instituto com fundamento na Constituição, salvo em caso de previsão de limitações concretas no próprio texto. (DIMOULIS, 1996).

As decisões judiciais abordadas deixaram de levar em consideração que a graça é uma das causas de extinção da punibilidade,[8] inserindo-se no sistema de pe-

8. Código Penal (CP) Art. 107 - Extingue-se a punibilidade: [...] II - pela anistia, graça ou indulto;

nas, de forma que sua aplicação deve ser orientada por princípios constitucionais penais.

A atribuição de graça constitui uma das poucas hipóteses de atuação discricionária do Poder Executivo no âmbito do sistema penal, de forma que a restrição excessiva da atribuição é que poderia vir a configurar violação do princípio da separação de poderes.

Embora o executivo tenha a oportunidade de intervir em matéria penal por meio do poder de iniciativa e veto presidenciais, predominam, no que se refere à elaboração de leis penais, as decisões político-criminais produzidas no âmbito legislativo.

Também no que diz respeito à aplicação das leis penais, a atuação do Poder Executivo restringe-se às atividades persecutórias, desenvolvidas pelo ministério público e pela polícia, nos estreitos limites impostos pelos princípios da legalidade e da obrigatoriedade da ação penal.

E mesmo no que se refere à execução penal, a atuação do Poder Executivo é pautada e limitada pelo princípio da legalidade, sendo consideravelmente reduzida a margem de discricionariedade da administração quanto às questões penitenciárias, tendo em vista o reconhecimento do apenado como sujeito de direitos e o caráter jurisdicional da execução. (RODRIGUES, 2000)

A atribuição de graça constitui, portanto, uma das poucas hipóteses de atuação discricionária do Poder Executivo na materialização das opções de política criminal estabelecidas em sede constitucional.

A restrição excessiva da atribuição importaria, assim, o desequilíbrio da repartição de poderes no âmbito do sistema penal, configurando violação do princípio da separação de poderes.

Não decorre daí, porém, que a atribuição de graça seja ilimitada e insuscetível de controle. Os princípios constitucionais, elementos que estruturam a Constituição, perpassando sua interpretação em todos os aspectos, condicionam o exercício da atribuição de graça, na mesma medida em que condicionam a interpretação de toda e qualquer norma constitucional.

A graça é instituto jurídico, inserido no Estado de Direito pelo legislador constituinte originário, como oportunidade de intervenção do Poder Executivo no sistema penal, devendo sua prática orientar-se pelos princípios constitucionais de Direito Penal relativos à pena.

Nessa perspectiva é que deve ser analisada a relação entre os decretos de indulto e os demais princípios constitucionais penais, especialmente os princípios da vedação da proteção jurídica deficiente e igualdade.

ATRIBUIÇÃO DE GRAÇA, VEDAÇÃO DE PROTEÇÃO DEFICIENTE E IGUALDADE

Muito se tem debatido sobre a relação entre o Direito Penal e a Constituição, em especial no que se refere às obrigações constitucionais explícitas e implícitas de criminalização.

De um lado, tem se reconhecido na Constituição uma dupla faceta. Uma primeira, afinada com as doutrinas liberais, voltada para a proteção do indivíduo contra o arbítrio estatal. Nesse caso, a Constituição atuaria na relação entre indivíduo e o Estado. As constituições liberal-democráticas exerceriam uma influência racionalizadora, reforçando os limites garantidores que impediriam a instrumentalização do Direito Penal em detrimento dos direitos fundamentais. No reverso, a Constituição atuaria também como protetora ativa do indivíduo contra ataques de terceiros, para proteger efetivamente os valores fundamentais.

Para além de uma função limitadora ou racionalizadora, o texto constitucional desempenharia, na visão de alguns, uma função de fundamento da pena e do Direito Penal, fornecendo uma espécie de síntese, um modelo de intervenção penal que se imponha ao parlamento de fora, de cima. (DIAS, 2001).

Entretanto, o Direito Penal não tem que ser resposta para qualquer ameaça ou ataque a todos os valores constitucionais. Ao legislador ficaria reservada uma certa margem de decisão. Caber-lhe-ia avaliar se os valores constitucionalmente protegidos podem ser tutelados a contento por outro meio, que não o Direito Penal e, além disso, selecionar as condutas que constituem ataques ou ameaças graves a esses valores.

Tendo-se estabelecido o bem jurídico digno de tutela penal, abre-se ao legislador, segundo Rodrigues (1995), um leque de opções confiadas à sua discricionariedade política, discricionariedade essa vinculada a critérios de subsidiariedade, fragmentariedade e laicidade.

Inexiste, assim, obrigação de impor pena criminal decorrente do texto constitucional, de forma que não se justifica extrair da tutela constitucional de bens jurídicos a vedação da agraciar ou indultar.

Além disso, mesmo no caso de vedação expressa de concessão de graça em sentido estrito, como ocorre nos crimes hediondos e equiparados, deve ser considerada preservada pelo poder constituinte originário a atribuição de indulto coletivo, sob pena de se conferir interpretação extensiva à norma constitucional de caráter punitivo, deixando-se de observar o princípio da intervenção mínima.

Quanto ao princípio da igualdade, não se questiona a necessidade de adequação do exercício da atribuição de graça. Como ato do poder público, sujeito a controle de constitucionalidade, o provimento de graça ou indulto (graça coletiva) não pode incorrer em discriminações vedadas pela Constituição. (MELLO, 2010).

O que se questiona é a restrição do exercício da atribuição de indultar a casos excepcionais e irrepetíveis, em razão da presumida submissão hierárquica do instituto ao princípio da igualdade.

Como observou Alexy (2008), o princípio da igualdade não contém em si um critério de aplicação em situações concretas ou um parâmetro de valoração de bens ou fins que diferenciam ou igualam as pessoas. Igualdade e diferença são aferidas por meio de critérios como idade, sexo ou capacidade econômica, entre outros.

A diferenciação material que decorre da aplicação dos critérios diversos só pode ser concretizada se for associada a um fim. Nas palavras de Ávila (2008), a aplicação da igualdade depende de um critério diferenciador e de um fim a ser alcançado. Fins diversos levam a diferentes critérios e formas de controle distintas para a diferenciação.

A aferição da observância ao princípio da igualdade pressupõe, portanto, a escolha prévia de fins e meios e a eleição de critérios de discriminação correlata, não podendo ser estabelecida de antemão, como parâmetro de determinação do conteúdo do ato do poder público.

No âmbito do Direito Penal, portanto, o princípio da igualdade abstratamente considerado institui vedação à discriminação infundada. Fatos típicos idênticos poderiam acarretar sanções distintas desde que tal discriminação seja amparada por critérios razoáveis.

A questão é que tais critérios não são fornecidos pelo próprio princípio, mas dependem de valoração relacionada às finalidades da sanção penal.

Assim, a restrição aos limites da excepcionalidade e irrepetibilidade, como fórmula de determinação do conteúdo do provimento de indulto, não tem fundamento jurídico.

O princípio da igualdade subordina o exercício da atribuição de indulto na mesma medida em que condiciona todo e qualquer ato do poder público, levando em consideração critérios e finalidades político-criminais.

Não cabe, portanto, uma presunção no sentido de que os decretos de indulto coletivos importam violação da vedação de discriminação injustificada, devendo-se analisar cada decreto individualmente, levando em consideração as decisões político-criminais que ampararam o ato presidencial e os efeitos de sua implementação.

INDULTO DE MULHERES E IGUALDADE

Editava-se decreto de indulto no Brasil, anualmente ou com mais frequência, desde o fim da República Velha, a pretexto da comemoração de datas religiosas como o Natal, ou cívicas, como a Proclamação da República ou a inauguração de Brasília, observando-se uma tendência de ampliação do âmbito de aplicação do instituto ao longo dos anos, para abranger crimes com penas combinadas cada vez mais elevadas.

Em consequência do impacto negativo causado pela judicialização do decreto de indulto natalino de 2017, o Presidente da República deixou de editar o decreto de indulto natalino em 2018, interrompendo a longeva tradição.

Entretanto, as controvérsias judiciais e crítica ao instituto não impediram que, nos anos de 2017 e 2018, fossem editados decretos especiais de indulto voltados exclusivamente para as mulheres privadas de liberdade, por ocasião da comemoração do dia das mães.[9]

Foram indultadas pelos mencionados Decretos as mulheres presas que não respondessem ou tivessem sido condenadas pela prática de outro crime cometido com violência ou grave ameaça e não apresentassem punição por falta disciplinar grave, nas seguintes hipóteses:

---

9. BRASIL. Decreto de 12 de abril de 2017. Concede indulto especial e comutação de penas às mulheres presas que menciona, por ocasião do Dia das Mães, e dá outras providências. Publicado no DOU de 13 abr. 2017. BRASIL. Decreto nº 9.371 de 11 de maio de 2018. Concede indulto especial e comutação de pena às mulheres presas que menciona, por ocasião do Dia das Mães. Publicado no DOU de 11 de maio 2018.

a) mães e avós condenadas à pena privativa de liberdade por crimes cometidos sem violência ou grave ameaça, que possuam filhos ou netos de até doze anos de idade ou de qualquer idade se pessoa com deficiência, que comprovadamente necessite de seus cuidados, desde que cumprido um sexto da pena (Art. 1°, inciso III, alíneas "a" e "b");

b) mulheres condenadas à pena privativa de liberdade por crimes cometidos sem violência ou grave ameaça, que tenham completado sessenta anos de idade ou que não tenham vinte e um anos completos, desde que cumprido um sexto da pena e mulheres condenadas por crime praticado sem violência ou grave ameaça, que sejam consideradas pessoa com deficiência (Art. 1°, inciso III, alíneas "c" e "d");

c) gestantes cuja gravidez seja considerada de alto risco, condenadas à pena privativa de liberdade (Art. 1°, inciso III, alínea "e");

d) mulheres condenadas à pena privativa de liberdade não superior a oito anos, pela prática do crime previsto no art. 33, da Lei n° 11.343, de 23 de agosto de 2006, e a sentença houver reconhecido a primariedade da agente, os seus bons antecedentes, a não dedicação às atividades criminosas e a não integração de organização criminosa, tendo sido aplicado, em consequência, o redutor previsto no § 4° do referido artigo, desde que cumprido um sexto da pena (Art. 1°, inciso III, alínea "f");

e) mulheres condenadas à pena privativa de liberdade não superior a oito anos por crime praticado sem violência ou grave ameaça, desde que cumprido um quarto da pena, se não reincidentes;

ou um terço se reincidentes (Art. 1°, inciso III, alíneas "g" e "h").

Ambos os decretos incluíram, também, a comutação de pena e o Decreto n° 9.370/2018 previu, além dessas hipóteses, o indulto às mulheres que tiveram aborto natural dentro da unidade prisional, às indígenas (com requisitos objetivos atenuados), estabelecendo expressamente sua aplicação às mulheres transexuais que tenham alcançado a alteração de gênero nos registros civis.

A edição de decretos de indulto voltados exclusivamente para mulheres privadas de liberdade amparou-se em decisão político criminal orientada de acordo com as peculiaridades do encarceramento feminino.

Diversos estudos têm apontado características especificas do encarceramento de mulheres, compartilhadas em diversos países, independentemente do contexto cultural, socioeconômico ou jurídico.

Dentre as especificidades apontadas pelas pesquisas, destacam-se as seguintes: a) as mulheres geralmente praticam crimes sem violência ou ameaça, predominando os delitos patrimoniais; b) as populações prisionais femininas são compostas de menos reincidentes que as masculinas; c) as mulheres encarceradas são menos propensas a gerar conflitos no ambiente prisional; d) a maioria das mulheres encarceradas foram vítimas de abuso ou violência antes da prisão; e) mulheres encarceradas são mais receptivas a tratamentos e programas de reinserção que homens presos; f) como a população feminina é menor, ocupa espaço físico mais reduzido e com menos estrutura, além de receber menos recursos materiais e, portanto, menos prestações; g) além da coerção física e disciplinar, mulheres presas são submetidas a tratamento médico psiquiátrico mais frequentemente e intensamente que homens encarcerados; h) mulheres condenadas recebem tratamento diverso dos homens condenados por parte dos juízes, especialmente na fixação e aplicação da pena; i) a prisão da mulher implica a desestruturação da vida familiar, tendo em vista que a maioria possui filhos e, dentre as mães, a maioria é a única responsável pelo sustento e cuidado da prole, fato esse que aumenta a intensidade do sofrimento gerado pelo encarceramento.[10]

No caso do Decreto de 17 de abril de 2017, a fundamentação da decisão de indultar amparou-se predominantemente na necessidade de prevenção de lesão aos direitos dos filhos menores de mulheres presas e na finalidade ressocializadora da pena, tendo-se destacado na Exposição de Motivos os malefícios que a prisão causa em relação a violação de direitos da criança quando submetida a ambiente desumano e degradante em locais precários nas prisões e a desestruturação familiar a que estão sujeitos crianças e adolescentes "abandonados" enquanto as mães cumprem penas por crimes cometidos sem violência ou grave ameaça, em condições de mero castigo, sem a mínima participação em processo de ressocialização.[11]

As mulheres representariam, de acordo com a exposição de motivos do Decreto, pequeno percentual da

---

10. Sobre o tema ver Donderis (2006). No mesmo sentido Dorado (2018). Becerra (2004). Carlen, (2002).

11. Conselho Nacional de Política Penal e Penitenciária (2016).

população carcerária (8%), observando-se "alta porcentagem de mães presas (cerca de 70 a 80%) que se encarregam de cuidar dos filhos", além de "notório abandono das mulheres aprisionadas por seus parceiros, bem como a consequente fragilização das relações familiares e dos laços entre as mulheres e seus filhos em decorrência do encarceramento."

Trata-se, portanto, de decisão orientada por considerações político criminais baseada nas peculiaridades da execução da pena privativa de liberdade de mulheres, em consonância com vasta literatura sobre o tema.

A decisão alinha-se, além disso, à tendência de expansão progressiva dos instrumentos e mecanismos de proteção das mulheres encarceradas na legislação internacional de direitos humanos.

A partir de um movimento inicial marcado pela vedação de discriminação em razão do sexo, desenvolveu-se um movimento de inovações destinadas principalmente à efetiva garantia de direitos relacionados à maternidade.

Assim, os direitos das mulheres presas foram inseridos, inicialmente, no contexto do movimento de reconhecimento do preso como sujeito de direitos e superação das doutrinas da especial relação de sujeição[12] e "hands off",[13] com uma proibição de diferença de trata-

12. Sobre o tema ver Fragoso (2021).

13. A jurisprudência predominante no século XIX e início do Século XX nos Estados Unidos estabeleceu a doutrina "hands off", com fundamento na ideia de que os presos seriam escravos do estado e, portanto, privados de seus direitos fundamentais, não admitindo a intervenção do judiciário para a garantia de seus direitos. Esse entendimento foi mantido até o surgimento do movimento de devido processo, nos anos 1960 e 1970 (TONRY, 2016. pág. 1038).

mento fundada em diferenças de sexo, nas Regras Mínimas para o tratamento dos presos ditadas pela ONU, em 1975 (Regra 6.1).

Impôs-se, ainda, essa ocasião, a obrigação de se proporcionar instalações especiais para as mulheres grávidas, as que acabaram de dar à luz e às convalescentes (Regra 23.2), permitindo-se ter os filhos em sua companhia com a criação de creches.

A mesma preocupação com a maternidade no cárcere foi objeto das propostas aprovadas por ocasião do VI Congresso das Nações Unidas sobre Prevenção do Delito e Tratamento do delinquente celebrado em 1980.

Mais recentemente, as Regras Penitenciárias Europeias, aprovadas em janeiro de 2006, adotaram uma concepção mais ampla dos direitos das mulheres privadas de liberdade, destacando a importância do respeito às necessidades profissionais, sociais e psicológicas que afetem seu encarceramento (regra 34.1), fazendo-se referência expressa às mulheres que foram vítimas de violência psíquica, mental ou sexual (regra 34.2 e 25.4).[14]

O tema foi objeto também da Resolução de 13 de março de 2008 do Parlamento Europeu, sobre a particular situação das mulheres na prisão e o impacto do encarceramento dos pais nos laços sociais e familiares.

A Resolução encorajou os Estados membros a adaptarem as prisões às necessidades específicas das mulheres, bem como a facilitar o acesso das mulheres privadas de liberdade às campanhas de prevenção ao câncer de mama e de colo de útero.

---

14. Conselho da Europa (2006).

Além disso, recomendou a utilização do encarceramento de grávidas e jovens mães apenas como último recurso, devendo-se dar preferência às alternativas ao cárcere.

Foi solicitado também aos Estados membros a promoção de pesquisa sobre a prisão na perspectiva de gênero, inclusive quanto às causas do encarceramento feminino e promoção de reintegração social.[15]

Posteriormente, a Resolução nº 2010/2016 das Nações Unidas — Regras das Nações Unidas para o tratamento de mulheres presas e medidas não privativas de liberdade para mulheres infratoras (Regras de Bangkok) — tratou exclusivamente do encarceramento feminino, estabelecendo regras mínimas para o tratamento das mulheres presas e, além disso, para a aplicação de medidas não privativas de liberdade para mulheres infratoras.[16]

Também as Regras de Bangkok contribuíram para uma abordagem mais ampla dos direitos das mulheres privadas de liberdade, estabelecendo normas específicas para todas as mulheres presas, em razão unicamente da vulnerabilidade inerente à condição de mulher, além de algumas previsões especialmente destinadas às gestantes, lactantes e convalescentes.

A decisão de indultar mulheres justifica-se, assim, na necessidade de adequação das normas de execução da pena privativa de liberdade às especificidades do encarceramento de mulheres, visando à proteção dos direitos fundamentais das mulheres presas e seus filhos e

15. European Parliament (2008).

16. CNJ (2016).

netos menores, configurando-se, por conseguinte, critérios que legitimam o exercício da atribuição de indultar somente em relação às mulheres, sem importar violação

CONSIDERAÇÕES FINAIS

O caráter excepcional da atribuição de graça não pode ser presumido como consequência necessária da divisão de funções estatais. O estabelecimento de pressupostos de excepcionalidade e limitações qualitativas ou quantitativas, como, por exemplo, vedação da modalidade coletiva, pode ser resultado e não premissa do processo de interpretação da Constituição.

Não há entre a atribuição de graça concretizada como norma constitucional e as demais normas e princípios constitucionais relação de hierarquia, de forma que não se justifica uma aplicação excepcional ou limitada do instituto com fundamento na Constituição, salvo previsão de limitações concretas no próprio texto.

Inexiste, assim, obrigação de impor pena criminal decorrente do texto constitucional, de forma que a tutela constitucional de bens jurídicos não implica a vedação da agraciar ou indultar.

Quanto ao princípio da igualdade, não se questiona a necessidade de adequação do exercício da atribuição de graça. Como ato do poder público, sujeito a controle de constitucionalidade, o provimento de indulto não pode incorrer em discriminações vedadas pela Constituição.

O princípio da igualdade subordina o exercício da atribuição de indulto, na mesma medida em que condiciona todo e qualquer ato do poder público, levando em consideração critérios e finalidades político-criminais.

Não cabe, portanto, uma presunção no sentido de que o exercício da atribuição de indultar importa violação da vedação de discriminação injustificada, devendo-se analisar cada decreto individualmente, levando em consideração as decisões político criminais que amparam o ato presidencial e os efeitos de sua implementação.

A decisão de indultar mulheres justifica-se, assim, na necessidade de adequação das normas de execução da pena privativa de liberdade às especificidades do encarceramento de mulheres, visando à proteção dos direitos fundamentais das mulheres presas e seus filhos e netos menores, configurando-se, por conseguinte, critérios que legitimam o exercício da atribuição de indultar somente em relação às mulheres, sem importar violação ao princípio constitucional da igualdade.

REFERÊNCIAS

ALEXY, Robert. **Teoria dos Direitos Fundamentais**. São Paulo, 2008. pág. 400.

ÁVILA, Humberto. **Teoria dos Princípios**: da definição à aplicação dos princípios jurídicos. São Paulo: Malheiros, 2008.

BARROSO, Luís. **O Controle de Constitucionalidade no Direito Brasileiro**. São Paulo: Saraiva, 2011.

______. Anotações para o Voto Oral. Disponível em: <https://luisrobertobarroso.com.br/wpcontent/uploads/2018/12/

Anotac%CC%A7o%CC%83es-para-o-voto-oral-ADI-5874-Indulto.pdf>. Acesso em: 13 de abr. de 2020.

BECERRA et al. La perspectiva de genero en la Defensa de Mujeres en El Nuevo Sistema Procesal Penal Chileno: Un Estudio Exploratorio. **Informe Final de Resultados.** Defensoria Penal Publica, Faculdad de Derecho Universidad Diego Portales. Diciembre de 2004.

BIRON, Louise. Les femmes et l'incarcération, le temps n'arrange rien. **Criminologie,** 25 (1). p. 119-134.

BRASIL. Decreto nº 10.189 de 23 de dezembro de 2019. Brasília, DF, Diário Oficial da União: pág. 1. 24/12/2019.

______. Decreto nº 9.246 de 21 de dezembro de 2017. Brasília, DF. Diário Oficial da União: pág. 3. 22/12/2017.

______. Decreto nº 9.706 de 08 de fevereiro de 2019. Brasília, DF. Diário Oficial da União: pág. 4. col. 1.11/02/2019.

BRITO, Alexis Couto de. Execução Penal. São Paulo: Saraiva, 2018.

CARLEN, Pat; WORRALL, Anne. **Anaysing Women's Imprisonment.** London: Rutledge, 2004.

CARLEN, Pat. **Women and Punishment**: The Struggle for Justice. London: Rutledge, 2002.

CLÈVE, Clèmerson Merlin. **Atividade Legislativa do Poder Executivo no Estado Contemporâneo e na Constituição de 1988**. São Paulo: Revista dos Tribunais, 1993.

CNJ. Regras de Bangkok. Regras das Nações Unidas para o tratamento de mulheres presas e medidas não privativas de liberdade para mulheres infratoras. Disponível em: < http://www.cnj.jus.br/files/conteudo/arquivo/2016/03/a858777191da58180724ad5caafa6086.pdf>. Acesso em: 13 de jun de 2019.

CONSELHO DA EUROPA. Recomendação Rec (2006) 2 do Comité de Ministros dos Estados Membros sobre as Regras

Penitenciárias Europeias. Disponível em: <https://rm.coe.int/16804c2a6e>. Acesso em: 13 de jun de 2019.

CONSELHO NACIONAL DE POLÍTICA PENAL E PENITENCIÁRIA. Minuta de decreto presidencial de indulto para mulheres. Disponível em: <http://antigo.depengov.br/DEPEN/depen/cnpcp/audiencias-e-consultas-publicas/combinados-2016.pdf>. Acesso em: 04 de mar. de 2021.

DIAS, Jorge Figueiredo. **Temas Básicos de Doutrina Penal**: Sobre os fundamentos da Doutrina Penal sobre a Doutrina Geral do Crime. Coimbra: Coimbra, 2001.

DIMOULIS, Dimitri. ***Begnadigung in Vergleichender Perspektive.*** Berlim: Duncker & Humblot, 1996.

DOMINGUEZ GARCIA, Fernando. El indulto como Acto del Gobierno: Una Perspectiva Constitucional (Especial análisis del "caso Liaño", **Revista de Derecho Político** (53), págs. 25-73, 2002.

DONDERIS, Vicenta Cervelló. Las Prisiones de Mujeres desde una Perspectiva de Género. **Revista General de Derecho Penal**, Iustel, nº 5, 2006.

DORADO, Carmen Juanatey. Delincuencia y población penitenciaria femeninas: situación actual de las mujeres en prisión en España. **Revista Electrónica de Ciencia Penal y Criminología**. 20-10.2018. Disponível em: < http://criminet.ugr.es/recpc/20/recpc20-10.pdf>. Acesso em: 04 de jun. de 2019.

EUROPEAN PARLIAMENT. Resolution of 13 March 2008. Disponível em: < http://www.europarl.europa.eu/sides/getDoc.do?pubRef=-//EP//TEXT+TA+P6-TA-2008-0102+0+DOC+XML+V0//EN>. Acesso em: 07 de jun. de 2019.

FERREIRA, Ana Lúcia Tavares. **Encarceramento e Sistema Penal**. São Paulo: LiberArs, 2019.

FIGUEIREDO DIAS, Jorge. **Direito Penal Português**: Consequências Jurídicas do Crime. Coimbra: Coimbra, 2005.

FRAGOSO, Heleno Cláudio. **A Perda da Liberdade**: Os direitos dos presos. Disponível em: <http://www.fragoso.com.br/cgi-bin/heleno_artigos/arquivo71.pdf.>. Acesso em: 4 de mar. de 2021.

GARCIA MAHAMUT, Rosario. **El indulto**. Un análisis Jurídico-constitucional. Madrid: Marcial Pons, 2004.

GARCIA, Basileu. **Instituições de Direito Penal**. v. 1, t. II. São Paulo: Saraiva, 2008.

GEMMA, Gladio. **Principio Costituzionale di Eguaglianza e Remissione della Sanzione**. Bologna, 1973.

JAPIASSÚ, Carlos Eduardo Adriano. Desafios Contemporâneos da Execução Penal no Brasil. **Revista Eletrônica de Direito Penal** AIDP-GB Ano 1 v. 1 nº 1. jun. 2013.

MELLO, Celso Antônio Bandeira. **O Conteúdo Jurídico do Princípio da Igualdade**. São Paulo: Malheiros. 2010.

MENDES, Gilmar Ferreira. **Direitos Fundamentais e Controle de Constitucionalidade**: Estudos de Direito Constitucional. São Paulo: Saraiva, 2009.

PIÇARRA, Nuno. **A Separação dos Poderes como Doutrina e Princípio Constitucional**. Lisboa: Coimbra, 1989.

PULITANÒ, Domenico. **Il Significato della Clemenza**. Quale Giustizia. Firenze, 2, pág. 109, marzo-aprile 1970.

RODRIGUES, Anabela Miranda. **A Determinação da Medida da Pena Privativa de Liberdade**. Coimbra: Coimbra, 1995.

RODRIGUES, Anabela Miranda. **A Posição Jurídica do Recluso na Execução da Pena Privativa de Liberdade**: seu fundamento e âmbito. São Paulo: IBCCrim, 2000).

ROIG, Rodrigo Duque Estrada. **Execução Penal**: Teoria Crítica. São Paulo: Saraiva, 2014.

SARLET, Ingo Wolfgang. **Dignidade da pessoa humana**

e direitos fundamentais. Porto Alegre: Livraria do Advogado, 2001.

SCALIA, Damien. **Droit Internacional de la détention**: Des droits des prisonniers aux devoirs des Etats. Paris: Helbing Lichtenhahn, 2014.

SCHÄTZLER, Johann-Georg. **Handbuch des Gnadenrechts**. München: C. H. Beck'Sche Verlagsbuchhandlung, 1992.

SHECAIRA, Sérgio Salomão; CORRÊA JUNIOR, Alceu. **Teoria da Pena**: Finalidades, Direito Positivo, Jurisprudência e outros estudos de ciência criminal. São Paulo: Revista dos Tribunais, 2002.

STF. ADI 5874. Relator: Min. LUÍS ROBERTO BARROSO. DF, 28 de dezembro de 2017. Número único: 9034789-84.2017.1.00.0000. Disponível em: < 81 http://redir.stf.jus.br/paginadorpub/paginador.jsp?docTP=TP&docID=722029863&prcI D=5336271#>. Acesso em 31/05/2021.

TONRY, Michael. **Sentencing Fragments**: Penal Reform in America, 1975-2025. New York: Oxford University Press, 2016. pág. 1038.

ZAFFARONI, Eugenio Raúl; ALAGIA, Alejandro; SLOKAR, Alejandro. **Derecho Penal Parte General**. Buenos Aires: EDIAR, 2002.

ZAGREBELSKY, Gustav. **Amnistia, Indulto e Grazia**: Profili Constituzionali. Milano: Giuffrè, 1974.

NEUROCIENCIAS EN DERECHO PENAL: UNA BÚSQUEDA DE APORTES E INNOVACIONES[1]

José A. Marinaro*

A la memoria de Mario Luis Coriolano,

defensor incansable de los DDHH.

*. Doctor en Ciencias Jurídicas y Sociales por la UMSA. Docente e investigador en grado y posgrado de la UNLaM (Universidad Nacional de La Matanza, Argentina), Director de los Proyectos CyTMA C2DER-033, ProinceD-047 y D-066. Las ideas expuestas, son el fruto del intercambio, comentarios y aportes críticos de Gustavo Arocena (UNC); Ezequiel Mercurio (UBA y Academia Nacional de Ciencias) y Guillermo Scaglione (UBA-UNLaM).
e-mail: marinarojoseangel@gmail.com

1. El contenido, ahora actualizado, de este artículo, se corresponde, en lo esencial, con la ponencia efectuada por el autor en las "1ras Jornadas sobre Neurociencias en el Derecho Penal" llevadas a cabo en la Universidad Nacional de La Matanza, República Argentina, el día 16/10/2018 que contaron con la Declaración de Interés Legislativo de la Honorable Cámara de Diputados de la Provincia de Buenos Aires y su difusión en el área norteamericana por parte de Mac Arthur Foundation, a través de Vanderbilt University. Se integra al proyecto UNLaM D-066 "Espacios de progresión de las Neurociencias en el Derecho: aplicación en el campo de los Derechos Humanos, Derecho Penal, Ejecución de la Pena, Neurociencia Forense y Neurotecnologías" y al Proyecto de Investigación- Programa I+D+i orientada a los retos de la sociedad "Derecho penal y comportamiento humano" (RTI2018-097838-B-I00) concedido por el Ministerio de Ciencia, Innovación y Universidades de España, bajo la dirección del Prof. Dr. Eduardo Demetrio Crespo. <https://blog.uclm.es/proyectodpch/>.

RESUMEN

Desde la década del 80´ del siglo pasado, la Neurobiología, por conducto de dinámicas y variadas tecnologías ha dado pasos mas certeros en función de auscultar funciones cerebrales que se correlacionan con comportamientos humanos. Las diversas áreas epistemológicas de impacto dieron lugar a una nueva disciplina que hoy conocemos con el nombre de Neurociencia. El Derecho Penal no podía estar ajeno a esos mensajes de transformaciones profundas, anunciadas, entre otros, por un grupo de neurocientíficos alemanes en formato de Manifiesto fundacional. Si bien las aguas se atemperaron prontamente, lo cierto es que merced a sendos proyectos de investigación integrados con colegas de variadas universidades y disciplinas, hemos podido revisar algunas de las temáticas que, desde los fundamentos ético- filosóficos a los segmentos pragmáticos, sin dudas ya están aportando, desde todo el orbe, al enriquecimiento de nuestra nueva perspectiva: el Neuroderecho. El presente trabajo es sólo un bosquejo de algunos de los múltiples aspectos en que el fenómeno descripto se desarrolla, no sin tamices críticos.

Palabras clave: Neurociencias, Proceso judicial, Neurotecnologías, Neuroderechos.

ABSTRACT

Since the 80's of the last century, Neurobiology, through dynamic and varied technologies, has taken more certain steps in order to listen to brain functions that are correlated with human behavior. The various epistemological areas of impact gave rise to a new discipline that we know today as Neuroscience. Criminal Law could not be oblivious to these messages of profound transformations, announced, among others, by a group of German neuroscientists in the format of the founding Manifesto. Although the waters soon tempered, the truth is that thanks to two separate research projects integrated with colleagues from various universities and disciplines, we have been able to review some of the issues that, from the ethical-philosophical foundations to the pragmatic segments, undoubtedly they are already contributing, from all over the world, to the enrichment of our new discipline: the Neuro-right. The present work is only an outline of some of the multiple aspects in which the described phenomenon develops, not without critical screens.

Keywords: Neurosciences, Judicial process, Neurotechnologies, Neuro-rights.

INTRODUCCION

Desde las minúsculas formas neuronales hasta las mayores y complejas dimensiones de verdaderos sistemas[2], son objeto de nuevos estudios, con técnicas no solo novedosas sino también en constante y veloz perfeccionamiento y variedad. Todo cuanto se diga en Neurociencias ha de pasar por las auscultaciones tecnológicas, las imágenes, los electrodos, las mediciones de flujos sanguíneos en áreas cerebrales, las tomografías por emisión de positrones, las oscilaciones eléctricas del cerebro, en fin, medidas invasivas y no invasivas, que en algunos casos de la mano de softwares y algoritmos matemáticos, nos están dando un mensaje, todavía provisorio, perfectible, pero mensaje al fin.

Esos mensajes movilizaron enorme cantidad de literaturas, muchas de ellas inconexas entre sí, con aportes que aun en pequeñas medidas han venido a concitar la atención de variadas ramas del saber, en ciencias exactas, en ciencias especulativas, en filosofía, éticas, etc.

---

2. En una versión emergentista, a la que adhiero, puede verse el trabajo de José Manuel Muñoz "Causalidad mental y neurociencia: el modelo de la poda semántica" (Mental causation and neuroscience: The semantic pruning model), BIBLID 0495-4548(2018)33:3p.379-399; DOI: 10.1387/theoria.17312. Nos decía el colega español e investigador externo de nuestros Proyectos D047 y D066: "no somos meras máquinas que procesan información externa [...] es nuestra interacción con lo que nos rodea, y con las normas y valores en particular, lo que nos precondiciona para la libertad".

Algunos han reaccionado evocando los temores y las consecuencias que, para el Derecho Penal, han tenido los desatinos del positivismo criminológico. Esa es una de las tantas preguntas que los expertos se vienen formulando. Otros, son más optimistas y ponen de relieve los avances que ya empiezan a avizorarse por ejemplo en los procesos penales.

Muchos otros no comprenden de qué se habla y dirigen su atención a la inserción lúdica de lo Neuro en los medios masivos de comunicación.

Desde UNLaM, junto con la Universidad de Castilla La Mancha, en lo que concierne al serio estudio de las Neurociencias y sus implicancias, venimos trabajando, conectando, generando espacios y direccionando nuestros hallazgos a los sectores que deben motorizar institucionalmente las eventuales utilidades sociales que estos saberes pueden aportar.

En cuanto a los contenidos epistémicos que son alcanzados, vemos que el saber Neuro[3] viene parcelándose en subespecies. Esos múltiples abordajes dan por resultado casos como el del estudio de la Neuroeconomía, Neuromarketing, Neuropedagogía, Neuroenablement, Neurotheology, nuestro Neurolaw, etc., etc., una inevitable tendencia inicial que favorece, a mi juicio, la profundización de los estudios. De todos modos, debe evitarse el riesgo de parcelación extrema que atente contra la imprescindible interdisciplinariedad.

Por otra parte, las Neurociencias vienen a poner sobre el tapete nuevamente otroras discusiones que se consideraban agotadas. Libre albedrio o determinismo, el problema dual mente-cerebro son ejemplos claros

3. Denominación apocopada de Neurociencias.

de la renovación de estas apasionantes temáticas que asientan sus raíces en los principios generales del tenor penal. La toma de postura, en cada caso, ha de conducir a diferentes efectos en las praxis.[4]

LOS PRIMARIOS EFECTOS

En el capítulo de las reacciones ante las evidencias Neuro y sus implicancias, se aprecian, como dije, temores por eventuales retornos positivistas de paladar lombrosiano, eventualmente, desatenciones deliberadas de la mano de normativistas laxos o duros. Winfried Hassemer, que podría ubicarse entre los reaccionarios más

---

4. A guisa de ejemplo, Francis X. Shen al tratar sobre la posibilidad de la lectura de la mente por medio de neuroimágenes, se pregunta: "leer el cerebro, es lo mismo que leer la mente? en "Neuroscience, Mental Privacy and the Law", Harvard Journal of Law and Public Policy, págs. 653/713, (2013). Sobre estas temáticas generales, ver Proyecto DER2009-09868 financiado por el Ministerio de Innovación y Ciencia de España, amplias referencias en la obra final dirigida por Demetrio Crespo, Eduardo "Neurociencias y Derecho Penal. Nuevas perspectivas en el ámbito de la culpabilidad y tratamiento jurídico-penal de la peligrosidad", Ed. BdeF, año 2013, Manuel Maroto Calatayud coordinador-En Argentina, Vanney, Claudia E. & Franck, Juan F. (Eds.)"¿Determinismo o indeterminismo? Grandes preguntas de las ciencias a la Filosofía". Ed. Logos. Universidad Austral, Instituto de Filosofía. Buenos Aires, año 2016, que recibiera en 2017 el Premio Razón Abierta de la Fundación Vaticana Joseph Ratzinger-Benedicto XVI. – También Muñoz, José Manuel, "Neurofilosofia y libre albedrío". Revista Internacional de Filosofia, n.° 59, 2013, 57-70; ISSN: 1130-0507; Bunge, Mario "El problema mente-cerebro", Ed. Altaya, año 1999, Barcelona, título original "The Mind-Body Problem", tr. Benito Garcìa Noriega; Arocena, Gustavo A., Fabian I. Balcarce y José D. Cesano en "Derecho Penal y Neurociencias", Ed. Hammurabi. Año 2015. Bs As.; Robert Van Gulick "Reduction, Emergence and Other Recent Options on the Mind/Body Problem. A Philosophic Overview. Journal of Consciousness Studies, 8, n.° 9-10, 2001, págs. 1-34; José M. Giménez Amaya y José I. Murillo "Mente y Cerebro en la Neurociencia Contemporánea. Una Aproximación a su Estudio Interdisciplinar" SCRIPTA THEOLOGICA 39 (2007/2) 607-635, ISSN 0036-9764; Andrej Lukomski "El problema mente-cuerpo" Logos Julio-Diciembre nro. 12, Universidad de La Salle, Bogotá, Colombia, p. 57-68, Redalyc, año 2007.

energicos, compara estos fenómenos con evocación de la Homérica figura del canto de sirenas que él llama a desoir[5]. Nosotros creemos que, por el contrario, hay que "traer" a esas "sirenas" y llevar a cabo una suerte de "disección epistémica" en busca de los eventuales aportes serios para los cometidos del Derecho Penal.

PORQUÉ NEUROCIENCIAS?

Pudiera pensarse que la denominación es algo grandilocuente.

Es que el posible reclamo de los otros saberes integrantes de las ciencias médicas, daría en postular que el estudio del sistema óseo se llame osteociencia; que el estudio del sistema cardíaco se autodenomine cardiociencia; que el estudio del sistema glandular se llame endocrinociencia y así sucesivamente.

Tal denominación como Neurociencias sólo cobra algún sentido, entonces, en tanto se la entienda como un abordaje interdisciplinar de todo el sistema nervioso Narváez Mora: 2009). Ese es el significado que le atribuimos y por ello su empleo en este breve comentario.

Los estudios relacionados con lo que da en llamarse Neurociencias han dado lugar a una gigantesca producción literaria, procedente de los diversos ámbitos del saber en que tales experticias han tenido efecto[6].

---

5. "Neurociencias y culpabilidad en Derecho Penal",www.Indret.com; Revista para el análisis del Derecho- Barcelona, abril de 2011 (visualizado el 28 de enero de 2017).

6. Las imágenes por resonancia magnética funcional se han convertido en una herramienta popular para entender el cerebro humano, con gran número de papers publicados de acuerdo con PubMed..." *Anders Eklund, Nichols,*

A todo evento nos hallamos ante una significativa oportunidad histórico-científico-académica. En otras épocas los latinos hemos recibido productos teóricos totalmente acabados desde el punto de vista de sus desarrollos y en general se procedió a la tarea de la copia acrítica. Por caso baste recordar lo acontecido en el siglo pasado con las concepciones de la acción jurídico-penalmente relevante de corte causal o final.

LA IMPORTANCIA DE LA UBICACIÓN INSTITUCIONAL DE LOS ESTUDIOS E INVESTIGACIONES. UNA *ADDENDA* NECESARIA PARA LOS PAÍSES EMERGENTES.

Sin lugar a dudas todo cuanto se lleve a cabo en relación a la producción Neuro y sus efectos, ha de concebirse bajo el prisma de los Derechos Humanos, de las garantías constitucionales, de su pertenencia a Estados Democráticos, de Derecho, con respeto por todos los presupuestos garantísticos positivizados tanto en el orden internacional como de nuestro Derecho Interno.

La ética, en ese contexto, debe llevar a cabo una tarea anticipatoria y alertar sobre los usos maliciosos y discriminatorios de estos saberes.

Estos breves renglones tal vez puedan, afortunadamente, sonar a verdades de Perogrullo.

Pero es mi deseo poner de relieve otros aspectos relacionados con la ubicación institucional. Se trata de

---

Thomas E.; Knutsson, Hans "Cluster failure: Why fMRI inferences for spatial extent have inflated false-positive rates", Washington (USA): Proceedings of the National Academy of Sciences of the United States of America, 2016; 113 (28): 7900-7905; http:/www.pnsa.org/content/113/28/7900. Full.pdf.

factores endógenos y/o exógenos que pueden tener incidencia en vértices sumamente relevantes.

Deben discriminarse adecuadamente los ámbitos de intereses en juego, por eso entendemos que el Estado debe estar primariamente abocado a respaldar estos proyectos. No solo urge precavernos de no repetir modelos positivistas sino de asentar estas actividades en los espacios que involucran la tutela de los intereses públicos.

Para entender mejor las cosas acudo a la elocuencia de Ferrajoli[7]: "las fuentes de legitimación de los poderes privados es la autonomía negocial, conforme a la cual cada uno es el mejor intérprete de los propios intereses... la fuente de legitimación de los poderes públicos establecidos para la tutela de los intereses de todos es la representación política en las funciones de gobierno y la sujeción solamente a la ley en las de garantía...Es precisamente esta confusión la que hoy amenaza con producirse a la sombra de las ideologías conjuntas de la primacía del mercado y de la omnipotencia de la mayoría...".

Es menester formular este tipo de advertencias fundamentalmente por hallarnos inmersos en latitudes periféricas[8] respecto del "orbe" y de sus formas de ejercicio del poder.

---

7. Luigi Ferrajoli en *"Principia Iuris. Teoría del Derecho y la Democracia"*. Titulo original, *"Principia Iuris. Teorìa del diritto e della democracia"*. Ed. Trotta, año 2011, tr. Perfecto A. Ibáñez, Carlos Bayón, Marina Gascón, Luis Prieto Sanchís y Alfonso Ruiz Miguel.

8. Ver "Criminología. Una aproximación desde el margen." Ed. Temis, Colombia. Año 1998, donde Eugenio Raúl Zaffaroni con crudeza aborda las realidades crueles que se vivencian en los países latinos, por incidencia de los centros de poder global, siempre empeñados en el sostenimiento de hegemonías de dominio de toda especie, amparados por los procónsules locales, siempre dispuestos a hacer el juego y por la ingenuidad masificada. El tema excede los propósitos de este trabajo, pero debiera ser motivo de cotidiana reflexión en las academias, último refugio para el estudio de la realidad no contaminada por los medios concentrados asociados a la expoliación.

Añade Ferrajoli: "Las nuevas formas transnacionales del actual capitalismo globalizado esta subordinando de hecho, en gran parte del planeta, la política a la *lógica* del mercado: en formas explicitas en los países pobres, que ven cómo se les imponen políticas antisociales por las instituciones financieras internacionales y por las grandes multinacionales..".

Pudiera parecer una exageración, pero lo cierto es que cuando tomamos cabal comprensión de las producciones Neuro, en particular aquellas vinculadas a las llamadas "mejoras cerebrales" o en inglés los "enhancements", y apreciamos su enorme variedad y tremendos impactos en cuanto concierne a eventuales formas de manipulación cerebral, no sólo el Derecho debe estar atento. Deben estar atentas también las agencias políticas en otros órdenes, como la Salud Pública.

Se avecinan, caso contrario, nuevas formas de desigualdad.

Sin rodeos, lo advierte Reinhard Merkel[9]: "*las mejoras artificiales de las facultades mentales les otorgan a sus titulares lo que los economistas llamarían "bienes posicionales": ventajas en la competencia sobre posibilidades escasas en la vida social. Dado que los enhancements son caros y no son objeto de cobertura por parte de la seguridad social, su adquisición sería solamente para los ricos. Los ya privilegiados podrían comprarse más ventajas injustas para la competencia diaria en la vida social...*".

9. Impecable y abarcador artículo del Profesor de la Universidad de Hamburgo, integrado a la investigación de Demetrio Crespo DER2009-09868 – págs. 71-10-3, que forma parte de la bibliografía acopiada en nuestros proyectos.

En todo caso, también serán nuevas formas de coacción colectiva las que obliguen a las personas a someterse a ese tipo de intervenciones[10].

Es que como expresa Kramer en "Escuchando a Prozac" *La definición operacional de bienestar debe estar en relación con las exigencias y objetivos de la sociedad, aquí y ahora...".*[11]

Celebramos que la Honorable Cámara de Diputados de la Provincia de Buenos Aires-Argentina- haya declarado de Interés Legislativo nuestras jornadas. En nuestros trabajos hay un mensaje dirigido no solo al ámbito académico, a los operadores del sistema de Justicia, sino también a los Legisladores, quienes ejercen la representación popular y debieran promocionar mayores resguardos ante estas realidades.

Debe el saber científico referir sobre estas problemáticas?Enfáticamente entendemos que sí. Es que, al dar cuenta de los contenidos de los proyectos de investigación, sus informes de avances, etc. debemos dar cuenta también de los obstáculos. De las dificultades no necesariamente epistémicas que se enfrentan, sino también de los inconvenientes derivados de los marcos políticos. Se trata de la búsqueda sincera y verosímil, en nuestro caso, de mejoras para el sistema de Derecho y su insoslayable búsqueda de la verdad.

---

10. Forlini & Racine en el artículo "*Disagreements with implications: diverging discourses on the ethics of non-medical use of methylphenidate for performance enhancement*", BMC Medical Ethics 2009, 10:9 doi:10.1186/1472-6939-10-9. Visualizado en http://www.biomedcentral.com/1472-6939/10/9, el 28/10/2018. Se promueve la cautela incluso en la difusión del uso no médico de metilfenidato.

11. Kramer P: "*Listening to Prozac*", London: Penguin Books; 1997.

Nos referimos a premisas institucionales por las que debe evitarse el subordinar a la libertad de empresa y a las razones del lucro los principios de igualdad y solidaridad sobre los que se basan las democracias constitucionales y de degradar los derechos fundamentales (FERRAJOLI: 2011, 197-198).

Ya en el plano de los emprendimientos, nos hemos interrogado: Cómo podemos hacer las cosas en nuestra América Latina, donde las políticas de generosos gestos con grupos concentrados de la economía conlleva los consabidos recortes presupuestarios que, entre otros destinos, afectan a instituciones relevantes para el verdadero progreso científico?Entre ineptitudes manifiestas y sospechadas deliberaciones, para Argentina, resulta evidente que las técnicas de captación de mercados son inoperantes para ejecutar actos responsables de gobierno.

La despareja distribución de recursos a nivel planetario[12] se exhibe también en el impulso con que los países centrales se abocan al emprendimiento de importantes investigaciones con generosos recursos públicos y privados. Los centros de poder económico valoran sobremanera los alcances de las tareas de investigación.

Para citar algunos ejemplos privados[13], en los Es-

---

12. "Se estima que en 2016 la riqueza del 1% de los habitantes más ricos del planeta será mayor que la del 99% restante..". Fue la afirmación de Sebastián Lipina con base en datos del Banco Mundial -2014-, PNUD -2012- Unicef -2015-, en "*Pobre Cerebro: Los efectos de la pobreza sobre el desarrollo cognitivo y emocional, y lo que la neurociencia puede hacer para prevenirlos*", Ed. Siglo Veintiuno Editores Argentina S.A., (2016).

13. EEUU desde al área pública ha advertido la magnitud del tema Neuro y así dio en 2013 paso al Proyecto "Brain Initiative" acogiendo una propuesta de **Rafael Yuste**, que involucra a más de 500 laboratorios con una inversión estimada en unos 6000 millones de USS en una década. UE hizo lo propio

tados Unidos Dana Foundation y Mac Arthur Foundation realizan importantes aportes para las investigaciones neurocientíficas con estrecha relación tanto con la Medicina como con el Derecho[14] En el segundo caso debemos agradecer la receptividad para con nuestro cometido, cuando colaboraron con la difusión de nuestra actividad en el área estadounidense[15].

Nos hemos respondido a la inicial interrogante. Así fue como concebimos, en el seno de nuestras investigaciones, la creación del Instituto Interuniversitario de Neurociencias, Ciencias Exactas, Jurídicas y Sociales; apocopadamente: Neurociencias Integradas.

En pocas palabras, este espacio, dada la escasez de recursos, debe aprovechar la estructuración de las Uni-

---

con "Human Brain Proyect" con financiamiento cercano a los 1.300 millones de USS. China comenzó sus tareas en 2018. Para mayores datos, recomiendo leer "*Neurotecnologías: los desafíos de conectar el cerebro humano y computadores.*" de nuestro amigo **Raimundo Roberts**, de la Asesoría Técnica Parlamentaria del Senado de Chile -BCN- (2019).

14. Unos USS 10.000.000 aproximadamente aportados por Mac Arthur Foundation. El dato surge del informe producido por nuestra colaboradora externa del Proyecto CyTMA2 C2DER-033 de UNLaM, Zunilda Carvajal del Mar Auditrice de justice chez Ecolenationale de la Magistrature, Bordeaux. Ecole Nationale de Magistrature, Paris. Université Paris Ouest Nantere la Défense. Trabajo que en conjunto con Laura Pignatel, llevó a cabo Víctor Genevés, Doctorado en Derecho, miembro del Instituto de Ciencias Sociales y Políticas, ENS, París Saclay y del Centro de Investigación en Derecho Público de la Université de Montréal.

15. Publicación hecha en Neurolaw News de The MacArthur Foundation Research Network on Law and Neuroscience "First Conference on Neuroscience in Criminal Law: Join the National University of La Matanza in Buenos Aires, Argentina on October 16, 2018 (5-9pm) in the Auditorio Grande to learn more about the impact of neuroscience on criminal law and the social sciences, challenges in forensic sciences, and philosophy and ethics. There is no charge, but you must register here. This conference is held within the framework of the research project entitled: *Neurosciences and their receptivity in the Criminal Process, in the Juvenile Criminal Law and in the Execution of the Penalty. Ethical framework of their impact.*"

versidades Nacionales, que congregan saberes diversos. Desde una unidad centralizadora se han de propiciar proyectos interdepartamentales de investigación de toda categoría que tengan como presupuesto esencial la interdisciplinariedad coetánea de cada pesquisa. Uno de los propósitos es evitar colectáneas inconexas intrínsecamente. Las dificultades metodológicas son elocuentes, pero, deben ser un propósito permanente[16].

No hemos sido escuchados hasta el presente. Una muestra más de las desatenciones de la periferia.

El Primer Proyecto (C2DER-033 del programa CyTMA2) lo intitulamos "Neurociencias en el Derecho Penal: traslación vinculante de las proposiciones emergentes de la investigación empírica de las ciencias del cerebro".

Una de las ideas básicas fue enfatizar el "en" en lugar del habitual "y", para remarcar la visualización de los pretendidos efectos vinculantes de la producción Neuro sobre las ciencias sociales, en particular el Derecho Penal.

En ese cometido pretendimos apreciar la enorme producción literaria acopiada ya desde los marcos metodológicos y lingüísticos.

Advertimos la necesidad de incluir un anexo con glosario importante de términos. Hemos coincidido con "Critical Neurosciences", orientación neurocientifica nacida en el Reino Unido, capitaneada por Suparna

16. Con posterioridad a esa propuesta, se ha dado lugar a un incipiente proyecto cuya denominación es LatBrain (Iniciativa Cerebro Latinoamericana), suscribiéndose en 2019 una Declaración de Intención en modo virtual con sede en la Sociedad Uruguaya de Neurociencias por parte de Argentina, Brasil, Chile, Cuba y Uruguay. web: sociedadneurocienciasuy.com

Choundhury y Jan Slaby[17], que propicia una suerte de auditoría ética sobre la producción Neuro y a la vez, enfatiza la necesidad de generar un lenguaje común que facilite precisamente, la comprensión interdisciplinar.

En ese contexto, entiendo, los "habitantes" de las Ciencias Sociales debemos avanzar en la aprehensión de conceptos tales como neurona, axón, dendrita, vaina de mielina, sinapsis, potencial de acción. Saber incluso que las neuronas poseen cargas eléctricas, que por ello pueden ser medidas las actividades del cerebro mediante diferentes técnicas.

De tal forma, jueces, fiscales y defensores deberán conocer no sólo los aspectos morfológicos y fisiológicos del sistema neuronal, sino las implicancias prácticas que ello ha de tener en su labor cotidiana, pues de ese modo los magistrados podrán adaptar los criterios procesales de admisibilidad probatoria, su utilidad en pos de determinar con mayores precisiones desde aspectos patológicos hasta los inherentes a la toma de decisiones con implicancias jurídico-penales. Las instrucciones a los jurados deberán contener también estas premisas[18][19].

---

17. *"Critical Neuroscience; a handbook of the social and cultural text of neuroscience"* Edited by **Suparna Choundhury** and **Jan Slaby**. Wiley-Blackwell- 2012.

18. En este particular aspecto, se encuentra trabajando **Ezequiel Mercurio** con promesa de pronta publicación de sus ideas. Sobre la cautela en el empleo de neuroimágenes ante el jurado **Michael L. Perlin** en*"And I See Through Your Brain"*: Access To Experts, Competency To Consent, And The Impact Of Antipsychotic Medications In Neuroimaging Cases In The Criminal Trial Process", New York Law School, copia electrónica en http://ssrn.com/abstract=1337219. Stanford Technology Law Journal, año: 2009, *"no están estandarizados, son fácilmente manipulables por una persona con el conocimiento de la tecnología"* dice Perlin.

19. Joshua Greene, Director del Laboratorio de Cognición Moral de la Universidad de Harvard, en ocasión de la reciente presentación de la segunda

Al analizar el estado de la cuestión en América Latina hemos advertido que la faz estrictamente médica tiene un desarrollo creciente. No sucede lo mismo con la intersección de lo Neuro con el Derecho o Neurolaw[20], donde la actividad a mi juicio es escasa, aunque movilizada.

Desde la década del 60´ del siglo pasado los Estados Unidos ya habían dado lugar a la creación de variadas instituciones dedicadas el estudio Neurolaw. Ello se replicó en la década siguiente en Europa.

Nuestra colaboradora externa, Zunilda Carvajal del Mar[21], nos revelo un dato de suma importancia. Francia, donde ella reside, según la ley de bioética del 7 de julio de 2011 convirtió a ese país en el primero a nivel mundial en admitir, por un texto legislativo, el recurso técnico de imagen cerebral en ocasión de procedimientos judiciales, generando un nuevo artículo en el seno del Código Civil.

EVITAR VICIOS LÓGICOS Y METODOLÓGICOS

De la mano de investigaciones que surgirán desde el marco de Neurociencias Integradas, pretendemos evitar vicios metodológicos y lógicos.

---

edición del libro "*Law and Neuroscience*" "Teaching Law & Neuroscience -- Law and Neuro 2nd Ed Book Launch" en fecha 15 de marzo 2021, fue elocuente al decir: "*El comportamiento humano es causado por el cerebro y regulado por la ley...*"

20. Eric García López, investigador mejicano de nota e integrante de nuestros Proyectos Proince-D047 y D-066, es una voz reconocida y autorizada en materia de Neurolaw en América Latina.

21. Informe citado supra.

Me refiero a los fallos categoriales y las falacias mereológicas.

Apresurémonos a decir que no son la misma cosa. En el primer caso[22], se alude a la extralimitación temático-científica que se desprende de aquellas opiniones procedentes de la biología y que produce una suerte de invasión de otros saberes.

En el segundo caso, mereología es la parte de la lógica que estudia las relaciones entre las partes y el todo constituyendo una falacia la atribución a las partes de cualidades que pertenecen al todo[23].

Podríamos ejemplificar refiriendo al caso en que se pretenda entender el comportamiento humano en general, con sólo atender al funcionamiento neuronal. Damasio[24]con su teoría de los marcadores somáticos nos está demostrando que hay que contemplar otros aspectos[25].

---

22. Según expresamos en el punto 1.

23. Así conceptualizado por **José Antonio Ramos Vázquez** en *"La pregunta por la libertad de acción"* pág. 141 del libro de Neurociencias y Derecho Penal... op cit. de Demetrio Crespo.

24. En *"El error de Descartes"*, ed. Andrés Bello, 1994, tít. Original "Descartes` Error, tr. Pierre Jacomet. Chile, sintetiza **Damasio**: *"Los marcadores somáticos no deliberan por nosotros. Ayudan a la deliberación destacando algunas opciones (peligrosas o favorables) y descartando rápidamente toda consideración ulterior. Te los puedes imaginar como un sistema automático de predicciones que actúa, lo quieras o no, para evaluar la multiplicidad de escenarios futuros posibles"* (p. 201). El estudio del caso Gage y otros análogos, lo llevó a colegir sobre el papel esencial de las capas prefrontales corticales, que reciben "información" actualizada sobre preferencias regulatorias biológicas innatas y lo que es fundamental: los estados del cuerpo (soma) modificado dinámicamente por factores tanto del entorno como por las preferencias.

25. Agradecemos nuevamente a los colegas de la Universidad Nacional de Córdoba, al Profesor **Santiago Quiroga,** Director del Doctorado en Neurociencias, al Profesor **José Ahumada** quien nos permitió participar en las reuniones de su grupo de investigación donde se analizaban exhaustivamente

Siguiendo a Hassemer[26], en el fallo categorial supone la emisión de opiniones procedentes de un determinado saber, con impacto en otra área. Nos permitimos discriminar una forma que podría llamarse agravada de fallo categorial, y que da un paso más que el anteriormente descripto, y pretende maniatar conclusiones de otra ontología regional.

LOS RENACIMIENTOS

Una puja argumental histórica que se hallaba apaciguada, vino a renacer. Nos referimos a la disputa entre libre albedrío y/o determinismo. Durante las Jornadas[27] el colega español José Manuel Muñoz Ortega, refirió con detalles sobre esa problemática. Simplemente hemos de acotar que posiblemente haya que redimensionar ambas teorizaciones. Por de pronto libre albedrío no puede concebirse como decisiones súbitas, abruptas, incausadas o inmotivadas, casi azarosas, porque ese tipo de acciones prácticamente carecen de repercusiones en el ámbito de la responsabilidad[28].

---

las ideas del neurocientífico lusitano Antonio Damasio.

26. *"Neurociencias y culpabilidad en Derecho Penal"*,www.Indret.com; Revista para el análisis del Derecho- Barcelona, abril de 2011 (visualizado el 28 de enero de 2017).

27. Ya referidas en nota 1.

28. Con argumentos coincidentes, **Mercedes Pérez Manzano** en *"Fundamento y fines del Derecho penal. Una revisión a la luz de las aportaciones de la neurociencia."* www.indret.com, Barcelona 2011 y en idéntico sitio, **Bernardo Feijoo Sánchez** en *"Derecho Penal y Neurociencias. ¿una relación tormentosa?:"*

Otra disputa renovada se refiere a la problemática mente-cerebro. Ya desde la época de René Descartes se ha venido distinguiendo en el doble aspecto del cerebro como entidad material y la mente como comprensiva de propiedades como el sentir, percibir, imaginar, abstraer, respecto de las cuales se ha dicho que operan de manera independiente, otros que lo hacen interactuando, pero adjudicando a "mente" una cualidad inmaterial sobre la que Mario Bunge[29] decía que eran fundamentaciones inaceptables de raíz teológica y acientífica.

Alguna variante se aprecia en la opinión de Pardo & Patterson[30]: "proponemos una tercera concepción. La mente no es en absoluto una entidad o sustancia (ni física ni no física). Tener una mente implica poseer una seria de ciertos poderes racionales que se manifiestan con el pensamiento, con los sentimientos y las acciones. Las raíces de esta concepción se remontan a Aristóteles...donde la mente no es una parte de la perso-

---

29. "La estructura del cerebro incluye las conexiones neuronales. El resultado es un sistema con propiedades emergentes (como por ejemplo, las capacidades de percibir, sentir, recordar, imaginar, desear, pensar, etc.) **de las que carecen sus componentes celulares[...]** el dualismo no puede explicar las enfermedades mentales más que como posesión demoníaca o como una huída del alma que abandona el cuerpo[...] (Bunge: 1998; *"El problema mente-cerebro"*, Ed. Altaya, tit. Original *"The Mind-body Problem"*, tr. Benito García Noriega). Esta concepción guarda coincidencias con la postura de autores más recientes como la de **Joshua Greene** y **Jonathan Cohen** en *"Fort he Law, Neuroscience Changes Nothing and everything"*, en S. Zeki/O. Goodenough, Law & Brain, Oxford University, New York, año: 2006, quienes hablan de una "comprensión de la mente como cerebro". La versión emergentista amerita, según decimos en otros pasajes, una nominación nueva: en nuestro proyecto entendimos que debe antes bien hablarse de *"entidad dimensional de lo sistémico"*, para aglutinar los elementos conceptuales esenciales de esa opción.

30. *"Fundamentos filosóficos del Derecho y la neurociencia"*, InDret Revista para el análisis del derecho, Barcelona, abril de 2011. Sitio www.indret.com (consultado en noviembre de 2016).

na que interactúa causalmente con el cuerpo. Son sólo competencias mentales, habilidades y capacidades que poseen los humanos [...]"[31]

Ambos autores reconocen sin embargo el carácter materialista/fisicalista toda vez que la eliminación o modificación física del cerebro hace que la mente desaparezca o cambie. Mente va de la mano, conceptualmente hablando, con funcionamiento cerebral adecuado sin ser "mente" idéntico a cerebro.

Sin pretender agotar la disputa, tanto Patterson como Pardo, evidencian no haber contemplado en su tesis los trabajos que sobre marcadores somáticos ha desarrollado Antonio Damasio[32], para el que la toma de decisiones obedece a un complejo sistema donde las emociones tienen su incidencia excediendo así el reducto físico-material del cerebro.

Las aportaciones de lo Neuro habrán de dotar de nuevos elementos de juicio para continuar desentrañando la disputa, en torno de la cual creemos que, a los fines de sus impactos en los ámbitos del Derecho ameritan una toma de posición dados los efectos en materia de responsabilidad.

La base de los asertos sobre los que luego se dispararon toda suerte de interpretaciones, algunas selladas por un marcado apresuramiento y marcados fallos

31. En la nota nº 65 del informe final del Proyecto C2DER-033 por un lado, hacemos uso de la imaginación y nos preguntamos qué conclusiones hubiera tenido Descartes de haber contado con técnicas de imagenología en torno de su concepción dual. Y completamos diciendo: "*Ese dato hay que tenerlo muy en cuenta a la hora de resucitar pensamientos cargados de condicionamientos propios de la falta de técnicas desarrolladas como las actuales en el mundo posmoderno. Idéntico ejercicio podría practicarse con Henri Bergson [...]*", incluso con Aristóteles, citado por **Pardo & Patterson.**

32. Damasio, (op. cit. nota 22).

categoriales han sido las experimentaciones de Benjamin Libet, quien en rigor no hizo más que continuar las labores de los alemanes Kornhuber y Deecke allá por el año 1965 cuando estos indagaban sobre la relación entre movimientos arbitrarios entre manos y pies y los patrones de ondas eléctricas en el cerebro. Desde esa época ya se constataba que las variaciones que se apreciaban (luego denominadas potencial de disposición, *readiness potential* en versión inglesa) precedían por milésimas de segundos a la toma de decisión consciente, esto es, aquella de la cual el individuo "ya en ese momento" puede percibir como su obra[33].

Se afirmo con esa base que el libre albedrio no existe[34], que es una ilusión, que el cerebro nos engaña[35]. Con esa base, quedaba el Derecho Penal despojado de uno de sus presupuestos básicos de cara, entre otros, a estadíos analíticos de la teoría del hecho punible como la culpabilidad[36].

Luego de llevar a cabo un exhaustivo análisis del material que se fue incorporando a la investigación, entendimos por recaudo de prudencia, formularnos otra

---

33. Un estudio exhaustivo sobre este tipo de experimentos en *"El libertarismo frente a los experimentos tipo Libet"*, disertación de **José Manuel Muñoz** en el Seminario de la Universidad de Navarra en Pamplona en fecha 20/9/2016.

34. Un "Manifiesto" de neurocientíficos alemanes en el año 2004 anuncio el fin del libre albedrio y propuso modificaciones en el ámbito de la dogmática jurídico-penal, (**Pérez Manzano**: 2011). A mi juicio, fallos categoriales y variados yerros interpretativos dieron fundamento a semejante apresuramiento.

35. Para más detalles, ver *"Libertad de voluntad, investigación sobre el cerebro y responsabilidad penal"* de **Eduardo Demetrio Crespo**, www.indret.com, Barcelona 2011.

36. Op. cit. **Feijoo Sánchez**; sobre el requisito del hecho típico, **Deborah W. Denno**, *"Crime and Consciusness: Science and Involuntary"*, Minnesota Law Review, año 2002, pág. 269.

interrogación: ¿son estas lecturas correctas?Sin dudas que esta cuestión nos lleva a otra, de suma importancia y que se relaciona con las tecnologías desarrolladas para llevar a cabo las mentadas lecturas de la actividad neuronal a la hora de la toma de decisiones.

Cuando Roentgen descubrió los rayos X allá por 1895, dio un paso de suma importancia hacia las indagaciones del cuerpo humano no invasivas. Reflexionamos con Parra Bolaños[37] que ese descubrimiento fue relevante para mejorar las tecnologías de diagnóstico destinadas a observar las estructuras internas del organismo por medios no cruentos. Piénsese que con anterioridad se actuaba con formas de alta agresividad como en el caso de la lobotomía que dejaba graves consecuencias en el funcionamiento neurológico y comportamental de las personas sometidas a ellos.

Un capítulo indisolublemente ligado a los avances en materia neurocientífica, se refiere a las técnicas desarrolladas para auscultar la actividad cerebral ya con propósitos terapéuticos o ligados a los procesos judiciales y a sus notorias mejoras y variedades.

Por su incidencia en el segundo aspecto, mencionaremos algunas de ellas como la tomografía por emisión de positrones (TEP), resonancia magnética funcional (fMRI), resonancia magnética nuclear (RMN), la tomografía axial computarizada (TAC), magneto encefalografía (MEG), el electro encefalograma (EEG), la tomografía computarizada por emisión monofotónica o de fotón único (TCEFU). A su vez, siguiendo la publicación de Parra Bolaños, las

37. *"Impacto de las técnicas de neuroimagen en las ciencias sociales"*, Revista Chilena de Neuropsicología, v. 10, n 1, págs. 31-37, Universidad de La Frontera, Temuco, Chile.

técnicas de neuroimagen se clasifican en funcionales y estructurales. Entre las primeras hallamos la resonancia magnética epectroscópica (RMS), tomografía por emisión de positrones (TEP) y la tomografía por emisión de fotones simples computarizada (SPECT). Entre las estructurales se hallan la resonancia magnética estructural (RME) y la tomografía axial computarizada (TAC) orientadas estas a analizar las estructuras neuronales mientras que las funcionales se emplean para estudiar o analizar las funciones cognitivas y su correlación de áreas cerebrales con el comportamiento.[38]

Seguramente por esta última razón, técnicas como la resonancia magnética funcional y el electroencefalograma sean de las más empleadas en cuanto concierne a la vinculación entre Neurociencias y Derecho[39].

De hecho, se aprecia un aumento exponencial de la literatura vinculada a estos temas. La resonancia magnética funcional se propuso por primera vez en 1990, y los primeros resultados de investigación con fMRI con contraste BOLD en humanos se publicaron en 1992. La última década ha visto un aumento explosivo en el número de artículos de investigación basados en fMRI, con casi 2500 artículos publicados en 2008 -Comparado con alrededor de 450 en 1998.

Expertos de gran reconocimiento coinciden en ser cautelosos en torno de la eficacia de las técnicas de neu-

---

38. Otro de los sistemas se llama Firma de Oscilación Eléctrica del Cerebro (BEOS) y se desarrolló en India, donde se ha introducido en ensayos y ha sido importante para garantizar condenas penales. Ver **Anand Giridharadas**, el nuevo uso de escáneres cerebrales en los tribunales en India se debate, N.Y. Times, 15 de septiembre de 2008, en A10.

39. Así por todos **Pardo & Patterson** (op. cit. nota 26).

roimagen. En tal sentido podemos mencionar algunos de ellos sin agotar el listado. Así, Logothetis[40], Pardo & Patterson[41], Pérez Manzano[42], et alios.

La incesante labor derivada de lo Neuro, importa la búsqueda de perfeccionamiento de las tecnologías de imagen e incluso la incorporación de otras formas como por caso el de electrodos de Itzhak Fried empleados en ocasión de tratar crisis epilépticas[43]

Es crucial que esos métodos, cualesquiera que sean, tengan los mínimos márgenes de error posibles. El camino andado con el empleo histórico del ADN, que tuvo en su tiempo sus resistencias, ha culminado por estos días con un perfeccionamiento notable en términos de probabilidades. De ordinario en los procesos judiciales, no sólo penales, esas pericias poseen un destacado rol vinculante.

Producto del relevamiento bibliográfico, fuimos a dar en su momento con un caso que rotulamos como la "paradoja del salmón muerto". Cito por su elocuencia el relato de Craig Bennet del año 2010… "en este experimento, se demostraron al individuo sometido a ensayo una serie de fotografías de personas exteriorizando diversos estados emocionales, para averiguar la respuesta neuronal del sujeto del ensayo. Éste mostró, como en otros experimen-

---

40. Revista Nature: *Nature* 453, 869-878 (12 June 2008) | doi:10.1038/nature 06976; *"What we can do and what we cannot do with fMRI?"*.

41. Op. cit. nota 26.

42. *"El tiempo de la conciencia y la libertad de decisión: bases para una reflexión sobre Neurociencia y responsabilidad penal"* en Neurociencias y Derecho Penal, págs. 105-135, Proyecto DER2009-09868 dirigido por **Eduardo Demetrio Crespo,** Ed. BdeF, año:2013.

43. Neurólogo y cirujano de la Universidad de California, Los Angeles (EEUU)) y del Centro médico de Tel Aviv en Israel.

tos de este tipo, significativas diferencias en la reacción neuronal frente a unas y otras imágenes. Cosa bastante sorprendente, **pues se trataba de un salmón muerto** [...]"

El empleo del salmón muerto, se comenta[44], fue algo casual, mientras en ocasión de probar la maquina antes de comenzar a estudiar personas, al grupo se le ocurrió probar con algo diferente en búsqueda de mayores contrastes y otro tipo de texturas. Y así comenzaron con una calabaza hasta incorporar un salmón que el propio Bennet adquirió en una pescadería cercana donde expresó: "necesito un salmón atlántico de longitud completa, para la ciencia". La expectativa de eventual gratuidad culminó trunca, pero en beneficio de un significativo aporte.

Otra de las aristas, de abundante tratamiento en la investigación de Eduardo Demetrio Crespo[45], lo es el segmento de las denominadas mejoras cerebrales o en su versión en lengua inglesa "enhancement".

Existen medios farmacológicos, que tienden a mejorar rendimientos mentales, otros destinados al rendimiento físico, de estimulación magnética del córtex motriz, genéticas, quirúrgicas, entre otros tantos[46][47].

---

44. En el sitio de la American Scientific se analiza la obra de Bennet y otros colaboradores intitulada *"Correlatos Neuronales de la Perspectiva Interspecies tomando en el Salmón Atlántico post-mortem: Un argumento para la corrección de Comparaciones Múltiples correctivas"* Journal for Serendipitous and Unexpected Results, 2010.

45. Op. cit. de **Demetrio Crespo** en p. 71-103 por **Reinhard Merkel** y en 161-183 por **Carlos María Romeo Casabona**.

46. Reinhard Merkel en *"Nuevas intervenciones en el cerebro. Mejora de la condición mental humana y límites del Derecho Penal"*, en Neurociencias y Derecho Penal, págs. 71-103, Proyecto DER2009-09868 dirigido por **Eduardo Demetrio Crespo**, Ed. BdeF.

47. En este espacio, no puedo dejar de aludir a las propuestas del Transhumanismo que promueve la defensa del mejoramiento humano mediante la

La optogenética hace lo suyo[48]. Resulta que se ha descubierto que el empleo de luz permite también la manipulación de las neuronas. Así, la de color azul aumenta su actividad y la de color amarillo la disminuye. Parece literatura fantástica, pero en estos casos, se han empleado nanotecnologías.

No han faltado las objeciones. Ya sea por los efectos colaterales, los límites del consentimiento y del riesgo. Y, además, los abusos o manipulaciones a que se puedan exponer a las personas. E incluso, como hemos adelantado, el riesgo de mercantilización de estas prácticas, que dejen por fuera a aquellos que no se hallen en condiciones económicas de abordarlas y con ello remito a cuanto dije en torno de la ubicación institucional y la necesidad de presencia estatal en estas investigaciones, de cara a evitar, como ya adelantáramos, nuevas formas de discriminación.

---

intervención biotecnológica del cuerpo humano, en tanto las voces contrarias -bioconservadores- lanzan sus proclamas contra la tecnificación de la naturaleza humana por resultar formas novedosas de antiguos propósitos eugenésicos. Para más y mejor abundar muy recomendable el trabajo de fin de tesis de Máster en Ética y Democracia de **Jon Rueda Etxebarría**, intitulado *"Crítica de la Razón Transhumanista. Aproximación al mejoramiento humano mediante las tecnologías emergentes"*, Universidad de Valencia, junio de 2017, tutora: **Adela Cortina Orts**.

48. José Manuel Muñoz ha tratado el tema en su ponencia del 26 de enero de 2021 del Curso de Posgrado Derecho Penal y Comportamiento Humano citado, con el título: *"Intersecciones entre Neuroética y Neuroderecho: La optognética: fundamentos y retos ético-legales"*.

ALGUNAS ÁREAS DE IMPACTO[49]

Avisoramos junto con otros autores[50], la necesidad de adentrarnos en los posibles empleos de estos aportes en las etapas de ejecución de la pena, donde "ab initio" apreciamos una suerte de compatibilidad con los propósitos de prevención especial, obviamente en su vertiente positiva. La selección de esos sitios ontológico-regionales es algo arbitraria, pero impuesta por razones de espacio. En otros encuentros literarios ampliaremos los abordajes.

En estos tramos, como no podía ser de otra manera, el tamiz o auditoría éticos, han de tenerse en especial consideración. Los fines de prevención en la faz ejecutiva de la pena, entendemos, no podrán avanzar por encima de atributos garantísticos de la personali-

49. Razones de brevedad y por ello de selección arbitraria de sitios de impacto, de momento, nos hace dejar por fuera postulaciones novedosas como la de **José Carlos Porciúncula** del Instituto Brasiliense de Direito Público, sobre su concepto de retribución diacrónica; o las redefiniciones sobre el hecho punible que postula **Fernando Molina Fernández**, o acompañar la interrogación de **Paulo César Busato** de la Universidad de Paraná: ¿quién actúa en los resultados delictivos derivados de decisiones cibernéticas?; temas expuestos durante los variados encuentros virtuales en el contexto tanto del Curso de postgrado como del Seminario Internacional online del Proyecto "Derecho Penal y Comportamiento humano" dirigido por Eduardo Demetrio Crespo. Ver nota 1.

50. Así pueden consultarse **Manuel Ruiz Martínez Cañavate** *"Neurociencia, Derecho y Derechos Humanos"* Revista de Derecho de la UNED, n° 17, año: 2015. España; **Christoph Bublitz** (Faculty of Law, University of Hamburg), *"The Soul is the Prison of the Body" – Mandatory Moral Enhancement, Punishment & Rights against Neuro-Rehabilitation.* Forthcoming In: BIRKS, David ; DOUGLAS, Thomas . (Eds.) Treatment for Crime: Philosophical Essays on Neurointerventions in Criminal Justice. Oxford: Oxford University Press, 2017, Agradecemos el aporte bibliográfico a Mac Arthur Foundation & Vanderbilt University a través de Keena Stewart. También ver **Mercedes Pérez Manzano** su ya citado *"Fundamento y fines del Derecho penal. Una revisión a la luz de las aportaciones de la neurociencia."* en www.indret.com, Revista para el análisis del Derecho, Barcelona, abril de 2011.

dad, tales como el derecho a la autodeterminación, a la conformación de la personalidad, la propia identidad.

Los recaudos de cautela a la hora de emplear las técnicas de neuroimagen, imponen referir de las investigaciones realizadas por el sueco Anders Eklund y su grupo, que llegaron a demostrar tasas de error en estudios con empleo de fMRI (resonancia magnética funcional) que superaron holgadamente los márgenes de error tolerados. Y respecto de lo cual poco se ha hablado.

Bien recientemente (año 2016) el profesor Eklund de la Universidad de Linköping (Suecia), publicó en la Academia Nacional de Ciencias de los EEUU[51], junto a un grupo de colaboradores, un trabajo por el que relata la revisión de esos protocolos informáticos aplicados a la técnica fMRI, con resultados altamente sorprendentes, llegando a conmover a la comunidad científica[52].

De allí que lo denominemos "impacto Eklund" aún para aquellos que ya pretenden relativizarlo pasando por alto algunas importantes consecuencias que produjo, tales como la modificación de los protocolos internacionales vinculados a los programas informáticos con los que se "leen" las manidas resonancias cerebrales[53].

51. Journal PNAS (Proceedings of the National Academy of Sciences), año 2016.- En internet hay una interesante entrevista (para el público en general) con el profesor **Eklund** realizada por **Fabián Maero** para el sitio https://www.psyciencia.com/2016/30/cuando-las-neuroimagenes-enganan-una entrevista-investigador/, llevada a cabo el 30/6/2016.

52. Ello se mantuvo a pesar de la "fe de erratas" publicada posteriormente por PNSA.

53. De "profundas implicancias" califica **Lisa Goldberg** (Universidad de California, Berkeley) en su artículo *"Mathematical software. Is it mathematics or is software?"* sobre las futuras noticias de la American Mathematical Society, de fecha 30 de Julio de 2016. Publicado en el sitio www.live-cdar.pantheon.

También es necesario recordar que la "lectura" de esas imágenes a su vez recurre a programas de software, siendo los más empleados el SPM, el FSL y el AFNI[54]. Los ingenieros informáticos han de tener en estos tramos de las mediciones un rol trascendente.

En otra pesquisa hemos centrado la atención en áreas que ya se identifican en el título: "Las Neurociencias y su receptividad en el Proceso Penal, en el Derecho Penal Juvenil y en la Ejecución de la pena. Encuadre ético de sus incidencias"[55]. En otros encuentros prometo volver con esos temas.

Algo más sobre ejecución de la pena

En este breve trabajo no pretendo abordar la totalidad de las cuestiones que la producción Neuro va a acarrear sin dudas en el área de esta importante etapa del proceso, ante la comisión de delitos que importen privación de libertad.

Pero desde ya, dos son los segmentos que parecen concitar esta inicial atención: uno, al que ya aludimos, el posible empleo de los enhancements en las fases de tratamiento; y, por otro lado: la aplicación de la técnica

---

berkeley.edu/wp-content/.../2016/.../software. (visto el 8/10/2016).

54. Al relevar bibliografías sobre estas particulares cuestiones, hemos advertido que en general, pocas referencias se hacen sobre estos programas informáticos. Pues derechamente se abordan las conclusiones posibles sin atender a la necesaria revisión por parte, especialmente, de los científicos de las ciencias duras. Por cierto, necesariamente, el científico sueco **Anders Eklund y su grupo,** las han detallado en su *"Cluster failrule: Whay fMRI inferences for spacial extent have inflated false-positive rates."* (versión on content/113/28/7900.full.pdf).

55. Proyecto D-047 de la UNLaM (Universidad Nacional de La Matanza, Argentina).

Neuro, a la hora de determinar nada más ni nada menos que un juicio de prognosis o neuropredicción con mayores signos de certeza, en la etapa de egreso o recuperación de la libertad locomotiva anticipada[56].

Tanto las teorizaciones[57] como los marcos normativos de mayor jerarquía coinciden en propiciar modelos rehabilitadores cuando de la pena efectiva se trata[58].

Quienes pensamos que, con la dotación de medios impostergables, las rehabilitaciones o como se las quiera llamar, son posibles, auguramos el inicio de innumerables discusiones que habrán de generar las aportaciones Neuro en estos terrenos[59].

---

56. Desde la Inteligencia Artificial, se están aplicando ya modelos algorítmicos en los EEUU, no sin controversias debido a los denominados "sesgos" de discriminación que involucran. Recomiendo echar vista del trabajo de Lucía Martínez Garay "*Peligrosidad, algoritmos y Due Process: el caso State vs Loomis*", Revista de Derecho Penal y Criminología, 3ra. Epoca, nro. 20 (julio 2018), págs. 485-502; También Angéle Christine et. al. "*Courts and Predictive Algorithms*" (2015), datacivilrights.org.- "¿Deberían las penas de prisión basarse en delitos que aún no se han cometido?", se interrogan Barry-Jester et. al. (2015), https://fivethirtyeight.com/features/prison-reform-risk-assessment/.
Sobre la intersección entre la inteligencia artificial, la tecnología y otras innovaciones con el Derecho ver la reciente obra "*Law, Technology and innovation: v.II: Insights on artificial intelligence and the law*" coordinada por Leonardo Parentoni y Renato Cesar Cardozo, ed. digital Expert, Brazil, (2021).

57. Median no obstante posiciones más agnósticas como la estructurada por el Profesor **Zaffaroni** en varias de sus obras. Su apego a criterios óntico--ontológicos como se ve, no sólo posee incidencias en el marco de la teoría del hecho punible sino también en las justificaciones ensayadas sobre las funciones de la Pena.

58. La cima normativa supranacional lo explicita con claridad. El artículo 5to. Inc. 6to de la CADH, establece ese cometido diciendo: "las penas privativas de la libertad tendrán como finalidad esencial la reforma y readaptación social de los condenados [...]". Las leyes locales luego, replican ese principio. Soslayamos, por exceder el cometido de este trabajo, las disonancias procedentes de argumentos abolicionistas.

59. Agradecemos a la investigadora externa **Melisa Di Giorgio** (Universidad Católica de Salta-sede San Miguel) los aportes de su experiencia como Se-

Esperamos que los deficitarios aportes, de histórica costumbre político criminal, sean esta vez la excepción y no sean escatimados en esta nueva perspectiva.

El centro de gravedad tal vez pase por la eventual colisión entre los propósitos estatales rehabilitadores y la voluntad de quienes pueden ser sometidos a esas alternativas[60].

Ya dijimos en otra ocasión[61] que todo fin asignado a la pena (más allá de las fundamentaciones disimiles conocidas), es un coste o riesgo del Estado. Sus fracasos no pueden ser colocados en los hombros de las personas privadas de libertad[62]. Del mismo modo que al cuantificarse la pena el parámetro debe ser el hecho cometido, la etapa de la ejecución no puede avanzar por sobre las consideraciones que las personas encarceladas quieran adoptar de cara a rehabilitaciones Neuro.

---

cretaria del Juzgado de Ejecución Nro. 1del Departamento Judicial de San Martín, Provincia de Buenos Aires, República Argentina.

60. **Patricia S. Ziffer** en su opus *"La idea de "peligrosidad" como factor de la prevención."* (Derecho Penal, Doctrinas esenciales, **Edgardo A. Donna** Director, ed. La Ley, pags.861/880, año 2010), ya lo anuncia explicando que: *"existe una evidente relación de tensión entre las injerencias de prevención especial y los derechos fundamentales, que no es del todo solucionable [...]"* a propósito de caso "Fermín Ramírez" de la CIDH. La autora no desarrolla en ese texto las incidencias Neuro, aludiendo in fine a la necesidad de establecer límites y condiciones a aquellas decisiones basadas en conocimientos inseguros sobre la conducta futura del afectado.

61. La presentación del informe final del proyecto C2DER-033 culminó con el texto en formato libro (inédito aún por restricciones presupuestarias de la UNLaM e impuestas también al resto de las universidades nacionales), intitulado *"Legitimar y graduar. Funciones conectadas pero diferenciadas de la potestad punitiva estatal. Rediseño de las teorías justificantes y la tarea de mensuración de la pena desde un modelo retribucionista."* Del contenido de sus conclusiones extraemos el párrafo en cita el cual puede hallarse en Academia.edu.

62. Análogamente, **Patricia Ziffer** en *"Lineamientos de la determinación de la pena"*, ed. Ad-Hoc, Buenos Aires, año 1996.

Podrán concebirse intervenciones compulsivas en casos excepcionales?; podrá la rehabilitación ser puntualmente obligatoria?; Evitar la reincidencia es acaso competencia del prisionizado, o ingresa tal objetivo como contenido político criminal de competencia sólo estatal?[63]

Bublitz[64] aborda alguno de estos interrogantes:

"La promesa de intervenciones neurobiológicas que permiten mejorar la conducta pro-social es particularmente interesante para los sistemas de justicia penal. Después de todo, la rehabilitación de los delincuentes es uno de sus objetivos centrales. Esto plantea la pregunta de si los estados pueden desplegar tales medios para rehabilitar a los delincuentes contra la voluntad de estos últimos, como parte de, o en lugar de, el castigo. Algunos defensores de los tratamientos

63. Existen variables fácticas donde el obrar de consuno puede verificarse ab initio, me refiero a los supuestos (en rigor median casos reales) donde la especie de mejoras de tipo quirúrgicas son claramente una solución. Los tumores orbitofrontales suelen producir inclinaciones pedófilas acompañadas de otros signos como la apraxia. Su extirpación ha conducido a la eliminación de esas patologías, (ver *"Right orbitofrontal tumor with pedofilia sympton and constructional apraxia sing"* de **Jeffrey M Burns** y **Russell H Swerdlow**, ArchNeurol/vol60, march 2003, bajado al sitio www.archneurol.com en octubre 23 de 2007; American Medical Association. Recomiendo ver la charla TED x Orange Coast "La lección más importante de 83.00 tomografías de cerebro" de **Daniel Amen**, en Youtube, traducido por Noelia Castellano, en particular, la referencia al caso "Andrew". La misma posee carácter divulgativo y trata de un caso de quiste de lóbulo frontal izquierdo, su extracción y beneficiosas consecuencias. La evocación del caso Gage estudiado por Damasio es inocultable.

64. Bublitz, Christoph, *'The Soul is the Prison of the Body'* – Mandatory Moral Enhancement, Punishment & Rights Against Neuro-Rehabilitation (2017). David Birks & Thomas Douglas (Eds). Treatment for Crime: Philosophical Essays on Neurointerventions in Criminal Justice. Oxford University Press, 2018. Available at SSRN: https://ssrn.com/abstract=3192651. Agradecemos a Mac Arthur Foundation y a Vanderbilt University el aporte bibliográfico.

obligatorios para los delincuentes los consideran más humanos (y efectivos) que las formas actuales de tratamiento duro como el encarcelamiento. Este capítulo se relaciona críticamente con sugerencias para tratar delincuentes legalmente competentes con fines de rehabilitación en contra de su voluntad enfatizando dos aspectos: Primero, los derechos humanos fuertes de los delincuentes, sumariamente el derecho a la autodeterminación mental, se oponen a intervenciones obligatorias en estados o procesos psicológicos criminógenos. Estos derechos humanos no están (aún) reconocidos en todas las jurisdicciones, pero surgen de principios liberales y democráticos generales que la mayoría de las jurisdicciones occidentales respaldan. En segundo lugar, el argumento a favor de la rehabilitación obligatoria es más débil de lo que parece a primera vista porque no queda nada claro y por qué el objetivo penológico de la rehabilitación justifica graves interferencias en los derechos de los delincuentes. En cualquier caso, parece que los Estados podrían alcanzar sus legítimos objetivos de futuro, evitando la reincidencia, mediante medios menos restrictivos como la incapacitación[65]. Por lo tanto, la rehabilitación obligatoria solo puede justificarse en casos excepcionales. Por el contrario, a los delincuentes se

65. Sobre la castración química para violadores, en una variante de inequívoco signo de prevención especial negativa, por caso, pueden verse las iniciativas legislativas de los proyectos de ley 3746-D-2007 de **Carlos Alberto Sosa** y 8018-D-02, **Elsa Lofrano**, presentados ante el Congreso Nacional, al proponer esa medida tanto como pena a añadir al artículo 5 del Código Penal o como requisitos para obtener las libertades anticipadas. Tales intentos, más allá de sus peligrosas implicancias constitucionales, no abordan los mecanismos Neuro, como alternativas más humanísticas y respetuosas de garantías de alto rango jurídico. También ha habido tentativas del orden provincial como el caso del gobernador mendocino **Celso Jaque** (Decreto n. 308, Mendoza 3 de marzo 2010).

les debe ofrecer una opción entre neurorrehabilitación y detención."

Tecnologías, ideas, propósitos, marcos normativos y éticos son los ejes sobre los que discurrirán sin dudas las futuras actividades de adaptación de lo Neuro en los espacios tratamentales de la pena. Es mucho lo que está por venir, está todo por hacer. De allí la insistente prédica nuestra en pos de involucramientos institucionales.

Y en este marco también los peritos forenses especializados en Neurociencias serán de gran ayuda.

El otro sendero de incidencias Neuro en la ejecución de la pena, es, según anunciamos, la llamada "neuropredicción". La neuropredicción es el uso de elementos estructurales o funcionales, variables cerebrales o del sistema nervioso para realizar cualquier tipo de predicción, incluidos los pronósticos médicos y de, como un indicador de comportamiento futuro peligroso (MORSE, 2015).

El sistema de justicia desarrolla su actividad, en lo que a derecho penal concierne, sobre el pasado de los justiciables (POLDRACK, 2018). Esta otra esfera de actuación, novedosa, incipiente, moviliza muchas observaciones de tono crítico, fundamentalmente, por la vulneración de preceptos constitucionales variados.

Ahora bien, el escenario de las praxis forenses se lleva a cabo utilizando principalmente, según la originaria distinción de Paul Meehl (1954) tres métodos para la predicción conductual: juicio clínico guiado por propia formación y experiencia del médico; juicio profesional estructurado en el que el clínico suele utiliza una herramienta actuarial o semi-actuarial validada pero entonces puede modificar el resultado utilizando el juicio profesional; y actuarial, en el que se recogen los datos y se aplican métodos estadísticos con empleo de algoritmos. Los dos últimos, son, según Morse (2015) y demás especialistas, los mas confiables y con mayores expectativas de desarrollo futuro.

Desde premisas neurobiológicas hasta el empleo de modelos algorítmicos están siendo objeto de estudio. En cuanto a estas últimas, las pretensiones de certeza sobre futuras reincidencias, están generando en el ámbito del derecho anglosajón variadas y justificadas objeciones. En EEUU, el caso State vs. Loomis[66] ha puesto sobre la mesa una valoración problemática que se plasma en una inteligente y sintética interrogación de Lucía Martínez Garay (2018) ¿es compatible con el derecho al debido proceso agravar la pena sobre la base de la valoración de riesgo hecha por un algoritmo, cuyo funcionamiento no se desvela al acusado porque está protegido como secreto de empresa?

A ello debe sumarse que las "cargas" en los cálculos con algoritmos son llevadas a cabo por personas de carne y hueso, que incorporan a esos datos los "sesgos" de factores de discriminación de toda índole, ya sea étnicos, sexuales, etarios, etc.

Y algo más.

Esos cálculos de probabilidades se hayan conformado con datos estadísticos, con muestras generalizadas, llevadas a cabo sobre sujetos diversos de los enjuiciados[67].

---

66. 881 N.W.2da. Wisconsin (2016).

67. Angèle Christin et al., "*Courts and Predictive Algorithms*" http://www.datacivilrights.org/pubs/2015-1027/Courts_and_Predictive_Algorithms. Pdf [ht-

En lo concerniente al espacio procesal penal y al empleo de técnicas de neuroimagen, ya más de 75 países están aplicando tanto en la investigación policial como judicial técnicas neurofisiológicas y psicofisiológicas. Así a modo de ejemplo se pueden citar a Panamá, Guatemala, USA (Arizona, California, Delaware, Florida, Georgia, Idaho, Indiana, Iowa, Kansas, Nevada, New Jersey, North California, Ohio, Uta, Washington,Wyoming y Nuevo Méjico), en Sudáfrica, Japón, Israel o Reino Unido, incluso en la India.

En el abordaje de las prácticas comparadas los norteamericanos desde antaño vienen fijando criterios en pos de los requisitos de admisibilidad de pruebas de carácter científico.

Así ya en el año 1923 el superior tribunal en el caso "Frye" aportó sus primeras exigencias. En las décadas del 80 y 90 del siglo pasado, produjeron criterios en "Strickland"[68] y en "Daubert", el primero dirigido a la defensa y el segundo a los jueces.

El denominado "Test de Daubert" fue establecido a partir de la Sentencia del Tribunal Supremo de los Estados Unidos de América del año 1993[69] en la que el Tribunal Supremo se planteó que criterios debían exigirse a una prueba pericial científica para poder ser admitida en un procedimiento judicial determinando que cualquier prueba científica debía superar un test de validez que consiste en el examen de las siguientes cuestiones **1.°** Si la técnica ha sido comprobada o refutada. **2.°** Si

tps://perma.cc/5MBA-QPMQ].

68. Strickland v. Washington, 446 U.S. (1984).

69. Daubert v. Merrell Dow Pharmaceuticals, Inc., 509 U.S. 579 (1993).

ha sido sometida a examen y publicación en el ámbito científico del que procede. **3.°** Cual es la tasa de error o desacierto de las conclusiones obtenidas. **4.°** La existencia y mantenimiento de normas y controles en cuanto a su práctica. **5.°** El grado de aceptación de la técnica en el marco de la comunidad científica[70].

Estas breves referencias son las que nos mueven a mocionar la necesidad de que los operadores del sistema judicial, muy en especial los peritos forenses y los legisladores vayan adentrándose en las cuestiones terminológicas imbricadas en las producciones Neuro. Sólo de ese modo los magistrados podrán diseñar criterios de admisibilidad, los defensores y fiscales proponer medidas probatorias, los jurados recibir instrucciones comprensibles y los legisladores tomar los recaudos normativos que habrán de necesitarse.

En lo que sigue, y ya abordado lo concerniente a fMRI, habré de referir sobre una técnica novedosa que su diseñador nominó de "huellas digitales cerebrales" por resultar una manera análoga a la eficacia de las huellas digitales humanas pues detectan una coincidencia entre la evidencia de la escena del crimen y una evidencia de la persona del sospechoso. Esa coincidencia, dice Farwell[71], es entonces una conexión objetiva y científica

---

70. Propician añadir otras exigencias que proceden de la psicometría, **Emily Baron y Jackeline Anne Sullivan** de la Universidad de Toronto en *"Judging Mechanistic Neuroscience: A preliminary conceptual-analytic framework for evaluating scientific evidence in the courtroom"*, Psychology, Crime & Law, DOI: 10.1080/1068316X.2018.1428056 - https://doi.org/10.1080/1068316sX.2018.1428056. En nuestras recientes ponencias hemos añadido otra exigencia: la capacidad de resistencia a contramedidas, es decir, de superar engaños del sujeto motivo de estudio.

71. Ver infra nota 50.

entre alguna característica de la escena del crimen y el registro almacenado en el cerebro de ese sospechoso.

Desarrollada precisamente por Lawrence A. Farwell[72], este método se introdujo con éxito como prueba a nivel de tribunal de primera instancia en un caso con posterioridad a la condena en Iowa. Su uso en ese caso se discute brevemente en la decisión de apelación de la Corte Suprema de Iowa, Harrington v. Iowa[73]. El método se analiza en el sitio web de la compañía de Farwell, Brain Fingerprinting Laboratories, www.brainwavescience.com. Es criticado desde una perspectiva científica en J. Peter Rosenfeld, "Brain Fingerprinting": A Critical Analysis, 4 Sci. Rev. Mental Health Practice 20 (2005).[74]

Paul Appelbaum[75] es quien tal vez resuma de manera más didáctica este original sistema. Nos dice: "La toma de huellas digitales del cerebro se basa en el descubrimiento de que el cerebro genera un patrón único de ondas cerebrales cuando una persona encuentra un estímulo familiar." El uso de la resonancia magnética funcional en la detección de mentiras se deriva de estudios que sugieren que las personas a las que se les pide mentir muestran diferentes patrones de actividad cerebral de los que lo hacen cuando son sinceros. Se discuten las cuestiones relacionadas con el uso de dicha evi-

72. *"Brain fingerprinting: a comprehensive tutorial review of detection of concealed information with event-related brain potentials"*; Published online: 17 February 2012, Springer Science+Business Media B.V. 2012.

73. 659 N.W.2d 509, 516 nº 6 (2003).

74. Véase también la breve discusión en **Henry T. Greely** y **Judy Illes**, *"Detección de mentiras basada en la neurociencia: la necesidad urgente de regulación"*, 33 a. J.L. y Med. 377, 387 - 88 (2007).

75. Psychiatric Serv. 2007 de abril; 58 (4): 460-2. *"Ley y psiquiatría: los nuevos detectores de mentiras: neurociencia, engaño y tribunales"*.

dencia en los tribunales. El autor concluye que ninguno de los enfoques actualmente cuenta con el respaldo de datos suficientes sobre su precisión para detectar el engaño que justifique su uso en los tribunales.

Siguiendo el trabajo de María Eugenia Gutiérrez Marco et. al.[76] podemos exponer en forma sintética losrasgos generales de BF[77]. Este se refiere a:

- Potenciales evocados.

- P300 onda relacionadas con almacenamiento de recuerdos[78].

- La secuencia en las pruebas devienen de la promoción de un estímulo, seguido de un reconocimiento de aquello que se halla almacenado, generando ello la emisión involuntaria de P300, que es una suerte de descarga eléctrica.

- La información que se "aporta" no puede ser manipulada por el sujeto.

- No le afectan las emociones, situación que lo diferencia en gran forma de otroras técnicas como el polígrafo.

- Con este sistema, enfatiza Farwell, no se busca determinar si se miente.

---

76. En "*Estudio piloto sobre las huellas cerebrales durante el engaño simulado*", Facultad de Psicología, Magisterio y Ciencias de la Educación. Universidad Católica de Valencia San Vicente Mártir. Año 2014.

77. Siglas de brainfingerprinting.

78. P300 alude al tiempo de reacción del cerebro ante los estímulos que se le presentan medidos en milisegundos y que son un patrón específico de ondas cerebrales. Dicho en otros términos lo que se mide son los cambios del voltaje eléctrico (potenciales) que "dispara" el cerebro sin intervención de la voluntad del sujeto sometido a examen. De allí su denominación técnica como potenciales relacionados con eventos. **Farwell** (op. cit. 2012) los denomina MERMER, es decir, memoria y codificación electroencefalográfica multifacética relacionada a respuesta.

-Los elementos técnicos que requiere son electrodos colocados en el cuero cabelludo, un sistema de Electro Encefalografía, señales de amplificador y control de los tiempos de reacción con sistema operativo de Windows con soporte software Mindtracer.

A efectos de desarrollar lo que se llama paradigma "oddball", se incluyen tres tipos de estímulos, trascendentes e intrascendentes, de acuerdo con el conocimiento de los datos de la investigación del caso y el registro de la onda P300, luego se hace un análisis y comparación de las distintas ondas.

Los estímulos son presentados en forma aleatoria.[79]

Un caso resonante fue el de Terry Harrington donde fue empleada esta técnica[80].

En 1977 John Schweer[81], un capitán de policía retirado fue asesinado cerca del concesionario de automóviles en Council Bluffs, Iowa, donde él estaba trabajando como guardia de seguridad. Terry Harrington fue arrestado por el asesinato siendo incriminado por un testigo.

---

79. Los detalles del desarrollo del paradigma son tratados por **Michael S Pardo** en *"Neuroscience Evidence, Legal Culture, and Criminal Procedure"*, American Journal of Criminal Law, v. 33, p. 301, 2006; también el neurojurista norteamericano **Francis X. Shen**, le dedica unas páginas en su artículo *"Neuroscience, Mental Privacy, and the Law"*, March 2013, Harvard Journal of Law & Public Policy 36(2) .

80. Esto plantea una cuestión de suma importancia relacionada con las evidencias producidas en el "laboratorio" y las que se obtienen en casos "reales". Los experimentos del "tipo Libet" son ejemplo de los primeros lo que relativiza la contundencia de sus conclusiones cuando, a partir de ellas, se enarbolan principios generales con impacto en diversas ontologías regionales.

81. Ver **Harrington** v. **Iowa**, 2000, 349 NW 2d, 758 nº. 01-0623, (Iowa 1984).

Un jurado encontró culpable a Harrington en el año 1978, siendo condenado a cadena perpetua. En abril de 2000, Lawrence Farwell sometió a Harrington a una prueba de huella cerebral. Los resultados de la prueba demostraron que el cerebro de Harrington no tenía registro de aspectos del crimen. Por el contrario, en otra prueba se demostró que reconocía detalles de su coartada.

El resultado fue "información ausente"[82] con respecto al crimen, e "información presente" con respecto a la coartada. La denominada confianza estadística fue superior al 99%.

La prueba también fue administrada al único testigo de cargo, quien, ante los resultados, se retractó de su testimonio admitiendo que había mentido en el juicio original al acusar falsamente a Harrington para evitar verse involucrado.

Las debilidades del sistema se relacionan con todo aquello que pueda afectar al registro mnésico, dado que es reconocida la falibilidad de la memoria por múltiples razones, todas ellas estudiadas escrupulosamente y durante muchos años por Elizabeth Loftus de la Universidad de Los Angeles, California Irvine[83].

---

82. Con mayor cantidad de detalles, exponemos esta metodología de trabajo en nuestro proyecto de "Guía neurocientífica para operadores del Poder Judicial" que se encuentra en período de elaboración.

83. Schacter, Daniel L, and **Elizabeth F Loftus**. 2013. "*Memory and Law: What Can Cognitive Neuroscience Contribute?* Nature Neuroscience 16(2): 119–123. **Jaime Gutiérrez Rodríguez** en "*Brain Fingerprinting: la otra verdad*", publicado en Derecho y Cambio Social, año 2014, España, detalla otras posibles causas que tornarían ineficaz el sistema como el caso de los recuerdos oníricos, la inducción (Loftus), efecto luz de gas (manipulaciones que afectan la memoria de la víctima), hipnosis, eliminación de recuerdos (practicados en la Universidad de California, San Diego), enfermedades mentales como el delirio, la amnesia disociativa, las alucinaciones (tanto acústicas como visuales), las

Sin dudas el caso mueve a un cauteloso entusiasmo[84].

PALABRAS FINALES

Los relevamientos llevados a cabo y aquellos que se encuentran en etapa de desarrollo, nos han ido convenciendo de la necesidad de dar pasos concretos en pos de trasladar a la práctica, ya académica, ya legislativa o judicial aquellos postulados que, a pesar de la juventud de la Neurociencia van generando impactos de indudable consideración en los contenidos de esas actividades.

Por esos motivos, la labor anticipatoria de los presupuestos éticos debe hallarse en marcha. También habrá que precaverse de no repetir modelos positivistas ni de robustecer las desigualdades sociales. Por ello, reclamamos tomar nota de la inserción institucional de los estudios neurocientíficos con miras a direccionarlos en los presupuestos garantísticos contenidos en las cartas de DDHH. Rafael Yuste, Marcello Ienca, Roberto Andorno, Paolo Somaggio, Marco Mazzocca y el Senado de Chile, entre otros, ya han dado pasos en las propuestas de *neurorigths*.[85]

---

ilusiones y la afectación por sustancias como el alcohol y las drogas.

84. Así puede verse, entre otros, en el trabajo llevado a cabo por **Adriana Janovic** *"Toma de huellas digitales en disputas judiciales"* de la Universidad de Nis en Serbia, **ДрАндриана**ЈОВАНОВИЋ año 2016.

85. Por nuestra parte, en el Curso de Postgrado "*Derecho Penal y Comportamiento Humano. Avances desde la Neurociencia y la Inteligencia artificial*" mencionado en nota 1, ya hemos formulado nuestra propuesta de incluir en dichas prerrogativas a los Niños, Niñas y Adolescentes a la vez que, direccionar las labores a los ámbitos pertinentes de los organismos como la CIDH, dada su función consultiva, o a sus Relatorías especializadas.

Los operadores institucionales deben enfatizar el rol estatal primordial asumiendo el compromiso de capacitarse en aras de adaptar esas realidades a las hipótesis legales, académicas y políticas que serán necesarias.

En el contexto de nuestros proyectos dimos algunos pasos. Por de pronto hemos sido pioneros en Argentina al insertar, hace más de dos años, en el Programa de Derecho Penal I de la carrera de Abogacía de la Universidad Nacional de La Matanza, las temáticas de Neurociencias y Derecho Penal. El panorama es, de todas formas, insuficiente.

A la vez, dejemos asentado que no es este un torneo de pioneros.

Deben promoverse actividades de difusión ante las Asociaciones de Magistrados y Colegios de Abogados, por entender que los procesos judiciales han de enriquecer su labor con la aplicación de variados conceptos Neuro y para ello las personas concretas deben adentrarse -en términos semióticos-, en esa literatura. Sólo así podrán desarrollar miradas críticas que se hallen en condiciones de evaluar las pertinencias.

Concluimos también en la necesidad de poner manos a la obra primeramente con la puesta en funcionamiento efectiva del Instituto de Neurociencias Integradas apoyando firmemente la iniciativa LatBrain latinoamericana. La labor forense, será crucial.

Seguiremos abogando por ser escuchados.

NOTAS CRÍTICAS AOS TRATAMENTOS PUNITIVOS CONFERIDOS AOS USUÁRIOS DE DROGAS:

UMA PROPOSTA DE COMPATIBILIZAÇÃO ENTRE A REDUÇÃO DE DANOS E O OS TIPOS PENAIS PREVISTOS NA LEI Nº 12.343/2006

Jessica Hind Ribeiro Costa[1]

INTRODUÇÃO

O consumo de substâncias psicoativas pode ter diversas finalidades, as quais vão desde a cura, até a recreação, perpassando a experiência religiosa e o abranda-

1. Pós-Doutora em Desigualdade e Justiça Social pela UNB-FLACSO. Doutora e mestra em Direito das Relações Sociais e Novos Direitos pela Universidade Federal da Bahia. Pós Graduada em Direito Civil pelo Complexo Educacional Damásio. Especialista em Teoria e Práticas Clínicas em atenção psicossocial aos usuários de substâncias psicoativas pela Universidade Federal da Bahia. Professora de Direito Civil na graduação dos cursos da UNIRUY, Faculdade Santíssima Sacramento e UCSAL e de pós-graduação em Direito Médico e Bioética na UNIFACS, UCSAL E CERS. Integrante do Grupo de Pesquisa Vida (PPGD - UFBA).

mento do sofrimento decorrente de condições indignas de vida. Ocorre que, o uso vem sendo ao longo do tempo demonizado e transposto para o âmbito jurídico a partir da perspectiva da ilicitude, o que não se apresenta como melhor abordagem, seja por desconsiderar características e consequências físicas e sociais do uso, seja por representar uma forma de dominação, muitas vezes, variante, a depender das características do infrator, da vítima e da situação social na qual eles são ligados[2].

Assim, a nova doutrina criminológica enfatiza que a criminalização afeta as condutas sociais, criando crimes adicionais que, muitas vezes, criminalizam condutas de forma arbitrária e discriminatória, como também influenciam na acentuação da auto-imagem de desviados entre os indivíduos.

Argumenta-se, pois, no sentido de que algumas condutas sejam tratadas não como crimes, mas como enfermidades, o que se deu, por exemplo, num momento histórico recente com relação a homossexualidade, antes da necessária evolução social para a compreensão do inegável desejo pelo outro, o que promoveu a exclusão não apenas do rol de crimes, mas também a exclusão do catálogo de enfermidades mentais[3]. O mesmo se propõe, pois, com o uso de drogas, inerente ao desejo humano de fuga da realidade e busca pelo prazer.

Esta generalização é perigosa porque dá azo a um forte controle e repressão do Estado, provocando não apenas a repressão policial, com a suposta ideia de su-

---

2. SYKES, Gresham. **Crime e Sociedade**. Rio de Janeiro: Edições Bloch, 1969, pág. 54.

3. CERVINI, Raúl. **Os processos de descriminalização**. 2ª ed. São Paulo: Revista dos Tribunais, 2002, pág. 212.

perioridade do tratamento abstêmio. Além disso, considerando os tipos penais previstos na Lei nº 11.343/2006, alguns dos comportamentos inerentes ao uso são suficientes para que estes indivíduos sejam considerados "criminosos", o que permite a punição do crime com medidas alternativas ou, inclusive, o risco de enquadramento como conduta inerente ao tráfico, punida no Brasil a partir da pena privativa de liberdade.

Infelizmente, a escolha dos tipos penais se reflete também como instrumento de dominação, perpetuando a exclusão em detrimento dos privilégios protegidos pelo legislador. A criminalidade, assim, não é reflexo de uma realidade natural, mas sim uma construção jurídico-social que inclui interesses e valores daqueles que escolhem o que é socialmente inadequado[4].

Necessário, pois, alterar a política pública de drogas, seja repensando a criminalização da conduta, seja definindo o tratamento mais adequado em termos de prevenção e cuidado do indivíduo em complicações decorrentes de uso abusivo. Nesta Perspectiva a redução da danos pode se apresentar como resposta ao âmbito da saúde, a qual, inclusive, poderá servir como ponte para o paradigma de desclassificação da conduta criminalizada.

O princípio fundamental que orienta as estratégias de redução de danos é o respeito à liberdade de escolha, à medida que os estudos e a experiência dos serviços demonstram que muitos usuários, por vezes, não conseguem ou não querem deixar de usar drogas e, mesmo assim, precisam ter os riscos decorrentes do

---

4. PESTANA, Regina Débora. **Cultura do Medo**: reflexões sobre violência criminal, controle social e cidadania no Brasil. São Paulo: Método, 2003, pág. 118.

seu uso minimizados[5], o que inclui, de forma inegável, o risco de confronto com a Lei Penal.

Em um período marcado pela postura recrudescedora das políticas de drogas, é importante o estudo acerca dos procedimentos de tratamento da dependência química, bem como a investigação da sua eficácia, especialmente na proteção dos direitos fundamentais dos usuários, esta proposta apresenta um contributo de valor histórico e social, propondo uma solução para o problema macroscópico envolvendo a droga no Brasil, a partir da análise da Lei nº 11.363/2006.

O método adotado na pesquisa enquadra-se no tipo "hipotético-dedutivo", conforme concepção cunhada por Karl Popper (2004), uma vez que a investigação pretende, através da observação do objeto segundo o recorte epistemológico feito, elaborar uma hipótese geral e suas consectárias, que servirão ao objetivo final do trabalho, no sentido de oferecer respostas hipotéticas satisfatórias (embora refutáveis) ao problema proposto. As técnicas metodológicas adotadas no trabalho, por se tratar de incursão teórica, apresentar-se-ão pela análise de conteúdo, tendo como tipo específico de procedimento o exame de documentos, estudo de legislações e textos doutrinários, a partir dos quais é problematizado o tema abordado.

---

5. QUEIROZ, Isabela Saraiva de. Os programas de redução de danos como espaços de exercício da cidadania dos usuários de drogas. In: **Revista Psicologia**: Ciência e Profissão. v. 21 nº 4. Brasília, 2001. Disponível em: http://www.scielo.br/scielo.php?script=sci_arttextHYPERLINK "http://www.scielo.br/scielo.php?script=sci_arttext&pid=S1414-98932001000400002"&HYPERLINK http://www.scielo.br/scielo.php?script=sci_arttext&pid=S1414-98932001000400002"pid=S1414-98932001000400002#ast1b. Acesso em: 02 de nov. de 2016.

BREVES NOTAS SOBRE O PROIBICIONISMO

A Organização Mundial de Saúde (OMS) definiu droga como qualquer entidade química ou mistura de substâncias que alteram a função biológica. Em outras palavras, seria qualquer substância capaz de modificar a função de organismos vivos, resultando em mudanças fisiológicas ou de comportamento[6].

As drogas são substâncias naturais ou sintéticas que, ao penetrarem no organismo humano alteram as suas funções, incluindo substâncias naturais, fármacos e substâncias ilícitas. Sendo os psicotrópicos substâncias que agem especificamente no sistema nervoso central, modificando seu funcionamento, alterando os sentidos, o humor, afetos, pensamentos, memória ou o comportamento. Portanto, as drogas, em sua acepção genérica, podem afetar o funcionamento dos diversos órgãos do corpo humano, enquanto os psicotrópicos atuam no sistema nervoso central.

Os vários tipos de drogas e seus respectivos regimes de uso, podem não ser condenáveis pela sociedade mesmo desencadeando prejuízos de cunho biológico e social, ou ser condenado, inclusive relegando o comportamento para o âmbito da ilicitude e da marginalidade apesar de não se apresentarem como disfuncionais.

Apesar da atual construção social que gira em torno da droga, estabelecendo-a sempre como mal, em

6. World Health Organization (WHO). *Nomenclature and classification of drug and alcohol relatedproblems:* a WHO memorandum. Bull World Health Organ 1981. Disponível em: <http://www.ncbi.nlm.nih.gov/pmc/articles/PMC2396054/>. Acesso em: 15 de jul. de 2014.

contraposição à abstinência benéfica, o mundo nem sempre viu a questão das drogas a partir desta perspectiva. Nas palavras de Thiago Rodrigues, "há cem anos não havia narcotráfico. A maioria das drogas psicoativas que hoje são negociadas por traficantes e consumidas à margem da lei sequer era regulamentada, quanto mais proibida, o que significa que não havia ainda a definição da "questão das drogas" como um problema"[7].

Muitas são as críticas que se insurgem contra o monopólio moral das convenções de narcóticos, as quais distinguem drogas lícitas e ilícitas, separando as que podem ser utilizadas de forma recreativa, as que podem ser obtidas mediante prescrição e, por fim, as que são relegadas ao âmbito da ilicitude[8].

As distinções entre drogas e medicamentos surgem no início do século XX, quando se recrudesceu a postura de repressão do uso de substâncias psicoativas, muito por conta dos malefícios e dos efeitos indesejados de algumas substâncias[9], mas também por escolhas políticas que estabelecem uma categorização dicotômica de normalizáveis e excluídos.

São indivíduos marginalizados que tangenciam a realidade do tráfico e do consumo de drogas analisada por Foucault na obra "O Nascimento da Biopolítica". A

---

7. RODRIGUES, Thiago. Narcotráfico e Militarização nas Américas: Vício de Guerra. In: **Revista Contexto Internacional**, v. 34, nº 1, jan./jun. 2012, pág. 09.

8. SCHEERER, Sebastian. Política de drogas: o debate internacional. In: MESQUITA, Fábio; BASTOS, Francisco Inácio (Orgs.). **Drogas e AIDS**: Estratégias de Redução de Danos. São Paulo: Hucitec, 1994, pág. 51.

9. QUINDERÉ, Paulo Henrique Dias; JORGE, Maria Salete Bessa. **Experiência do uso de crack e sua interlocução com a clínica**: dispositivos para o cuidado integral do usuário. Fortaleza: EdUECE, 2013, pág. 59.

partir das considerações do autor sobre o mercado da droga, o mesmo conclui que não poderia ser absoluto o ideal de uma sociedade completamente disciplinar em que o aparato legal fosse substituído por mecanismos normativos. Tampouco existiria uma sociedade em que não vigorasse o mecanismo da normalização geral, consequentemente estabelecendo um grupo categorizado como "não normalizável"[10].

Nesse sentido, é importante destacar, as palavras de Regina Pestana, a aproximação entre a normalização dos desviantes e a criminalização das condutas:

O rigor nas punições aplicadas, como vimos, não se traduz em eficácia, muito ao contrário, é reflexo da dominação autoritária e discriminatória. Mas o que dizer da criminalização contínua das condutas desviantes? Qualquer sociedade em constante desenvolvimento e interação modifica a amplia suas formas de sociabilidade entre os indivíduos, bem como também amplia suas conditas compreendidas como desviantes. O Estado muitas vezes é cobrado, por vários setores, da sociedade insegura e temerosa, a tomar medidas controladoras destas transformações, sendo que para isso recicla constantemente seus institutos normativos e punitivos[11].

Os criminólogos críticos compreendem, inclusive, o Direito Penal como ferramenta de controle que faz com que o proletariado continue sendo oprimido pelas

---

10. FOUCAULT, Michel. **O nascimento da biopolítica**: curso dado no Collège de France (1978/1979). São Paulo: Martins Fontes, 2008, pág. 354.

11. PESTANA, Regina Débora. **Cultura do Medo**: reflexões sobre violência criminal, controle social e cidadania no Brasil. São Paulo: Método, 2003, pág. 118.

classes superiores[12]. Assim, não seria uma questão de saúde, mas uma questão de Poder.

O proibicionismo se apresentou, assim, como uma técnica "efetiva" de exercer o controle sobre a questão das drogas, permitindo ao mesmo tempo disciplinar a prática médica – intervindo em condutas profissionais e em práticas de auto-medicação ou livre de intoxicação dos indivíduos – e vigiar uma parcela considerável da sociedade que deve ser controlada, revistada, observada de perto, confinada e classificada como usuário ou traficante, sendo ambos relegados ao espaço da ilicitude[13].

A partir daí, ao contrário do que era esperado com a edição da norma, vários problemas se agravaram. O modelo repressivo tornou mais difícil o acesso à droga, no entanto, de forma contrária ao que era esperado, ocorreu uma valorização ainda maior do produto, sendo a proibição verdadeira mola propulsora das organizações criminosas altamente capitalizadas[14].

Mudando o foco, a proibição como o problema, tentando enxergar quais os interesses que estão por trás do proibicionismo: a proibição é uma espécie de cruzada moral, aliás, a opção pela guerra às drogas, o Conselho regional de psicologia SP War on Drugs, é uma "guerra santa" contra as drogas ilegais que se baseia nessa ar-

---

12. WEIGERT, Mariana de Assis Brasil. **Uso de drogas e sistema penal**: entre o proibicionismo e a Redução da Danos. Rio de Janeiro: Lumen Juris, 2010, pág. 101.

13. RODRIGUES, Thiago. Tráfico, Guerra, Proibição. In: LABATE, Beatriz Caiuby; GOULART, Sandra; FIORE, Maurício; MACRAE, Edward; CARNEIRO, Henrique (Orgs.) **Drogas e cultura**: novas perspectivas. Salvador: EDUFBA, 2008, pág. 98.

14. LORENTINO, Sérgio Augusto Pereira. O fracasso da repressão penal antidrogas brasileira: o abolicionismo como opção. In: OLIVEIRA, Tarcis Barreto; OLIVEIRA FILHO, Enio Walcácer; SOARES, Paulo Sérgio Gomes (Orgs.). **Sistema penal e direitos humanos**. São Paulo: PerSe, 2015, pág. 96.

tificial diferenciação entre drogas legais e ilegais. Após cem anos de proibicionismo, o fracasso é inegável, as drogas ilegais nunca foram tão abundantes, tão baratas e tão acessíveis quanto hoje.[15]

Nas últimas décadas a política proibicionista se recrudesceu, tornando o uso cada vez mais combatido e reprimido, sendo o tratamento abstêmio, a forma dominante de "tratamento" do usuário.

Ademais, o estigma trazido pelo uso se agrega, então, ao estigma trazido pelo crime, agravando o preconceito associado às pessoas que usam drogas, fomentando a crença de que o uso é maléfico, nos mais diversos âmbitos e provocando, consequentemente, a marginalização do sujeito[16].

O CAMINHO DA LEGALIZAÇÃO

A lei não possui um valor em si mesma, mas é legitimada pela ideia de que representa o Bem. Na medida em que o humano pode alcançar um mundo lastreado por esse princípio, se submete às regras, as quais se tornam caminho necessário para alcançar o Bem, configurando-se, pois, como um meio de lapidar as imperfeições humanas na direção de um mais alto princípio[17].

---

15. MARONNA, Cristiano Ávila. Drogas: aspectos jurídicos e criminológicos. In: Conselho Regional de Psicologia da 6ª Região. **Álcool e Outras Drogas**. São Paulo: CRPSP, 2011, pág. 56-57.

16. KARAM, Maria Lúcia; BASTOS, Francisco Inácio; MARTINS, Samir Morais. **Drogas, dignidade e inclusão social**: A Lei e a Prática de Redução de Danos. Rio de Janeiro: Aborda, 2003, pág. 63.

17. GONDAR, Jô. Ética, moral e sujeito. In: ALTOÉ, Sônia (Org.). **Sujeito do Direito e Sujeito do Desejo – Direito e Psicanálise**. 2ª ed. Rio de Janeiro: Revinter, 2004, pág. 33.

“Pode-se, portanto, sem exagero, dizer que este Direito Penal, que nos regula atualmente, não é só a mais violenta intervenção do Estado na vida dos cidadãos, mas também é um instrumento de dominação através do medo”[18]. Sendo o uso de drogas uma conduta que inegavelmente provoca um pavor social, a resposta do grupo dominante se apresenta a partir do instrumento repressor mais gravoso adotado pelo Estado, qual seja, o Direito Penal.

O temor, por vezes, sequer está baseado em fatos reais, mas sim em uma percepção fomentada a partir de condutas orquestradas pelos meios de comunicação a partir da desfiguração e criação de uma noção de desumanização do usuário de SPA’s.. A mídia, inclusive, por vezes promove a deterioração de determinados valores de Direitos Humanos a partir de um enfoque maniqueísta da realidade, que corroboram para gerar a ilusão da eficácia do sistema penal[19].

A criminalização pode ser, assim, tida como uma forma de dominação entre os diferentes estratos sociais. A designação de certas condutas da vida de outro setor da sociedade como criminoso expressa simbolicamente a superioridade do grupo que tem o poder de criminalizar[20]. Tal premissa se reflete na ideia de seletividade do sistema penal, a qual relativiza os critérios de seleção considerando elementos de um dado perfil (sociocultu-

---

18. PESTANA, Regina Débora. **Cultura do Medo**: reflexões sobre violência criminal, controle social e cidadania no Brasil. São Paulo: Método, 2003, págs. 120-121.

19. CERVINI, Raúl. **Os processos de descriminalização**. 2ª ed. São Paulo: Revista dos Tribunais, 2002, págs. 96-99.

20. CERVINI, Raúl. **Os processos de descriminalização**. 2ª ed. São Paulo: Revista dos Tribunais, 2002, pág. 94.

ral e étnico) como critério para tipificar e/ou punir uma dada conduta[21].

A necessidade de combater condutas altamente indesejáveis acaba, muitas vezes, legitimando a proibição de condutas que não apresentam ontologicamente o mesmo grau de reprovabilidade, o que se dá quando a criminalização do uso de drogas aparece como reflexo do fenômeno do tráfico. Assim, o uso de drogas passa a ser considerado crime contra a segurança pública. Ocorre que os "crimes contra a segurança pública e moral constituem um 'saco de ofensas', que vão da embriaguez à traição. É de fato simplesmente uma categoria residual na qual podemos colocar aqueles atos que não são claramente crimes contra a propriedade ou crimes de violência."[22]

Como fatores que se opõem à redução do sistema penal a partir da descriminalização pode-se destacar: o medo (não comprovado por pesquisas empíricas) de que a descriminalização possa ampliar o comportamento outrora proibido, e o temor de que possa acarretar a perda do respeito do sistema penal por demonstrar que estava aplicando a referida sanção no passado sem justificativa contundente[23].

A descriminalização se refere ao ato de retirar formalmente uma conduta do rol delitivo penal, ainda que a conduta possa ser enquadrada como ilícito adminis-

---

21. PRADO, Daniel Nicory do. **Crítica ao controle penal das drogas ilícitas**. Salvador: Juspodivm, 2016, pág. 60.

22. SYKES, Gresham. **Crime e Sociedade**. Rio de Janeiro: Edições Bloch, 1969, pág. 50.

23. CERVINI, Raúl. **Os processos de descriminalização**. 2ª ed. São Paulo: Revista dos Tribunais, 2002, pág. 95.

trativo. Por despenalização entende-se o ato de diminuir a pena do delito sem que haja a sua descriminalização, tal medida se dá quando considera-se mais eficiente manter a ilicitude do fato com o fim de evitar o excesso da prática de uma dada conduta, ratificando, assim, uma suposta tarefa de docência moral da legislação[24].

Importante destacar que descriminalização não é homogênea e tem grandes variantes. A palavra tem diferentes acepções, mas é usada para identificar a não punição dos usuários de drogas com penas de natureza criminal. Há várias formas com que se atingiram esses objetivos. Em alguns casos, medidas legislativas simplesmente descriminalizaram o uso de certas drogas. Em outros países, foi resultado de uma longa construção jurisprudencial e o mérito de tais medidas deve ser creditado à atividade dos magistrados[25].

A tendência pela descriminalização do uso de drogas tem como critério básico a inexistência direta de vítimas que não o próprio agente. Não se afirma com isso que as consequências negativas não podem se estender além do usuário, no entanto, a criminalização em si promove mais dano do que bem estar social[26].

Nas políticas de despenalização, porquanto o sistema continua a prever algum tipo de reprovação, mas isso se opera apenas no âmbito administrativo, com a atribuição

24. CERVINI, Raúl. **Os processos de descriminalização**. 2ª ed. São Paulo: Revista dos Tribunais, 2002, págs. 81-85.

25. Em Salvador destaca-se a posição do Juiz de Direito da 3ª Vara do Sistema dos Juizados Especiais Criminais da Bahia, Edson Souza, o qual compreende que o art. 28 é inconstitucional, pelo que não penaliza o uso de SPA's.

26. CERVINI, Raúl. **Os processos de descriminalização**. 2ª ed. São Paulo: Revista dos Tribunais, 2002, pág. 212.

de multas ou serviços comunitários. No Brasil, por exemplo, se pensarmos a lei vigente, tem-se unicamente uma descarcerização. Continua-se a ter um processo criminal, com as consequências inerentes a uma sentença condenatória, mas não se envia o condenado ao cárcere. As penas previstas aos usuários são sempre alternativas[27].

Já na legalização o fato é descriminalizado substancialmente e deixa de ser ilícito, não mais admitindo qualquer punição; diferentemente da despenalização que corresponde, apenas, a um abrandamento da resposta penal, tal como ocorre com as penas alternativas que se apresentam como opções ao modelo prisional[28].

O principal objetivo da legalização é tentar reduzir o uso problemático das drogas e as consequências causadas pela criação de mercados ilegais. Em princípio, ter-se-ia um melhor controle sobre quem consome drogas, podendo melhor direcionar as agências de saúde para o tratamento e a prevenção. Com o sistema tradicional e inflexível de proibições, é muito difícil adotar políticas públicas que permitam reduzir os danos de usuários de drogas ilícitas pesadas substituindo-as por drogas menos agressivas ao organismo[29].

A intervenção totalizadora da legislação penal que se sustenta na constante ameaça de sanção em decorrência

---

27. SHECAIRA, Sérgio Salomão. Reflexões sobre as Políticas de Drogas. In: LEMOS, Clécio; MARONA, Cristiano Avila; QUINTAS, Jorge. **Drogas**: uma nova perspectiva. São Paulo: IBCCRIM, 2014, págs. 240-241.

28. GOMES, Luiz Flávio. **Lei de Drogas comentada**: artigo por artigo. 5ª ed. São Paulo: Revista dos Tribunais, 2013, pág. 111.

29. SHECAIRA, Sérgio Salomão. Reflexões sobre as Políticas de Drogas. In: LEMOS, Clécio; MARONA, Cristiano Avila; QUINTAS, Jorge. **Drogas**: uma nova perspectiva. São Paulo: IBCCRIM, 2014, pág. 242.

da violação aos bens jurídicos tutelados não promovem, de fato, uma prevenção geral intimidatória, o que demonstra a vulnerabilidade do sistema penal[30]. Sendo o sistema penal ineficiente para lidar com a punição dos desviantes, o que dizer da sua legitimidade para lidar com os sujeitos que necessitam de tratamento de saúde em decorrência de um uso (problemático ou não) das drogas?

A criação de categorias jurídicas que tem por objeto a tutela pública, como a saúde pública, se apresenta como uma ruptura com a realidade, sendo incongruente a punitividade com base no referido argumento, uma vez que o mesmo apenas permite a maximização da função punitiva. Ocorre que, a saúde pública não deve ser alcançada com base na proibição, e sim a partir do exercício de políticas públicas efetivas. Assim, a ausência de programas de recuperação na órbita do direito à saúde pública é compensada pela atividade punitiva, o que representa um paradoxo da proibição do consumo de SPA's[31].

A repressão antidrogas nasceu com a intenção de contribuir para a proteção da saúde pública, no entanto, resta claro que a positivação jurídica enquanto estratégia falhou, não havendo justificativa fática para a manutenção do modelo vigente. A repressão não tem feito reduzir o mercado, o consumo e, tampouco, os danos à saúde das pessoas que usam drogas[32].

---

30. PESTANA, Regina Débora. **Cultura do Medo**: reflexões sobre violência criminal, controle social e cidadania no Brasil. São Paulo: Método, 2003, pág. 120.

31. CARVALHO, Salo de. **A política criminal de drogas no Brasil** (estudo criminológico e dogmático). 4ª ed. São Paulo: Saraiva, 2014, págs. 168-169.

32. LORENTINO, Sérgio Augusto Pereira. O fracasso da repressão penal antidrogas brasileira: o abolicionismo como opção. In: OLIVEIRA, Tarcis Barreto; OLIVEIRA FILHO, Enio Walcácer; SOARES, Paulo Sérgio Gomes (Orgs.). **Siste-**

Apesar da autora militar em favor da legalização como estratégia a ser perseguida no que tange ao uso de drogas, importa destacar que não há confusão no que diz respeito às relações entre a proposta de redução de danos e o conceito exposto no presente tópico. Eles não são a mesma coisa, embora sejam compatíveis, e, de fato, a legalização, bem como a descriminalização e a despenalização podem mesmo constituir uma alternativa de redução de danos[33].

É importante que eu diga isso porque estou falando na condição de movimento social de Redução de Danos. Isso não significa que os movimentos de Redução de Danos defendem a legalização da maconha, não, isso não é consenso no movimento de Redução de Danos. O que é consenso é: vamos defender radicalmente o direito das pessoas que usam drogas de se organizarem e se manifestarem com total autonomia. Mesmo que seja para dizer algo que eventualmente não gostemos[34].

Uma estratégia que transcende a legalização, seria o instituto da legalização controlada, com a regulação de todo o processo – da produção e comércio à posse e ao consumo de drogas –, que ficaria sujeito a controle e fiscalização pelo Estado. A estratégia mais arrojada nesse sentido é a proposta uruguaia de registro e controle do uso da maconha vendida nas farmácias, demons-

---

ma penal e direitos humanos. São Paulo: PerSe, 2015, pág. 90.

33. O'HARE, Pat. Redução de danos: alguns princípios e a ação prática. In: MESQUITA, Fábio; BASTOS, Francisco Inácio (Orgs.). **Drogas e AIDS**: Estratégias de Redução de Danos. São Paulo: Hucitec, 1994, pág. 67.

34. PETUCO, Denis Roberto da Silva. Redução de Danos. In: Conselho Regional de Psicologia da 6ª Região. **Álcool e Outras Drogas**. São Paulo: CRPSP, 2011, pág. 137.

trando, inclusive, uma preocupação com o uso abusivo do agente.

A proposta de legalização controlada defendida se baseia no ideal de moderação como meta e tem por objetivo controlar o abuso das drogas, ao propor a legalização do comércio e da venda de parte das substâncias mediante o controle sanitário pelo Estado, servindo os tributos decorrentes da venda para a promoção da prevenção e a informação aos usuários, custeando, inclusive, estratégias de redução de danos.

Por mais que a proposta de legalização controlada ainda tenha que ser discutida, aperfeiçoada e trabalhada quanto à forma concreta de sua aplicação, esta pode ser apresentada como a melhor das opções, desde que adaptada à realidade socioeconômica local. Muito embora nenhum sistema de controle de drogas esteja imune a críticas, o mais adequado deverá adotar o respeito a princípios e garantias individuais como base, e ter a melhoria do bem-estar dos indivíduos como meta, assim como sustentar um enfoque preventivo preponderante. A legalização controlada parece ter as melhores condições de sucesso, na superação da perspectiva proibicionista-militarista vigente[35].

Tentar conter a demanda a partir de medidas repressivas, além de ineficaz, conforme já foi dito, representa uma violação ao Estado de Direito. Assim, uma alternativa viável seria a conscientização social a partir de um panorama de legalização do uso, o qual incluiria

35. VOLOIS, Luís Carlos; ALMEIDA, Sílvio. **Política de Drogas, Cultura do controle e Propostas Alternativas**. INSTITUTO BRASILEIRO DE CIÊNCIAS CRIMINAIS. Disponível em: https://www.ibccrim.org.br/grupo_trabalho_politica_nacional

a proibição da propaganda, a restrição do uso em locais públicos, a taxação diferenciada, etc., tal como ocorre, de forma eficaz, com o tabaco[36].

O ATALHO DA REDUÇÃO DE DANOS

"O campo clínico das toxicomanias apresenta-nos uma gama variada de ofertas de tratamento que, em sua maioria, partem do princípio da abstinência, o que torna suas propostas ineficazes na maior parte dos casos."[37] . A proibição total do consumo de drogas e o consequente tratamento voltado para a abstinência é apenas uma entre muitas formas de lidar com o uso de drogas, e não tem se mostrado a mais eficiente.

Apesar dos malefícios para o organismo, não se pode deixar de reconhecer que a gama de drogas está longe de esgotar-se. O Relatório Mundial Sobre Drogas[38]

---

36. KARAM, Maria Lúcia; BASTOS, Francisco Inácio; MARTINS, Samir Morais. **Drogas, dignidade e inclusão social**: A Lei e a Prática de Redução de Danos. Rio de Janeiro: Aborda, 2003, pág. 39.

37. QUEIROZ, Isabela Saraiva de. Os programas de redução de danos como espaços de exercício da cidadania dos usuários de drogas. In: **Revista Psicologia**: Ciência e Profissão. v. 21 nº 4. Brasília, 2001. Disponível em: **http://** www.scielo.br/scielo.php?script=sci_arttextHYPERLINK "http://www.scielo.br/scielo.php?script=sci_arttext&pid=S1414-98932001000400002#ast1b"&HYPERLINK "http://www.scielo.br/scielo.php?script=sci_arttext&pid=S1414-98932001000400002#ast1b"pid=S1414-98932001000400002#ast1b. Acesso em: 25 de nov. de 2015.

38. UNITED NATIONS OFFICE ON DRUGS AND CRIME (UNODC). Relatório Mundial sobre Drogas 2013 observa a estabilidade no uso de drogas tradicionais e aponta o aumento alarmante de novas substâncias psicoativas. Disponível em: <http://www.unodc.org/lpo-brazil/pt/frontpage/2013/06/26-world-drug-report-notes-stability-in-use-of-traditional-drugs-and-points-to-alarming-rise-in-new-psychoactive-substances.html>. Acesso em: 10 de nov. de 2014.

publicado em 26 de junho de 2013, apontou uma redução do uso de drogas tradicionais e um aumento significativo do consumo de novas substâncias psicoativas ainda desconhecidas e não submetidas a um controle internacional. Tal como existiram sempre, em toda parte, e a julgar pela atualidade não se apresenta como alternativa coerente imaginar um mundo sem elas. A alternativa é instruir sobre o seu emprego correto ou demonizá-lo indiscriminadamente, semeando o conhecimento ou disseminando a ignorância[39] e promovendo a ideia de que a única forma de lidar com as substâncias psicoativas seria um completo afastamento.

A proposta de redução de danos aceita que as pessoas, tal como sempre fizeram, irão continuar a ingerir drogas. A partir da aceitação dessa realidade, tenta minimizar o dano eventualmente provocado para o sujeito e para a sociedade, bem como o estigma associado ao uso[40], assegurando assim, um tratamento digno que respeita os direitos humanos fundamentais do cidadão

A Redução de Danos ainda implica numa série de dificuldades teóricas e pragmáticas, uma vez que consiste em uma política e um conjunto de práticas em processo de implantação e consolidação na rede, muitas vezes distorcida pelos preconceitos que incidem na temática do uso de drogas e do cuidado em saúde às pessoas que fazem uso de drogas. No entanto, juntamente com o Acompanhamento Terapêutico, a Redução de Da-

---

39. ESCOHOTADO, Antonio. **História elementar das drogas**. Lisboa: Antígona, 2004, pág. 20.

40. O'HARE, Pat. Redução de danos: alguns princípios e a ação prática. In: MESQUITA, Fábio; BASTOS, Francisco Inácio (Orgs.). **Drogas e AIDS**: Estratégias de Redução de Danos. São Paulo: Hucitec, 1994, pág. 67.

nos ocupa um lugar importante no âmbito da Reforma Psiquiátrica Brasileira e das políticas de atenção primária em saúde, pois surge como forma de enfrentamento das dificuldades de acesso ao cuidado em saúde de qualidade, considerando a singularidade de cada caso e garantindo os direitos fundamentais do cidadão[41].

Na contramão das abordagens que enxergam o usuário pelo viés patológico surge a Redução de Danos, como uma proposta de analisar o uso de drogas por um outro prisma, considerando a dinâmica relacional entre sujeito, droga e meio sociocultural, militando por uma representação do usuário que rompe com a ideia de que o sujeito que usa drogas seria marginal ou portador de uma psicopatologia, e levando em consideração o tipo de uso, de usuários, de locais, e de relações com a substância para determinar se o uso é (ou não) problemático[42].

A autonomia do indivíduo, visando a sua responsabilidade e decisão no gerenciamento do consumo de forma menos prejudicial, é o pilar do tratamento implementado pelos chamados redutores de danos[43], os

---

41. SILVEIRA, Ricardo Wagner Machado da. Redução de danos e acompanhamento terapêutico: aproximações possíveis. In: **Rev. NUFEN**, v. 8, nº 1. Belém, 2016. Disponível em: http://pepsic.bvsalud.org/scielo.php?script=sci_arttextHYPERLINK "http://pepsic.bvsalud.org/scielo.php?script=sci_ arttext&pid=S2175-25912016000100008"&HYPERLINK "http://pepsic.bvsalud.org/scielo.php?script=sci_arttext&pid=S2175=25912016000100008""pid-S2175-25912016000100008. Acesso em: 25 de nov. de 2015.

42. SANTOS, Valcleiton Bispo; MIRANDA, Marlene. Projetos/Programas de Redução de danos no Brasil: uma revisão de literatura. In: **Revista Psicologia, Diversidade e Saúde**, v. 5. Salvador, 2016, pág. 108.

43. Os redutores são, geralmente, escolhidos entre pessoas da própria comunidade, usuários e/ou ex-usuários de drogas ou pessoas da rede de relações sociais de usuários, lideranças comunitárias, profissionais de nível médio e universitário e outras pessoas que tenham facilidade na comunicação e contato com a população específica, e que possuam, principalmente, com-

quais são capacitados para dialogar com o dependente em busca de um avanço na sua situação de vulnerabilidade e sofrimento.

"Os projetos de redução de danos fixam como requisito da intervenção o reconhecimento do envolvido com drogas, usuário ou dependente, como sujeito com capacidade de diálogo, ou seja, dotado dos atributos da fala e da escuta."[44] O elemento-base desta proposta é justamente o diálogo entre os agentes cujo objetivo é chegar a um consenso no qual os interesses do paciente e do agente de saúde se coadunem, na medida em que o dependente aceita adequar o seu uso às sugestões que lhe são apresentadas, mitigando, pois, os riscos e danos do seu uso nocivo[45].

A redução de danos trata do manejo seguro de uma ampla gama de comportamentos de alto risco e dos danos associados a eles. Desse modo, o importante não é se determinado comportamento é bom ou ruim, certo ou errado. Na redução de danos, a ênfase é se o comportamento é seguro ou inseguro, favorável ou desfavorável. A redução de danos centra-se no que funciona (pragmatismo) e no que ajuda (empatia e solidariedade).[46]

---

promisso com a questão da promoção da saúde e cidadania de usuários de drogas. Seu treinamento é feito através de oficinas de capacitação, estágios em campo, grupos de estudo do próprio projeto e participação em encontros técnico-científicos.

44. CARVALHO, Salo de. **A política criminal de drogas no Brasil** (estudo criminológico e dogmático). 4ª ed. São Paulo: Saraiva, 2014, pág. 282.

45. COSTELL, Elvira Durán. A reflexão ética diante do avanço da biotecnologia. In: CASABONA, Carlos María Romeo. **Biotecnologia, direito e bioética**: perspectivas em direito comparado. Belo Horizonte: DelRey; PUC Minas, 2002, pág. 287.

46. QUEIROZ, Isabela Saraiva de. Os programas de redução de danos como

A Redução de Danos não apresenta estratégias focadas na redução de oferta e de demanda, buscando oferecer um tratamento universal e integral ao sujeito no qual a finalidade não é a abstinência total, e sim o autocuidado e a garantia do direito de acesso a serviços de saúde qualificados, disponíveis e necessários para alcançar os resultados esperados pelos sujeitos[47].

Assim, a questão da supressão do consumo de substâncias passa decididamente pelo sujeito que faz uso, por meio da negociação contínua e constante, estabelecer alguma proposta que seja viável para o sujeito, caso o sujeito queira[48].

Em 2003, o panorama proibicionista começou a sofrer alterações significativas no Brasil, a partir da publicação pelo Ministério da Saúde do documento que instituía "A Política do Ministério da Saúde para a Atenção Integral a Usuários de Álcool e outras Drogas"[49], in-

---

espaços de exercício da cidadania dos usuários de drogas. In: **Revista Psicologia: Ciência e Profissão**. v. 21 nº 4. Brasília, 2001. Disponível em: http://www.scielo.br/scielo.php?script=sci_arttextHYPERLINK "http://www.scielo.br/scielo.php?script=sci_arttext&pid=S1414-98932001000400002#ast1b"&HYPERLINK "http://www.scielo.br/scielo.php?script=sci_arttext&pid=S1414-98932001000400002#ast1b"pid=S1414-98932001000400002#ast1b. Acesso em: 23 de set. de 2020.

47. SILVEIRA, Ricardo Wagner Machado da. Redução de danos e acompanhamento terapêutico: aproximações possíveis. In: **Rev. NUFEN**, v. 8, nº 1. Belém, 2016. Disponível em: http://pepsic.bvsalud.org/scielo.php?script=sci_arttextHYPERLINK "http://pepsic.bvsalud.org/scielo.php?script=sci_arttext&pid=S2175-25912016000100008"&HYPERLINK "http://pepsic.bvsalud.org/scielo.php?script=sci_arttext&pid=S2175=25912016000100008""pid-S2175-25912016000100008. Acesso em: 29 de mar. de 2015.

48. ALVES, Décio de Castro. Políticas públicas sobre drogas: situação atual, desafios e perspectivas. In: Conselho Regional de Psicologia da 6ª Região. **Álcool e Outras Drogas**. São Paulo: CRPSP, 2011, pág. 104.

49. "Se afirmamos que a redução de danos é uma estratégia, é porque entendemos que, enquanto tal, e para ter a eficácia que pretende, ela deve ser

corporando a RD como marco teórico-político da Lei de Drogas.

A abordagem de redução de danos é um trilho promissor por reconhecer o usuário com suas singularidades, propondo estratégias que se adequem aos seus interesses, protegendo a sua vida e mitigando seu sofrimento. O princípio fundamental que as orienta a abordagem é o respeito à liberdade de escolha, pois muitos usuários, por vezes, não conseguem ou não querem deixar de usar drogas e, mesmo assim, precisam ter os riscos decorrentes do seu uso minimizados[50].

De forma contrária ao entendimento no presente artigo, a Lei nº 13.840/2019 afastou-se ainda mais do regime de tratamento proposto pela RD, legislando a favor das formas de internação em unidades de saúde e hospitais gerais, mesmo que de forma excepcional e trazendo ainda a hipótese expressa de internação involuntária, até então não prevista no âmbito da dependência química.

Isso porque, até junho de 2019 a previsão de tratamento involuntário decorria não de lei específica para o uso de SPA's mas era analogicamente utilizada a partir

---

operada em interações, promovendo o aumento de superfície de contato, criando pontos de referência, viabilizando o acesso e o acolhimento, adscrevendo a clientela e qualificando a demanda, multiplicando as possibilidades de enfrentamento ao problema da dependência no uso do álcool e outras drogas".

50. QUEIROZ, Isabela Saraiva de. Os programas de redução de danos como espaços de exercício da cidadania dos usuários de drogas. In: **Revista Psicologia: Ciência e Profissão**. v. 21 nº. 4. Brasília, 2001. Disponível em: http://www.scielo.br/scielo.php?script=sci_arttextHYPERLINK "http://www.scielo.br/scielo.php?script=sci_arttext&pid=S1414-98932001000400002"&HYPERLINK http://www.scielo.br/scielo.php?script=sci_arttext&pid=S1414-98932001000400002"pid=S1414-98932001000400002#ast1b. Acesso em: 10 de set. de 2015.

da Lei nº 10.216/2001, a qual tinha por objetivo dispor sobre a proteção e os direitos das pessoas portadoras de transtornos mentais e redireciona o modelo assistencial em saúde mental.

Questiona-se, inclusive, se a norma supramencionada se refere, de fato, a um avanço normativo, ou se desvela a intenção de desmantelar e desmobilizar os tratamentos (que outrora se apresentavam mais incentivados) baseados em RD, o que, inclusive, fica claro pela falta de menção na norma ao tratamento aqui discutido.

Nessa mesma linha, Rafael Rodrigues e Luiz Karzmierczak acreditam se tratar de uma legislação retrógada, cuja técnica fez com que o mencionado retrocesso fosse por muitos compreendido como sendo uma política de cuidado, quando na verdade emerge como mais uma tentativa de controle e incentivo ao internamento "punitivo". Nas palavras dos autores: "Isso é mais visível quando analisamos o retorno da figura da internação compulsória, que parecia ter sido findada na lei de 2002, mas só estava adormecida"[51].

Em contraposição aos internamentos e aos acolhimentos em comunidades terapêuticas, ou inclusive, em paralelo com eles, faz-se necessário discutir e fomentar a informação acerca da política de Redução de Danos. Até mesmo porque, não é preciso considerar este método como único caminho a ser adotado, na medida em que, em sua essência, este não estabelece qualquer contradi-

51. RODRIGUES, Rafael Bulgakov Klock; KAZMIERCZAK, Luiz Fernando. Breve análise dos interesses e contradições ao longo da política criminal de drogas no Brasil. In: **Rev. De Criminologias e Políticas Criminais**, v. 6, nº. 1, Jan/Jun. 2020, pág. 56.

ção ao tratamento associado a outras estratégias[52]. Inclusive, o paciente, assim como pode optar pela internação, ou por outro modelo abstêmio, pode também optar por associar a RD com outras práticas como grupo de ajuda mútua e tratamento medicamentoso, por exemplo.

Neste sentido, considerando as diferentes propostas e alcances da RD, é fundamental analisar as incongruências da Lei nº 11.343/2006 quanto à contradição existente entre a previsão da redução de danos, e, concomitantemente, a tipificação de condutas inerentes ao tratamento terapêutico destes pacientes como crime, o que gera uma dificuldade de efetuar o tratamento de forma coerente, sem expor o paciente a uma situação limítrofe de "ilegalidade" e estigmatização.

A INCOMPATIBILIDADE ENTRE O TRATAMENTO E A PUNIÇÃO PREVISTOS NA LEI Nº 11.343/2006

A Lei de Drogas, Lei nº 11.343/2006, foi criada com o objetivo de repreender o tráfico ilícito de entorpecentes e trazer providências para o tratamento do uso abusivo das substâncias psicoativas, com a principal finalidade de proteger o interesse das pessoas envolvidas no uso abusivo de drogas e os dependentes químicos.

A referida lei tem por desígnio proteger a saúde pública, sendo este o bem jurídico tutelado pelo diploma

52. QUINDERÉ, Paulo Henrique Dias; VIEIRA, Guilherme Bruno Fontes; BEZERRA; Indara Cavalcante; RUIZ, Erasmo Miessa; ROCHA, Emilia Cristina Carvalho; JORGE, Maria Salete Bessa. A clínica na assistência aos usuários de crack na perspectiva da reforma psiquiátrica brasileira. In: JORGE, Maria Salete Bessa; TRAD, Leny Alves Bonfim; QUINDERÉ, Paulo Henrique Dias; LIMA, Leilson Lira de (Orgs.) **Olhares plurais sobre o fenômeno do crack**. Fortaleza: EdUECE, 2013, pág. 175.

legal. Ocorre que a sua interpretação e aplicação transformou o problema das drogas numa questão "de polícia" em detrimento da preocupação com a questão de saúde pública e, particularmente, com o agente em uso nocivo.

Assim, a Lei nº 11.343/2006 acabou por desprezar o consentimento do titular do bem jurídico (saúde) e criminalizou a conduta daqueles que agem de acordo com sua vontade. Assim, o legislador criou um mecanismo destinado a indiretamente impedir que aquele titular do bem jurídico exerça seu direito de dele dispor (no caso das drogas ilícitas, dispor de sua saúde)"[53].

Apesar da atual construção social atual que gira em torno da droga, estabelecendo-a sempre como mal, em contraposição à abstinência benéfica, não se pode considerar que a única forma de lidar com a droga seja um completo afastamento. Conforme já visto, existem várias formas de uso ocasionais e não-problemáticos. O problema decorre, pois, do uso desmensurado de drogas que terminam por ocasionar consequências drásticas no âmbito individual e social[54].

No entanto, tendo em vista a ilegalidade do uso de drogas, o mero contato com a droga tem o condão de, por si só, conduzir o usuário a uma situação de confronto iminente com a polícia e com o Judiciário, tendo em

---

53. KARAM, Guerra às drogas e saúde: os danos provocados pela proibição. In: LOPES, Lucília Elias; BATISTA, Vera Malaguti (Orgs.). **Atendendo na guerra**: dilemas médicos e jurídicos sobre o crack. 2ª ed. Rio de Janeiro: Revan, 2014, pág. 160.

54. FERREIRA, Pedro Luciano Evangelista. Os programas de redução de danos (PRD's) e a política criminal de drogas no Brasil. In: **Revista Discursos Sediciosos – crime, direito e sociedade**. Ano 15. nº 17/18. 1º e 2º semestres de 2010. REVAN, pág. 306.

vista o possível enquadramento num dos tipos penais vigentes.

No Brasil, no entanto, a droga é considerada em primeiro lugar sob o prisma da ilegalidade e, portanto, como um problema no âmbito da Justiça, se não da polícia, muito mais do que um problema sanitário ou social. Enquanto tal, toca à questão da criminalidade, o que implica na tentativa de reprimir a eclosão ainda maior dos chamados 'comportamentos desviantes'.[55]

O Direito Penal tem por escopo regular a convivência em sociedade, servindo, pois, como limites a atuação humana para que seja assegurado a inviolabilidade daqueles que convivem em coletividade. A partir disso, este ramo do direito se incorporou da questão das drogas estabelecendo "uma proibição formal de certas substâncias e a aceitação de outras"[56].

Apesar da despenalização proposta pela mudança na norma, a questão da droga continua sendo vista como tabu, carregada de um ideário estigmatizante que demoniza o uso da droga, dificultando, assim, o acesso ao tratamento do indivíduo dependente. A alteração na legislação nacional, referente às drogas ilícitas não garante a segurança, não diminui o acesso às drogas, não facilita a reintegração social do usuário e não respeita os direitos humanos dos usuários de drogas no Brasil[57].

---

55. COSTA, Priscila Fernandes. Aspectos legais do consumo. In: BUCHER, Richard (Org.). **As drogas e a vida**: uma abordagem biopsicossocial. São Paulo: Cordato – Centro de Orientação sobre Drogas e Atendimento a Toxicômanos/EPU, 1988, pág. 39.

56. CARNEIRO, Henrique. As necessidades humanas e o proibicionismo das drogas no século XX. **Revista Outubro**, n° 06, São Paulo, 2002, pág. 117.

57. VENTURA, Carla Aparecida Arena; BRANDS, Bruna; ADLAF, Edward; GIESBRETCH, Norman; SIMICH, Laura; WRIGHT, Maria da Gloria Miotto; FERREIRA, Paulo Sérgio. Políticas e leis sobre drogas ilícitas no Brasil e a pers-

Assim, além de tipificar como crimes de perigo abstrato uma série de condutas associadas ao uso, notadamente os crimes previstos nos arts. 28 e 33, a lei também tinha por finalidade a implementação do Sistema Nacional de Políticas Públicas sobre Drogas (SISNAD) e a manifestação acerca das atividades de prevenção ao uso indevido de drogas, e de atenção e reinserção social de usuários/dependentes[58], o que se estabelece como incompatível a partir de uma análise crítica dos referidos tipos penais.

A Lei de Drogas trabalha basicamente com duas figuras penais, previstas nos artigos 28 e 33, as quais se referem ao binômio: uso e tráfico. A punição para o uso não se vincula as penas privativas de liberdade, se limitando a: 1) advertência sobre os efeitos das drogas; 2) prestação de serviço à comunidade; 3) medida educativa de comparecimento a programa ou curso educativo. Já o crime de tráfico de drogas tem como pena a reclusão de 5 a 15 anos, demonstrando, assim, que o tratamento dado pela lei ao uso de drogas é muito mais brando do que ao tráfico[59].

---

pectiva de familiares e pessoas próximas a usuários de drogas: estudo na Cidade de Ribeirão Preto, São Paulo, Brasil. In: **Rev. Latino-Am**. Enfermagem, Ribeirão Preto, v. 17, 2009, pág. 815.

58. Art. 5º O Sisnad tem os seguintes objetivos: I - contribuir para a inclusão social do cidadão, visando a torná-lo menos vulnerável a assumir comportamentos de risco para o uso indevido de drogas, seu tráfico ilícito e outros comportamentos correlacionados; II - promover a construção e a socialização do conhecimento sobre drogas no país; III - promover a integração entre as políticas de prevenção do uso indevido, atenção e reinserção social de usuários e dependentes de drogas e de repressão à sua produção não autorizada e ao tráfico ilícito e as políticas públicas setoriais dos órgãos do Poder Executivo da União, Distrito Federal, Estados e Municípios; IV - assegurar as condições para a coordenação, a integração e a articulação das atividades de que trata o art. 3º desta Lei.

59. MARONNA, Cristiano Ávila. Drogas: aspectos jurídicos e criminológicos. In: Conselho Regional de Psicologia da 6ª Região. **Álcool e Outras Drogas**.

O sistema político-criminal global, pensado a partir das Convenções sobre Drogas da ONU, proíbe a produção, distribuição, transporte, venda, compra e porte de algumas substâncias especificamente elencadas em listas próprias, punindo tais condutas com penas prisionais. As penas destinadas aos usuários são consideravelmente menores. Mas muitos países continuam a enviar usuários ao cárcere, como é o caso da maior parte dos Estados norte-americanos ou de países muçulmanos. Em alguns países até a pena capital é utilizada para o tráfico de substâncias ilícitas[60].

Destaque-se ainda as dificuldades inerentes à ausência de um critério objetivo para diferenciar o tráfico do uso de drogas. A lei diz que, para determinar se a droga se destina ao consumo pessoal, deve atender à natureza e à quantidade da substância apreendida, o local e as condições em que se desenvolveu a ação, as circunstâncias sociais e pessoais, bem como a conduta e os antecedentes do agente, o que possibilita uma atividade discricionária do aplicador da lei penal.

Aqui tem um aspecto bastante degradante da lei, que é o que chamamos de Direito Penal do autor. Para que uma pessoa seja punida, o que importa é o que ela fez e não o que ela é, o que importa são os atos concretos que ela praticou e não o que ela pensa. Há uma espécie de culpabilidade pela conduta de vida. A pessoa foi condenada por tráfico de drogas, qualquer outra ocorrência anterior que envolva essa pessoa com drogas, natural-

---

São Paulo: CRPSP, 2011, págs. 51-52.

60. SHECAIRA, Sérgio Salomão. Reflexões sobre as Políticas de Drogas. In: LEMOS, Clécio; MARONNA, Cristiano Avila; QUINTAS, Jorge. **Drogas**: uma nova perspectiva. São Paulo: IBCCRIM, 2014, pág. 237.

mente ela vai ser novamente enquadrada como traficante, ainda que se trate de um caso de uso, porque um dos critérios que o juiz usa para determinar se é uso ou se é trafico são justamente os antecedentes do agente. [61]

O problema principal desta perspectiva é que ela contrasta veementemente com a Lei de Drogas na medida em que se torna quase impossível para os pacientes em tratamento pelos CAPS continuarem o plano terapêutico sem que recaiam em um dos seguintes núcleos dos tipos penais criminalizados como uso de drogas. Uma vez incorrendo em uso, terá o sujeito como consequência o agravamento da sua pena em caso de recidiva.

Segundo entendimento do STF, se o agente é condenado pela prática do art. 28 e, posteriormente, incide em outro crime, a primeira conduta será computada para fins de reincidência, o que demonstra o prejuízo do atual regramento do uso de drogas para o sujeito que incide na prática do ato típico[62].

A experiência brasileira mostra que, além dos recursos serem predominantemente direcionados para a segurança pública como meio de combater as drogas, a oferta de atendimento aos usuários ainda não oferece ferramentas avançadas para lidar com o uso abusivo de substâncias legais e ilegais. A redução de riscos e danos, por exemplo, propõe tratar a questão através do diálogo com usuários e do respeito aos direitos humanos[63].

---

61. MARONNA, Cristiano Ávila. Drogas: aspectos jurídicos e criminológicos. In: Conselho Regional de Psicologia da 6ª Região. **Álcool e Outras Drogas.** São Paulo: CRPSP, 2011, pág. 53.

62. GOMES, Luiz Flávio. **Lei de Drogas comentada**: artigo por artigo. 5.ª ed. São Paulo: Revista dos Tribunais, 2013, pág. 116.

63. DELMANTO, Júlio; MAGRI, Marco. O enfoque na mudança de mentalidade

Apesar dos tipos penais já apresentados, a redução de danos, a qual tem como alicerces o consentimento e a autonomia do paciente, voltados para um tratamento que tenha por diretriz, também se configura como deliberação da própria Lei de Drogas.

Neste sentido, Maurides Ribeiro destaca "o aumento das dificuldades na adoção de estratégias de redução de danos, devido ao contexto de clandestinidade imposto pela ilicitude da conduta aliado à resistência das agências de controle penal às abordagens mais compreensivas"[64].

Ademais, o diagnóstico e o tratamento do dependente, os quais deveriam ser preocupação inerente das políticas e serviços de saúde, acabam se constituindo como elementos-chave em contextos legais, desempenhando papel importante em procedimentos judiciais. As decisões dos juristas - em uma área cuja competência deveria ser restrita a competência de especialistas médicos ou de pessoas ligadas - são muitas vezes fundamentais para os resultados legais, mas são exaradas por profissionais que não tem nenhum treinamento/conhecimento em questões de drogas e dependência. Alguns descrevem, inclusive, que se baseiam nas experiências dos familiares dos dependentes, em noções do senso comum, bem como científicas sobre a dependência e as emoções e valores pessoais, entre outros, para a tomada de decisões[65]. Sendo este um grave risco que se apresenta

---

como arma para suplantar o proibicionismo. In: Conselho Regional de Psicologia da 6ª Região. **Álcool e Outras Drogas**. São Paulo: CRPSP, 2011, pág. 69.

64. RIBEIRO, Maurides de Melo. **Drogas e Redução de Danos**: os direitos das pessoas que usam drogas. São Paulo: Saraiva, 2013, pág. 88.

65. FRASER, Suzanne. O futuro da dependência: crítica e composição. In: **Revista Platô** - Drogas e Políticas. v. 1, nº 1, São Paulo, 2017, pág. 80.

aos que transitam nas fronteiras da ilegalidade.

Ao relacionar a perspectiva terapêutica do uso de drogas à Lei de Drogas e os crimes nela incorporados, resta claro que existe um conflito para os pacientes em tratamento que vivem "ameaçados" pela iminente prisão decorrente de (suposto) tráfico de entorpecentes ou pela simples sombra da prática de conduta ilícita de uso de drogas.

Considerando este contexto de evidente contradição, o objetivo do artigo é estabelecer uma proposta de compatibilização associada à relativização das penas para os pacientes que comprovem a sua condição de pacientes em tratamento sob a perspectiva da Redução de Danos.

UMA PROPOSTA DE COMPATIBILIZAÇÃO

Do ponto de vista da principiologia conformadora do Direito Penal contemporâneo, a criminalização das condutas relativas ao uso de drogas é injustificável, não apenas por violar a intimidade e a vida privada[66] como também por ser entrave a uma política efetiva de saúde pública. A transição do viés punitivo para um panorama preocupado com a questão do tratamento é um desafio que perpassa algumas metas:

A primeira é que a política de drogas deve colocar em relevo a prevenção da demanda e a assistência aos consumidores, tirando o foco repressivo que é inerente à atual política. A segunda característica desta política é grada-

66. CARVALHO, Salo de. **A política criminal de drogas no Brasil (estudo criminológico e dogmático)**. 4ª ed. São Paulo: Saraiva, 2014, pág. 16.

tivamente caminhar para a não punição do comércio de drogas entre adultos. Isso se consegue com um controle administrativo da produção e venda de drogas, o que vem a ser a terceira meta. O quarto objetivo da política de normalização é a de se punir penalmente todos aqueles que ministrarem drogas aos menores de idade ou carecedores de capacidade de decisão autônoma, tão somente[67].

Vários países já modificaram a relação do Estado para com os usuários, dentre os quais se destaca Portugal que desde o ano de 2001 regulamentou o uso e o porte de todas as drogas, o que deslocou o tratamento oferecido ao usuário de drogas do campo jurídico para o campo da saúde pública. O Uruguai e a Suíça descriminalizaram a maconha em 2013 apontando para outras possibilidades do Estado se relacionar com os usuários de maconha[68], as quais incluem, desde julho do presente ano, o controle estatal sobre a produção e compra e venda desta droga em farmácias[69].

Enquanto a legalização ainda não é realidade no Brasil, "a enunciação de programas mínimos de redução de danos objetiva, em última análise, evitar a transfor-

---

67. SHECAIRA, Sérgio Salomão. Reflexões sobre as Políticas de Drogas. In: LEMOS, Clécio; MARONA, Cristiano Avila; QUINTAS, Jorge. **Drogas**: uma nova perspectiva. São Paulo: IBCCRIM, 2014, pág. 243.

68. SANTOS, Valcleiton Bispo; MIRANDA, Marlene. Projetos/Programas de Redução de danos no Brasil: uma revisão de literatura. In: **Revista Psicologia, Diversidade e Saúde**, v. 5. Salvador, 2016, pág. 109.

69. "As vias de acesso à substância são excludentes entre sim e requerem o registro perante o Instituto de Regulamento e Controle do Cannabis (Ircca), encarregado de fiscalizar e controlar a regulamentação e implementação da lei". Disponível em: http://epocanegocios.globo.com/Mundo/noticia/2017/07/uruguai-comeca-vender-maconha-de-uso-recreativo-nas-farmacias.html. Acesso em: 23 de set. de 2018.

mação do toxicodependente em tóxico delinquente"[70], pelo que o trabalho compreende a redução de danos como caminho necessário à criação de um paradigma mais humanitário. O desafio seria, pois, compatibilizar as condutas inerentes ao tratamento com a punição prevista na norma. Neste sentido, destaca-se o papel dos CAPS.

Os Centros de Atenção Psicossocial em Álcool e Drogas (CAPSad) passaram a ser considerados a principal estratégia de tratamento, atuando como ferramentas também nas ações de prevenção e promoção da saúde, considerando que a "expansão da rede em questão obedece aos desígnios da Reforma Psiquiátrica – ainda predominantemente hospitalocêntrico – por redes de atenção especializadas e compostas por dispositivos extra-hospitalares"[71].

O CAPSad representa uma das unidades especializadas em saúde mental que atende os dependentes de álcool e drogas dentro das diretrizes determinadas pelo Ministério da Saúde, tendo como diretriz o tratamento ambulatorial do paciente, utilizando-se da perspectiva de redução de danos.

A partir deste processo de discussão e revisão da atual política de drogas, na esfera jurídica, médica e social-antropológica, é preciso que seja articulada uma proposta de prevenção e tratamento que seja ampla, permanente e realista; que dê atenção aos usuários de

---

70. CARVALHO, Salo de. **A política criminal de drogas no Brasil (estudo criminológico e dogmático)**. 4ª ed. São Paulo: Saraiva, 2014, pág. 175.

71. Brasil. Ministério da Saúde. Secretaria Executiva. Coordenação Nacional de DST/Aids. A Política do Ministério da Saúde para atenção integral a usuários de álcool e outras drogas. Brasília: Ministério da Saúde, 2003, pág. 37.

drogas reduzindo os danos à sua saúde e à sociedade, evitando o conflito com o sistema repressor.

A eleição dos sujeitos envolvidos com drogas como inimigos reduziu a problemática das drogas apenas ao aspecto penal, descartando, pois, a esfera cultural do uso e mitigando a preocupação dos riscos e danos ao organismo do usuário[72]. A preocupação com o tráfico acabou por encarcerar uma série de indivíduos, os quais, diante da discricionariedade do sistema penal terminam por ser facilmente enquadrados como pequenos traficantes.

Inclusive, "dada a relatividade das fronteiras morais entre drogas lícitas e ilícitas, a caracterização ideológica de pequenos distribuidores de drogas ilícitas como demônios no imaginário popular merece uma reanálise urgente"[73]. O mesmo se aplica, de forma ainda mais imprescindível, ao uso de drogas.

Da mesma forma, o traficante-dependente, que se diferencia do traficante-comerciante por praticar o comércio com o único objetivo de sustentar o seu vício, deve ser tratado de forma mais branda, o que é admitido por algumas legislações europeias, como a austríaca. Independentemente das possibilidades de exclusão ou redução de pena na forma mantida pela nova lei de drogas, sugere-se a previsão de escala penal inferior para o pequeno traficante dependente, admitindo-se, ainda, a substituição por penas alternativas, para evitar a marginalização deste tipo de usuário.[74]

---

72. CARVALHO, Salo de. **A política criminal de drogas no Brasil (estudo criminológico e dogmático)**. 4ª ed. São Paulo: Saraiva, 2014, pág. 288.

73. SCHEERER, Sebastian. Política de drogas: o debate internacional. In: MESQUITA, Fábio; BASTOS, Francisco Inácio (Orgs.). **Drogas e AIDS**: Estratégias de Redução de Danos. São Paulo: Hucitec, 1994, pág. 53.

74. VOLOIS, Luís Carlos; ALMEIDA, Sílvio. **Política de Drogas, Cultura do**

No que tange à punição do uso de drogas este se configura, inclusive do ponto de vista da execução penal, complicada, uma vez que "quando a própria vítima concorre para o delito, para satisfazer o interesse dela, o Estado conta com poucas chances de conseguir algum tipo de sucesso na punição dos culpados"[75].

A punição do uso, inclusive, conforme já exposto, se afasta do viés antropológico e social do uso de drogas, dificultando, inclusive a abordagem de tratamento baseada na RD. Essa perspectiva de dominação jurídica do uso de drogas é resultado de uma análise unidisciplinar inadequada. Segundo Zafaronni, as agências reguladoras do discurso jurídico-penal deveriam reverter a tendência de afastar-se dos demais saberes sociais, como a antropologia e psicologia, construindo, assim, um discurso pautador de decisões que importe em um exercício legítimo do poder judicial.[76]

Assim, são questões preocupantes no campo de prevenção do abuso de drogas a unilateralidade e a parcialidade das propostas, frequentemente vinculadas a uma única perspectiva (seja ela farmacológica ou policial), sem que exista uma abertura para pontos de vista distintos, de natureza multidisciplinar[77].

---

controle e Propostas Alternativas. INSTITUTO BRASILEIRO DE CIÊNCIAS CRIMINAIS. Disponível em: https://www.ibccrim.org.br/grupo_trabalho_politica_nacional. Acesso em 02 jan 2016.

75. GOMES, Luiz Flávio. **Lei de Drogas comentada**: artigo por artigo. 5ª ed. São Paulo: Revista dos Tribunais, 2013, pág. 106.

76. ZAFARONNI, Eugenio Raúl. **Em busca das penas perdidas:** a perda da legitimidade do sistema penal. 5.ª ed. Rio de Janeiro: Revan, 2001, pág. 201.

77. KARAM, Maria Lúcia; BASTOS, Francisco Inácio; MARTINS, Samir Morais. **Drogas, dignidade e inclusão social**: A Lei e a Prática de Redução de Danos. 1ª ed. Rio de Janeiro: Aborda, 2003, pág. 16.

Vislumbram-se pequenos avanços no judiciário, o que se percebe, principalmente, com o julgamento da descriminalização da posse de drogas para consumo pessoal pautado no Supremo Tribunal Federal (STF), o qual traz, a partir da análise dos votos já proferidos, uma forte tendência em declarar a inconstitucionalidade do artigo 28 da Lei nº 11.343/2006.

Mas há ainda riscos de retrocesso na lei de drogas no âmbito de um Poder Legislativo altamente conservador e dominado por interesses econômicos e religiosos, além de um executivo também alinhado a esses interesses. E pior, isso não deixa de ser reflexo de uma mentalidade entorpecida e repressiva presente na opinião pública brasileira[78].

Importante destacar o papel dos magistrados no panorama da transição para a legalização, considerando, por exemplo, para o porte de quantidade ínfima de drogas como conduta atípica, sendo o arquivamento a resposta adequada. A transação penal ou a suspensão condicional do processo não seriam sequer necessárias uma vez que a conduta não seria fato típico[79].

Já os pacientes em tratamento comprovado junto ao CAPS não deveriam ser "capturados" pelo sistema, tendo em vista que o uso já se apresenta acompanhado pelo agente de saúde, o qual pode sugerir, inclusive, condutas incluídas no rol do art. 28. Assim, uma vez que a conduta estaria abarcada pela própria norma como

---

78. DELMANTO, Júlio; MAGRI, Marco. O enfoque na mudança de mentalidade como arma para suplantar o proibicionismo. In: Conselho Regional de Psicologia da 6ª Região. **Álcool e Outras Drogas**. São Paulo: CRPSP, 2011, págs. 67-68.

79. CARVALHO, Salo de. **A política criminal de drogas no Brasil (estudo criminológico e dogmático)**. 4ª ed. São Paulo: Saraiva, 2014, págs. 272-273.

possibilidade de tratamento não caberia a punição do fato como uso, sendo importante destacar, para fundamentar a referida conclusão a teoria da tipicidade conglobante.

A referida teoria, desenvolvida por Zaffaroni, defende que a tipicidade penal é composta não só pela tipicidade material, mas também pela antinormatividade. A ideia por trás dessa teoria é de que haveria uma contradição insanável caso ocorra a tipificação penal de uma conduta fomentada pelo ordenamento[80].

Assim, aplicando essa teoria ao caso da Lei de Drogas, tem-se que, para além da discutível questão a respeito da tipicidade material do crime de uso (em razão da ausência de lesão a bem jurídico, ou mesmo em razão da limitação da intervenção estatal na privacidade dos cidadãos[81]), é possível afirmar a inexistência da tipicidade conglobante nos casos de dependentes em tratamento de redução de danos. Afinal, a mesma lei que criminaliza o uso de entorpecentes (art. 28) também incentiva a adoção de medidas preventivas pautadas pela lógica de diminuição de riscos e danos (arts. 18, 19 e 20).

A consequência processual da referida ideia seria o necessário arquivamento do Termo Circunstanciado de Ocorrência, conforme art. 69 da Lei nº 9.099/1995, o que deve ser realizado por proposta do MP e anuência

---

80. ZAFFARONI, Eugenio Raúl; ALAGIA, Alejandro; SLOKAR, Alejandro. **Derecho Penal**: parte general. 2ª ed. Buenos Aires: Ediar, 2002, págs. 504 e ss.

81. Sobre essa discussão, cf. GRECO, Luis. Posse de droga, privacidade, autonomia: reflexões a partir da decisão do Tribunal Constitucional argentino sobre a inconstitucionalidade do tipo penal de posse de droga com a finalidade de próprio consumo. São Paulo, v. XVIII, nº 87, nov./dez. 2010, págs. 84-102.

do Juiz. Caso o MP denuncie, o Juiz deverá afastar a materialidade delitiva do fato por se tratar de conduta atípica, devendo, pois, absolver sumariamente com base no art. 397, inc. III do CPP. Mas se o processo for instruído, ao final, o Juiz, entendendo pela atipicidade, deverá absolver com base art. 386, inc. III do CPP.

CONCLUSÃO

Sem a intenção de esgotar o assunto, que ainda provoca uma série de desdobramentos e necessários aprofundamentos teóricos e práticos, seguem abaixo a síntese das reflexões apresentadas ao longo do artigo:

1. Nas últimas décadas a política proibicionista se recrudesceu, tornando o uso cada vez mais combatido e reprimido, inclusive numa perspectiva punitiva que estabeleceu durante muito tempo a pena privativa de liberdade como forma de controle, o que influenciou a noção de que o tratamento abstêmio seria o melhor modelo a ser adotado pelo usuário.

2. A proposta de legalização controlada defendida se baseia no ideal de moderação como meta e tem por objetivo controlar o abuso das drogas, ao propor a legalização do comércio e da venda de parte das substâncias mediante o controle sanitário pelo Estado, tendo como principal objetivo a redução do uso problemático das drogas e as consequências causadas pela criação de mercados ilegais.

3. A Redução de Danos, por sua vez, busca oferecer um tratamento universal e integral ao sujeito no qual a finalidade não é a abstinência total, e sim o autocuidado e a garantia do direito de acesso a serviços de saúde qualificados, disponíveis e necessários para alcançar os resultados esperados pelos sujeitos.

4. A punição do uso, inclusive, conforme já exposto, se afasta do viés antropológico e social do uso de drogas, dificultando, inclusive a abordagem de tratamento baseada na RD. Essa perspectiva de dominação jurídica do uso de drogas é resultado de uma análise unidisciplinar inadequada.

5. Assim, o trabalho milita a favor da atipicidade das condutas dos pacientes em tratamento mediante acompanhamento nos CAPS, o que ensejaria a ausência do recebimento da denúncia por uso de drogas e, caso não ocorresse, a posterior absolvição do agente em tratamento, evitando, inclusive, futuros conflitos e agravamentos decorrentes de novas condutas típicas.

REFERÊNCIAS

ALVES, Décio de Castro. Políticas públicas sobre drogas: situação atual, desafios e perspectivas. In: Conselho Regional de Psicologia. **Álcool e Outras Drogas**. São Paulo: CRPSP, 2011.

BRASIL. Ministério da Saúde. Secretaria Executiva. Coordenação Nacional de DST/Aids. **A Política do Ministério da Saúde para atenção integral a usuários de álcool e outras drogas**. Brasília: Ministério da Saúde, 2003.

CARNEIRO, Henrique. As necessidades humanas e o proibicionismo das drogas no século XX. **Revista Outubro**, nº 06, São Paulo, 2002.

CARVALHO, Salo de. **A política criminal de drogas no Brasil (estudo criminológico e dogmático).** 4ª ed. São Paulo:

Saraiva, 2014.

CERVINI, Raúl. **Os processos de descriminalização**. 2ª ed. São Paulo: Revista dos Tribunais, 2002.

COSTA, Priscila Fernandes. Aspectos legais do consumo. In: BUCHER, Richard (Org.). **As drogas e a vida**: uma abordagem biopsicossocial. São Paulo: Cordato - Centro de Orientação sobre Drogas e Atendimento a Toxicômanos/EPU, 1988.

COSTELL, Elvira Durán. A reflexão ética diante do avanço da biotecnologia. In: CASABONA, Carlos María Romeo. **Biotecnologia, direito e bioética**: perspectivas em direito comparado. Belo Horizonte: DelRey; PUC Minas, 2002.

DELMANTO, Júlio; MAGRI, Marco. O enfoque na mudança de mentalidade como arma para suplantar o proibicionismo. In: Conselho Regional de Psicologia da 6ª Região. **Álcool e Outras Drogas**. São Paulo: CRPSP, 2011.

ESCOHOTADO, Antonio. **História elementar das drogas**. Lisboa: Antígona, 2004.

FERREIRA, Pedro Luciano Evangelista. Os programas de redução de danos (PRD's) e a política criminal de drogas no Brasil. In: **Revista Discursos Sediciosos – crime, direito e sociedade**. Ano 15. nº 17/18. 1º e 2º semestres de 2010. REVAN.

FOUCAULT, Michel. **O nascimento da biopolítica: curso dado no Collège de France (1978/1979)**. São Paulo: Martins Fontes, 2008.

FRASER, Suzanne. O futuro da dependência: crítica e composição. In: **Revista Platô - Drogas e Políticas**. v. 1, nº 1, São Paulo, 2017.

GOMES, Luiz Flávio. **Lei de Drogas comentada: artigo por artigo**. 5.ª ed. São Paulo: Revista dos Tribunais, 2013.

GONDAR, Jô. Ética, moral e sujeito. In: ALTOÉ, Sônia (Org.) **Sujeito do Direito e Sujeito do Desejo** – Direito e Psicanálise. 2.ª ed. Rio de Janeiro: Revinter, 2004.

GRECO, Luis. **Posse de droga, privacidade, autonomia**: reflexões a partir da decisão do Tribunal Constitucional argentino sobre a inconstitucionalidade do tipo penal de posse de droga com a finalidade de próprio consumo. São Paulo, v. XVIII, nº 87, nov./dez. 2010.

KARAM, Guerra às drogas e saúde: os danos provocados pela proibição. In: LOPES, Lucília Elias; BATISTA, Vera Malaguti (Orgs.). **Atendendo na guerra**: dilemas médicos e jurídicos sobre o crack. 2ª ed. Rio de Janeiro: Revan, 2014.

KARAM, Maria Lúcia; BASTOS, Francisco Inácio; MARTINS, Samir Morais. **Drogas, dignidade e inclusão social**: A Lei e a Prática de Redução de Danos. 1ª ed. Rio de Janeiro: Aborda, 2003.

LORENTINO, Sérgio Augusto Pereira. O fracasso da repressão penal antidrogas brasileira: o abolicionismo como opção. In: OLIVEIRA, Tarcis Barreto; OLIVEIRA FILHO, Enio Walcácer; SOARES, Paulo Sérgio Gomes (Orgs.). **Sistema penal e direitos humanos**. 1ª ed. São Paulo: PerSe, 2015.

MARONNA, Cristiano Ávila. Drogas: aspectos jurídicos e criminológicos. In: Conselho Regional de Psicologia da 6ª Região. **Álcool e Outras Drogas**. São Paulo: CRPSP, 2011.

O'HARE, Pat. **Redução de danos**: alguns princípios e a ação prática. In: MESQUITA, Fábio; BASTOS, Francisco Inácio (Orgs.). **Drogas e AIDS**: Estratégias de Redução de Danos. São Paulo: Hucitec, 1994.

PESTANA, Regina Débora. **Cultura do Medo**: reflexões sobre violência criminal, controle social e cidadania no Brasil. São Paulo: Método, 2003.

PETUCO, Denis Roberto da Silva. Redução de Danos. In: Conselho Regional de Psicologia da 6ª Região. **Álcool e Outras Drogas**. São Paulo: CRPSP, 2011.

PRADO, Daniel Nicory do. **Crítica ao controle penal das drogas ilícitas**. Salvador: Juspodivm, 2016.

QUEIROZ, Isabela Saraiva de. Os programas de redução de danos como espaços de exercício da cidadania dos usuários de drogas. In: **Revista Psicologia: Ciência e Profissão**. v. 21 nº. 4. Brasília, 2001. Disponível em: http://www.scielo.br/scielo.php?script=sci_arttextHYPERLINK "http://www.scielo.br/scielo.php?script=sci_arttext&pid=S1414-98932001000400002"&HYPERLINK"http://www.scielo.br/scielo.php? script= sci arttext&pid= S1414-98932001000 400002"pid=S1414-98932001000400002#ast1b. Acesso em: 10 de set. de 2015.

QUINDERÉ, Paulo Henrique Dias; JORGE, Maria Salete Bessa. **Experiência do uso de crack e sua interlocução com a clínica**: dispositivos para o cuidado integral do usuário. Fortaleza: EdUECE, 2013.

QUINDERÉ, Paulo Henrique Dias (et al.). A clínica na assistência aos usuários de crack na perspectiva da reforma psiquiátrica brasileira. In: JORGE, Maria Salete Bessa; TRAD, Leny Alves Bonfim; QUINDERÉ, Paulo Henrique Dias; LIMA, Leilson Lira de (Orgs.) **Olhares plurais sobre o fenômeno do crack**. Fortaleza: EdUECE, 2013.

RIBEIRO, Maurides de Melo. **Drogas e Redução de Danos**: os direitos das pessoas que usam drogas. São Paulo: Saraiva, 2013.

RODRIGUES, Rafael Bulgakov Klock; KAZMIERCZAK, Luiz Fernando. Breve análise dos interesses e contradições ao longo da política criminal de drogas no Brasil. In: **Rev. de Criminologias e Políticas Criminais**, v. 6, nº 1, jan./jun. 2020.

RODRIGUES, Thiago. Narcotráfico e Militarização nas Américas: Vício de Guerra. In: **Revista Contexto Internacional**, v. 34, nº 1, jan./jun. 2012.

RODRIGUES, Thiago. Tráfico, Guerra, Proibição. In: LABATE, Beatriz Caiuby; GOULART, Sandra; FIORE, Maurício; MACRAE, Edward; CARNEIRO, Henrique (Orgs.) **Drogas e cultura**: novas perspectivas. Salvador: EDUFBA, 2008.

SANTOS, Valcleiton Bispo; MIRANDA, Marlene. Projetos/ Programas de Redução de danos no Brasil: uma revisão de literatura. In: **Revista Psicologia, Diversidade e Saúde**, v. 5. Salvador, 2016.

SCHEERER, Sebastian. Política de drogas: o debate internacional. In: MESQUITA, Fábio; BASTOS, Francisco Inácio (Orgs.). **Drogas e AIDS**: Estratégias de Redução de Danos. São Paulo: Hucitec, 1994.

SCHEERER, Sebastian. Política de drogas: o debate internacional. In: MESQUITA, Fábio; BASTOS, Francisco Inácio (Orgs.). **Drogas e AIDS**: Estratégias de Redução de Danos. São Paulo: Hucitec, 1994, pág. 53

SHECAIRA, Sérgio Salomão. Reflexões sobre as Políticas de Drogas. In: LEMOS, Clécio; MARONA, Cristiano Avila; QUINTAS, Jorge. **Drogas**: uma nova perspectiva. São Paulo: IBCCRIM, 2014.

SILVEIRA, Ricardo Wagner Machado da. Redução de danos e acompanhamento terapêutico: aproximações possíveis. In: **Rev. NUFEN**, v. 8, nº 1. Belém, 2016. Disponível em: http://pepsic.bvsalud.org/scielo.php?script=sci_arttextHYPERLINK "http://pepsic.bvsalud.org/scielo.php?script=sci_arttext&pid=S2175-25912016000100008"&HYPERLINK "http://pepsic.bvsalud.org/scielo.php?script=sci_arttext&pid=S2175-25912016000100008"pid=S2175-25912016000100008. Acesso em: 25 de nov. de 2015.

SYKES, Gresham. **Crime e Sociedade**. Rio de Janeiro: Edições Bloch, 1969.

UNITED NATIONS OFFICE ON DRUGS AND CRIME (UNODC). **Relatório Mundial sobre Drogas** - 2013. Disponível em: http://www.unodc.org/lpo-brazil/pt/frontpage/2013/06/26-world-drug-report-notes-stability-in-use-of-traditional-drugs-and-points-to-alarming-rise-in-new-psychoactive-substances.html. Acesso em: 10 de nov. de 2014.

VENTURA, Carla Aparecida Arena; BRANDS, Bruna; ADLAF, Edward; GIESBRETCH, Norman; SIMICH, Laura; WRIGHT, Maria da Gloria Miotto; FERREIRA, Paulo Sérgio. Políticas e leis sobre drogas ilícitas no Brasil e a perspectiva de familiares e pessoas próximas a usuários de drogas: estudo na Cidade de Ribeirão Preto, São Paulo, Brasil. In: **Rev. Latino-Am. Enfermagem**, Ribeirão Preto, v. 17, 2009.

VOLOIS, Luís Carlos; ALMEIDA, Sílvio. Política de Drogas, Cultura do controle e Propostas Alternativas. INSTITUTO BRASILEIRO DE CIÊNCIAS CRIMINAIS. Disponível em: https://www.ibccrim.org.br/grupo trabalho politica nacional. Acesso em: 02 de jan. de 2016.

WEIGERT, Mariana de Assis Brasil e. Uso de drogas e sistema penal: entre o proibicionismo e a Redução da Danos. Rio de Janeiro: Lumen Juris, 2010.

WORLD HEALTH ORGANIZATION (WHO). **Nomenclature and classification of drug and alcohol relatedproblems**: a WHO memorandum. Bull World Health Organ 1981. Disponível em: http://www.ncbi.nlm.nih.gov/pmc/articles/PMC2396054/ Acesso em: 15 de jul.de 2014.

ZAFARONNI, Eugenio Raúl. **Em busca das penas perdidas: a perda da legitimidade do sistema penal**. 5ª ed. Rio de Janeiro: Revan, 2001.

ZAFFARONI, Eugenio Raúl; ALAGIA, Alejandro; SLOKAR, Alejandro. **Derecho Penal**: parte general. 2ª ed. Buenos Aires: Ediar, 2002.

O ACORDO DE NÃO PERSECUÇÃO PENAL

Rômulo de Andrade Moreira[1]

Com a promulgação da Lei nº 13.964/2019, que acrescentou ao Código de Processo Penal o art. 28-A, passamos a ter possibilidade de um acordo de não persecução penal, a ser realizado entre o Ministério Público e o investigado.

Este acordo só poderá ocorrer se não for o caso de arquivamento do procedimento investigatório, pois se não houver justa causa ou faltarem os pressupostos processuais ou as condições para o exercício da ação penal, deve ser promovido o arquivamento, nos termos do art. 28, Código de Processo Penal.[2]

1. Procurador de Justiça do Ministério Público do Estado da Bahia e Professor de Direito Processual Penal da Faculdade de Direito da Universidade Salvador - UNIFACS.

2. Sobre o novo procedimento para o arquivamento de peças de informação, veja-se, por todos, o artigo de Aury Lopes Jr. e Alexandre Morais da Rosa.

A iniciativa do acordo, segundo a lei, será sempre do Ministério Público, não se admitindo nos crimes de ação penal de iniciativa privada. Além da falta de previsão legal (tal como ocorre na transação penal e na suspensão condicional do processo), ficaria sem solução a hipótese em que houvesse a recusa da vítima em fazer a proposta, pois nem o Juiz poderia fazê-lo de ofício (dispondo de uma ação penal em um processo de estrutura acusatória, o que é inadmissível), tampouco o Ministério Público, cuja legitimidade de atuação limita-se às ações penais públicas (art. 129, I, CF). Este entendimento pode ser objetado pelo fato de que haverá casos nos quais autores de crimes mais graves (de ação penal pública) poderão ser beneficiados com o acordo, ao contrário de agentes que praticaram crimes menos graves (de ação penal de iniciativa privada). Trata-se, sem dúvidas, de um sólido argumento jurídico; mas, é preciso lembrar que as ações penais de iniciativa privada obedecem a outros princípios: veja-se, por exemplo, a possibilidade do perdão, da perempção, da renúncia e da decadência, incabíveis nos crimes de ação penal pública. É do sistema, portanto!

O acordo pode ser feito com qualquer investigado em um procedimento formal de natureza investigatória/criminal[3], seja instaurado na Polícia (federal, militar ou civil) ou no próprio Ministério Público; a propósito, observa-se que a palavra utilizada no texto legal é sempre "investigado", e não "indiciado".

Disponível em: <https://www.conjur.com.br/2020-jan-10/limite-penal-procede-arquivamento-modelo>. Acesso em: 11 de jan. de 2020.

3. A nova lei também passou a permitir a celebração de acordo de não persecução cível (art. 17, § 1º., da Lei nº 8.429/1992).

Também é possível no caso de investigado com prerrogativa de função, inclusive no próprio Supremo Tribunal Federal (neste caso, a partir da iniciativa da Procuradoria Geral da República). A nova lei acrescentou o § 3° ao art. 1° da Lei n° 8.038/1990: "*Não sendo o caso de arquivamento e tendo o investigado confessado formal e circunstanciadamente a prática de infração penal sem violência ou grave ameaça e com pena mínima inferior a 4 anos, o Ministério Público poderá propor acordo de não persecução penal, desde que necessário e suficiente para a reprovação e prevenção do crime, nos termos do art. 28-A do Código de Processo Penal.*" Nestas hipóteses, o relator sorteado deverá submeter o acordo ao órgão colegiado competente para o processo e julgamento; se preferir homologar monocraticamente, deverá fazê-lo **ad referendum**, pois, do contrário, estar-se-ia usurpando uma competência que (constitucionalmente) não é dele, mas do órgão colegiado; afinal, também a ele não cabe, monocraticamente, receber a denúncia, caso oferecida. Assim, se não lhe compete, singularmente, receber a peça acusatória, com mais razão não lhe cabe, monocraticamente, homologar um acordo de não persecução penal.

O pressuposto para a formalização do acordo é que se trate da investigação de uma infração penal (portanto, crime ou contravenção) praticada sem violência ou grave ameaça, cuja pena mínima seja inferior a 4 anos. Logo, não se admite tais acordos quando se trate de crime cuja pena mínima seja igual ou superior a 4 anos, ou, ainda que não o seja, tenha sido praticada com violência ou grave ameaça.

Segundo a lei, para aferição da pena mínima serão consideradas as causas de aumento e de diminuição aplicáveis ao caso concreto. Assim, poderá não ser possível a formalização do acordo caso a pena mínima seja de três anos, mas esteja prevista uma causa de aumento de pena de 1/3. Por outro lado, no crime com pena mínima igual ou superior a 4 anos admite-se o acordo, caso haja uma causa de diminuição de pena. Se a causa de aumento de pena é variável (de 1/3 a 2/3, por exemplo), deve-se levar em consideração o "aumento mínimo", pois é a pena mínima o pressuposto para o acordo. Ao contrário, existindo causa de diminuição de pena variável, aplicar-se-á o maior percentual, ou seja, "a diminuição máxima".[4] Em relação às agravantes e às atenuantes, não devem ser levadas em consideração, pois são circunstâncias genéricas, cujo **quantum** não vem estabelecido aprioristicamente pela norma penal.

Eis o pressuposto; vejamos os requisitos.

Como primeiro requisito, a lei exige que haja a confissão do investigado, e que esta confissão seja feita formalmente, ou seja, que esteja expressamente esclarecida nas cláusulas do acordo, que deve ser feito por escrito e na presença do Defensor e do Ministério Público. A lei condiciona a homologação do acordo à realização de uma audiência (que deverá ser, por óbvio, pública e oral) na qual o Juiz das Garantias deverá verificar a voluntariedade da aceitação do acordo, devendo, para isso, ser ouvido o investigado, na presença do seu Defensor; nesta mesma audiência, o Magistrado verificará a sua legalidade, isto é, se está presente o pressuposto,

---

4. Mutatis mutandis, veja-se a Súmula 723 do Supremo Tribunal Federal - STF: trata-se da possibilidade de suspensão condicional do processo, cujo pressuposto também é a pena mínima; sendo o caso de continuidade delitiva (que implica em um aumento da pena de 1/6 a 2/3), a Suprema Corte determina a aplicação "do aumento mínimo"; é o mesmo raciocínio.

se estão preenchidos os requisitos legais e, finalmente, se as condições acordadas estão conforme a lei.

Esta confissão deve ser feita também circunstancialmente, ou seja, devem estar detalhados todos os fatos, de maneira pormenorizada e sem margem para quaisquer dúvidas, atentando-se sempre para que tenha sido feita sem coação de nenhuma natureza, conforme exige o art. 8º, 3, da Convenção Americana sobre Direitos Humanos (Pacto de São José da Costa Rica).

Se o investigado praticou, supostamente, duas ou mais infrações penais, tendo confessado apenas uma delas, o acordo somente poderá ser feito em relação ao fato admitido, devendo ser oferecida denúncia (caso haja justa causa) no que diz respeito ao outro fato.

Se o investigado confessa a autoria, mas indica fato que lhe favoreça (como, por exemplo, excludentes de ilicitude ou de culpabilidade, ou mesmo eximentes de pena), não há obstáculo legal para a formalização do acordo. Neste sentido, observa-se que o Superior Tribunal de Justiça já decidiu que a chamada "confissão qualificada" deve ensejar a aplicação da atenuante prevista no art. 65, III, "d"., do Código Penal. Ora, se ela serve para atenuar a pena, porque não serviria para admitir o acordo?[5]

Uma questão que deverá ser enfrentada pela jurisprudência diz respeito à validade jurídica dessa confissão como elemento de prova para fundamentar uma sentença condenatória, caso o investigado, não tendo cumprido o que foi acordado, venha a ser denunciado e condenado. A questão não é de fácil solução, pois, nada

---

5. Agravo Regimental no Recurso Especial nº 1.198.354/ES.

obstante ter sido uma confissão feita fora dos autos, de toda maneira, foi ratificada perante o Juiz das Garantias, numa audiência pública, oral, na presença do Defensor (constituído, dativo ou Público) e do membro do Ministério Público. Nada obstante, entendo que, não tendo havido ainda (quando foi feita a confissão) uma acusação formal, tampouco instrução criminal, não pode aquela confissão, em nenhuma hipótese, servir de base para uma sentença condenatória.

Em outras palavras: caso o investigado tenha confessado para fins do acordo, ainda que formal e circunstancialmente (ratificando-a na audiência), mas, posteriormente, quando interrogado na audiência de instrução e julgamento, não confirmou a confissão, o Juiz não poderá utilizar aquela confissão anterior como supedâneo para uma sentença condenatória; afinal, a confissão não foi realizada no bojo de uma ação penal. Aliás, como se sabe, nem mesmo a confissão feita durante o interrogatório é prova insofismável e irrefutável da autoria do crime.[6]

Ademais, conforme já referido, quem tem competência para a homologação do acordo é o Juiz das Garantias (art. 3º-B, XVII, Código de Processo Penal) e, conforme estabelece o art. 3º-C, § 3º, os autos que compõem as matérias de competência do Juiz das Garantias não são apensados aos autos do processo enviados ao Juiz

6. A propósito, um levantamento feito nos EUA pelo *Innocence Project* "*revelou que, de todos os prisioneiros libertados nos últimos anos com base em provas de DNA, 25% foram presos porque se incriminaram, fizeram confissões por escrito ou gravadas em fita cassete à polícia ou se declararam culpados. Estudos de casos mostram que essas confissões não derivaram de conhecimento dos réus sobre o caso, mas foram motivadas por influências externas*": Disponível em: <https://www.conjur.com.br/2012-set-08/instituicao-estuda-porque-pessoas-confessam-crimes-nao-cometeram>. Acesso em: 19 de jan. de 2018.

da Instrução e Julgamento, ressalvados os documentos relativos às provas não repetíveis, medidas de obtenção de provas ou de antecipação de provas, que deverão ser remetidos para apensamento em apartado. Tais autos ficarão acautelados na secretaria do Juízo das Garantias à disposição do MP e da Defesa.

Um segundo requisito exigido pela lei é que o acordo seja "*necessário e suficiente para reprovação e prevenção do crime.*" Como se vê, trata-se de uma repetição, ***ipsis litteris***, da última parte do que contém o art. 59 do Código Penal que estabelece os parâmetros para a determinação da sanção aplicável em caso de uma condenação (ao lado do art. 68, Código Penal). O que seria mesmo um acordo necessário e suficiente para a reprovação e prevenção do crime? Esta é uma matéria extremamente delicada, pois toca a questão das finalidades da pena, razão pela qual é absolutamente imprópria para constar como requisito para um acordo penal, ainda mais em uma fase em que nem sequer houve uma acusação formal contra alguém.

Neste aspecto, é importante ressaltar, com Mir Puig, "que o nosso modelo de Estado recomenda que entre a alternativa básica da retribuição ou da prevenção deve-se decidir a favor de uma ´prevenção limitada`, que permita combinar a necessidade de proteger a sociedade não só com as garantias que ofereciam a retribuição, mas também com as que oferecem outros princípios limitadores."

Assim, ao não propor um acordo de não persecução penal, o membro do Ministério Público deverá atentar que "só uma prevenção assim limitada poderá deflagrar um efeito positivo de afirmação do Direito próprio de um Estado social e democrático de Direito, e só assim poderão ser conciliadas as exigências antitéticas de retribuição, prevenção geral e prevenção especial em um conceito superior de prevenção geral positiva."[7]

É preciso estarmos atentos, conforme adverte Baratta, que é "muito perigoso para a democracia e para o movimento operário cair na patranha, que atualmente lhe é armada, e cessar de defender o regime das garantias legais e constitucionais que regulam o exercício da função penal no Estado de direito." Por isso, "nenhum compromisso deve ser feito sobre este ponto, com aquelas forças da burguesia que, por motivos estruturais bem precisos, estão interessadas em fazer ´concessões` ou recuar em matéria de conquistas do direito burguês e do Estado burguês de direito."[8]

Fiquemos, portanto, vigilantes para que fórmulas como esta - "*necessário e suficiente para reprovação e prevenção do crime*" – não sirvam para inviabilizar acordos de não persecução penal, propiciando denúncias ilegítimas e temerárias. Também é preciso atenção aos Juízes para que não as reproduzam em suas decisões, mesmo porque se considera nula, posto não fundamentada, qualquer decisão judicial, mesmo uma interlocutória, que se "*limitar à indicação, à reprodução ou à paráfrase de ato normativo, sem explicar sua relação com a causa ou a questão decidida ou empregar conceitos jurídicos indeterminados, sem*

---

7. PUIG, Santiago Mir. **Direito Penal – Fundamentos e Teoria do Delito.** São Paulo: Revista do Tribunais, 2007, pág. 81 (tradução de Cláudia Viana Garcia e José Carlos Nobre Porciúncula Neto).

8. BARATTA, Alessandro. **Criminologia Crítica e Crítica do Direito Penal** – Introdução à Sociologia do Direito Penal. Rio de Janeiro: Revan, 1997, pág. 206 (tradução de Juarez Cirino dos Santos).

explicar o motivo concreto de sua incidência no caso, bem como invocar motivos que se prestariam a justificar qualquer outra decisão", nos termos do art. 315, § 2º, c/c art. 564, V, ambos do Código de Processo Penal.

Por fim, são também requisitos para o acordo de não persecução: a) não ser cabível transação penal de competência dos Juizados Especiais Criminais; b) não ser o investigado reincidente; c) não existirem elementos probatórios que indiquem conduta criminal habitual, reiterada ou profissional, exceto se insignificantes as infrações penais pretéritas; d) ter sido o agente beneficiado nos 5 anos anteriores ao cometimento da infração, em acordo de não persecução penal, transação penal ou suspensão condicional do processo; e) não ter sido o crime (não contravenção) praticado no âmbito de violência doméstica ou familiar, ou praticados contra a mulher por razões da condição de sexo feminino, em favor do agressor (não agressora).

Observa-se, então, não ser possível o acordo no âmbito dos Juizados Especiais Criminais. Na Justiça Militar sim, por força do art. 90-A da Lei nº 9.099/1995, e também na Justiça Eleitoral. Já em relação aos crimes da competência do Tribunal do Júri, a situação é diversa, em razão do disposto no art. 5º, XXXVIII, "d", da Constituição Federal.

Quanto ao requisito indicado na alínea "c", há algumas impropriedades graves, como, por exemplo, a referência a "elementos probatórios" em uma fase ainda meramente investigatória, em que não houve produção de provas, mas atos investigatórios; ademais, falar-se em "conduta criminal habitual, reiterada ou profissional" é valer-se de termos cujos conceitos não estão definidos pela lei brasileira, violando-se o princípio da legalidade. Por exemplo: para que se caracterize a habitualidade delitiva, reiterada ou profissional seria necessária a prática de quantos delitos? Bastariam investigações em curso, denúncias oferecidas ou sentenças condenatórias (recorríveis ou não)? E o que seriam, ou não seriam, "insignificantes infrações penais"? Estar-se-ia falando do princípio da insignificância? Ora, mas se a infração penal passada foi insignificante, quem o disse? O Ministério Público, ao não oferecer uma denúncia, ou o Juiz, ao absolver o réu por atipicidade da conduta anterior, em razão da aplicação do mesmo princípio? São questões, vê-se, que devem ser enfrentadas, pois, do contrário, teremos uma enxurrada de casos em que acordos não serão propostos sob a alegação genérica de que se tratava de conduta criminal habitual, reiterada ou profissional.

Por fim, atentar que, em relação ao último requisito (alínea "e"), a lei impede o acordo apenas quando se tratar de "agressor"; logo, sendo uma "agressora" não há impedimento para o acordo.

Eis os requisitos; vejamos, então, as condições exigidas pela lei para a formalização do acordo, que devem ser "*ajustadas cumulativa e alternativamente*":

a) reparação do dano ou a restituição da coisa à vítima, exceto na impossibilidade de fazê-lo;

b) renúncia voluntária a bens e direitos indicados pelo Ministério Público, como instrumentos, produto ou proveito do crime; neste caso, ressalvada a legislação especial, o destinatário será o Fundo Nacional de Segurança Pública (art. 3º, VI, da Lei nº 13.756/2018); aqui, a questão é que há um verdadeiro confisco de bens sem que tenha havido uma sentença penal condenatória definitiva, como exige o art. 91, II, Código Penal;

c) prestação de serviço à comunidade ou a entidades públicas, por período correspondente à pena mínima cominada ao delito, diminuída de 1/3 a 2/3, em local a ser indicado pelo Juízo da Vara de Execuções Penais (art. 46 Código Penal);

d) pagamento de prestação pecuniária a entidade pública ou de interesse social, a ser indicada pelo Juízo da Vara de Execuções Penais, que tenha, preferencialmente, como função proteger bens jurídicos iguais ou semelhantes aos aparentemente lesados pelo delito; observa-se que, ao contrário do que permite o art. 45 do Código Penal, neste caso, a prestação pecuniária não pode ter como beneficiária a vítima ou os seus dependentes;

e) ou, alternativamente, outra condição indicada pelo Ministério Público, a ser cumprida em prazo determinado, e desde que proporcional e compatível com a infração penal imputada; o caso concreto dirá qual a condição melhor para ser acertada, cuidando-se para que condições draconianas e impraticáveis não sejam propostas, inviabilizando o acordo.

Pela redação legal, deve-se considerar como obrigatórias, aplicadas "cumulativamente", as quatro primeiras condições, salvo a impossibilidade de adimplemento como, por exemplo, a falta de recursos do investigado para reparar o dano ou para pagar a prestação pecuniária, ou a inexistência de instrumentos, produto ou proveito do crime. "Alternativamente", poderá ser também estabelecida a quinta condição, desde que proporcional e compatível com a infração penal imputada.

Eis, por fim, as condições; vejamos, em seguida, os demais aspectos do novo procedimento.

Segundo a lei, "*caso Juiz considere inadequadas, insuficientes ou abusivas as condições dispostas no acordo de não persecução penal, devolverá os autos ao Ministério Público para que seja reformulada a proposta de acordo, com concordância do investigado e seu defensor.*"

Neste aspecto, deu-se ao Juiz uma possibilidade de "fiscalizar" os termos do acordo, algo incompatível com um processo penal de estrutura acusatória (art. 3º-A, Código de Processo Penal). Imiscuir-se o Juiz nesta fase procedimental, "sugerindo" ao Ministério Público a reformulação da proposta, não está conforme um processo de modelo acusatório; assim, apresentado o acordo, das duas uma: homologa-se ou não se homologa!

O Juiz não deverá homologar o acordo no qual não foram observados os requisitos legais; recusada a homologação, o Juiz devolverá os autos ao Ministério Público para a análise da necessidade de complementação das investigações ou o oferecimento da denúncia. Da mesma maneira, se as condições estabelecidas não estejam em conformidade com a lei, o Juiz também deve recusar a homologação, consignando expressamente os motivos pelos quais a homologação foi rejeitada. Caberá ao Ministério Público, então, ajustar os termos do acordo, apresentando uma nova proposta ao investigado (que aceitará ou não).

Caso o MP entenda que a proposta atende aos parâmetros legais (não sendo o caso de "ajustes") poderá interpor um recurso em sentido estrito (art. 581, XXV, Código de Processo Penal). Este recurso também poderá ser utilizado pelo investigado, claramente prejudicado pela não homologação.

Em caso de interposição do recurso, sendo ele julgado procedente, e transitada em julgado a decisão, o acordo deverá ser obrigatoriamente homologado pelo Juiz; julgando-se-lhe improcedente, surge uma questão: estará o Ministério Público obrigado a oferecer denúncia, já que o Tribunal entendeu pela rejeição da proposta? A resposta é positiva, pois o princípio da obrigatoriedade da ação penal pública ainda vige no Brasil.

Este princípio, como ensina Figueiredo Dias, corresponde ao dever do Estado "de administração e realização da justiça penal, obtendo a condenação judicial de todos os culpados e só dos culpados da prática de uma infração." Continua não havendo no Brasil, ao menos nos casos de ação penal pública, "qualquer juízo de ´oportunidade` sobre a promoção e prossecução do processo penal, antes esta se apresenta como um dever para o MP, uma vez presentes os pressupostos processuais (e a inexistência de obstáculos processuais), a punibilidade do comportamento, o conhecimento da infração e existência de indícios suficientes que fundamentem a acusação."[9]

No caso de recusa por parte do Ministério Público em propor o acordo, a lei possibilita que o investigado recorra para o órgão colegiado do Ministério Público, aquele mesmo que tem atribuições para homologar (ou

---

9. DIAS, Jorge de Figueiredo. **Direito Processual Penal**. Coimbra: Coimbra Editora, 2004, págs.125-126.

não) a promoção de arquivamento, na forma do art. 28 do Código de Processo Penal. O prazo para este recurso administrativo será de 30 dias, contados da data da intimação (art. 28, § 1°, Código de Processo Penal).

Assim, sempre que, em tese, seja cabível o acordo e o Ministério Público, ao contrário, optar pelo oferecimento da denúncia, deve, em separado, expor as razões pelas quais não foi feita a proposta, intimando-se o investigado. Este pronunciamento deve ser fundamentado, conforme exige a Constituição Federal (arts. 129, **caput**, VIII, **in fine**, c/c arts. 129, § 4° e 93, IX).

Não deve ser cogitada a aplicação, por analogia, da Súmula 696 do Supremo Tribunal Federal, primeiro porque de analogia não se trata mesmo, e, segundo, em razão da estrutura acusatória que deve ter o nosso processo penal, por força da Constituição Federal e do Código de Processo Penal (art. 3°- A).

Se houver o oferecimento da peça acusatória, nada obstante ser caso de acordo, restará ao Juiz, em obediência ao art. 129, I, da Constituição Federal, receber a denúncia (se não for inepta, se houver justa causa e se estiverem presentes os pressupostos processuais e as condições da ação); neste caso, o réu poderá interpor um Habeas Corpus para trancar o processo, afinal, trata-se de exercício abusivo do dever de acusar.

Finalmente, estando o acordo em conformidade com o pressuposto legal, presentes os seus requisitos e estabelecidas as condições, o Juiz deverá homologá-lo por sentença, devolvendo-se os autos ao MP para que, junto à Vara de Execuções Penais, providencie o início da execução. Como dito acima, a recusa em homologar trata-se de uma decisão recorrível (art. 581, XXV, CPP).

Entendo, nada obstante a lei não estabelecer expressamente, que a sentença homologatória do acordo penal é apelável, nos termos do art. 593, II (segunda parte), do Código de Processo Penal, tal como se dá com a sentença homologatória da transação penal (art. 76, § 5º, da Lei nº 9.099/1995) e da suspensão condicional do processo (conforme entendimento majoritário da jurisprudência e da doutrina).

A vítima deverá ser intimada da homologação do acordo e de seu eventual descumprimento, nada obstante não ter legitimidade para se insurgir (administrativamente) contra o oferecimento do acordo, já que se trata de uma atribuição do órgão de execução do Ministério Público; tampouco para apelar da sentença homologatória. Igualmente, incabível será o oferecimento de queixa subsidiária (ação penal de iniciativa privada subsidiária da pública), pois, às escâncaras, não houve inércia do Ministério Público.[10]

Como já referido, a sentença homologatória deverá ser enviada ao membro do Ministério Público junto à Vara de Execuções Penais para que inicie a sua execução. A iniciativa será do Ministério Público, não do Juiz, como se dá com as sentenças condenatórias, devendo ser observadas as disposições contidas na Lei nº 7.210/1984.

Já no Juízo da Vara de Execuções Penais, descumpridas quaisquer das condições estipuladas no acordo, o Ministério Público deverá comunicar ao juízo, para fins de sua rescisão e posterior oferecimento de denúncia. Segundo a lei, o descumprimento também poderá ser

---

10. MARQUES, José Frederico. **Elementos de Direito Processual Penal.** v. I, Campinas: Bookseller, 1998, pág. 325.

utilizado pelo Ministério Público como justificativa para o eventual não oferecimento da suspensão condicional do processo; assim, temos um novo requisito negativo para a suspensão condicional do processo prevista no art. 89 da Lei nº 9.099/1995: o descumprimento do acordo anterior de não persecução penal.

A celebração e o cumprimento do acordo não constarão de certidão de antecedentes criminais, exceto para impedir um novo acordo, conforme acima indicado. Cumprido integralmente, o Juízo da Vara de Execuções Penais declarará extinta a punibilidade, observando-se que o prazo prescricional fica suspenso enquanto não cumprido ou não rescindido o acordo (art. 116, IV, do Código Penal).

Para concluir, observa-se que este novo art. 28-A não encerra no Brasil, muito pelo contrário, o princípio da obrigatoriedade da ação penal pública, aliás, decorrente do princípio da legalidade. O que houve, e já o havia, foi uma sua relativização, perfeitamente possível em um processo penal de feição acusatória.[11]

11. Veja-se o caso da transação penal (art. 76 da Lei nº 9.099/1995), da delação premiada (art. 4º, § 4º, da Lei nº 12.850/2013) e do acordo de leniência (arts. 86 e 87 da Lei nº 12.529/2011).

O INCONCEBÍVEL CARÁCTER ESPIRAL DAS VIOLÊNCIAS DE GÊNERO: *A JUSTIÇA PERMANECE CEGA DIANTE DA IGNORÂNCIA DOS HOMENS?*

Ângelo Maciel Santos Reis[1]

Francielle Barreto Nascimento[2]

RESUMO

O artigo problematiza os aspectos do tema violência de gênero, partindo-se de uma análise conceitual das múltiplas formas de violência sofridas pelas mulheres. A pesquisa decorreu da tentativa de dissociar-se violência de gênero de violência doméstica. Foi feito um levantamento doutrinário, sobre as tentativas de con-

1. Mestre em Direito Público pela UFBA. Especialista em Ciências Criminais pela UFBA. Supervisor do CEJUSC, Consultor, Advogado e Professor de Direito.

2. Bacharela em Direito pelo Centro Universitário Estácio de Sá. Consultora e Assessora Jurídica. Ex-assessora da Assembleia Legislativa do Estado da Bahia.

ceituação do termo violência. O objetivo deste estudo é subsidiar a aplicabilidade das normas que tutelam os interesses femininos em busca de efetivação das garantias fundamentais como a isonomia material e substancial, ao passo que chama atenção da comunidade científica em torno da cegueira da justiça e da ignorância dos homens, nas suas diversas conotações, especialmente no aparecimento de novas formas de violência de gênero.

Palavras-chave: Misoginia; Isonomia; Violência de gênero; Direitos Humanos.

INTRODUÇÃO

Para se evidenciar o contexto das diversas formas de violência sofridas pelas mulheres, é crucial se debruçar sobre aspectos culturais, sociológicos e antropológicos. Nem todas as espécies de violência são percebidas pelas próprias vítimas, de modo que, atualmente, revelam-se violências explícitas e também implícitas, o que denota que o termo violência é muito mais abrangente do que outrora, segundo Rachel Soihet (SOIHET, 2002). Por essas e outras razões que o estudo sobre as diversas formas de violência contra a mulher urge por uma pesquisa mais pormenorizada.

Hodiernamente, a noção que se tem acerca do sistema de proteção contra as formas de violências de gênero ainda gera divergências na doutrina especializada. À luz da isonomia constitucional, algumas vertentes entendem que a proteção do ordenamento é deficitária, razão pela qual não se promove uma igualdade substancial, mitigando alguns dos mais importantes fundamentos do estado democrático de direito. Não é por outro motivo, senão pela necessidade de se apresentar os conflitos interpretativos que giram em torno do tema, que se desenvolvem os argumentos em torno da proteção deficitária dos direitos das mulheres (ARDAILLON, 1987).

O advento da ordem constitucional inaugurada em 1988 trouxe inúmeros reflexos para o sistema processual brasileiro e as garantias elencadas na Constituição Federal redirecionaram a forma de raciocinar o direito como um todo. Por consectário, a hipótese deste trabalho se revela a partir desse novo paradigma – do exercício da jurisdição, do acesso à justiça, da isonomia substancial e da proteção dos vulneráveis –, que pressupõe a tutela dos direitos difusos e transindividuais, conforme preconiza Adriana Mello (MELLO, 2016).

A metodologia adotada no desenvolvimento desse trabalho encontra compatibilidade com o método dedutivo. Por conseguinte, serão analisados alguns argumentos da doutrina especializada que demonstram a divergência entre os intérpretes e aplicadores do direito, quando se debruçam sobre o tema proposto. Para concluir, serão apresentadas algumas nuances em torno das formas de violência, suas principais características e índices de incidência, para, posteriormente, discorrer-se acerca da cegueira da justiça humana, quando o assunto é misoginia.

EVOLUÇÃO HISTÓRICA DOS DIREITOS DAS MULHERES

Os direitos das mulheres, como qualquer espécie de direito, não é uma construção isolada no tempo. É um produto histórico que deriva de longa evolução de instituições dos diversos ramos do direito (Direito Penal, Civil, Constitucional etc.) e contém, em si mesmo, potencialmente, elementos de transformações futuras.

Em teses, dissertações de mestrado, monografias e artigos científicos em geral é comum deparar-se com a promessa, por parte do pesquisador, de apresentar uma contextualização histórica sobre o tema proposto. No presente trabalho não será diferente, embora reconheçamos que a história não é linear, principalmente quando se pretende analisar um determinado e específico aspecto, quais sejam, os dos direitos femininos. É perfeitamente compreensível que essa tentativa de estabelecer alguns recortes históricos acerca do tema proposto não tem o condão de exaurir os estudos sobre os direitos das mulheres, principalmente porque há uma natural divergência entre as diversas formas de narrativa histórica sobre aquilo que se pretende contextualizar.

Como se não bastasse, a tentativa de exaurir o contexto histórico dos direitos das mulheres esbarra nos seus principais entraves, uma vez que essas pessoas, objeto de investigação, sequer tiveram algum tratamento especial por parte dos historiadores ou quaisquer outros estudiosos, ao longo do tempo. A escassez de material científico sobre o tema também decorre, lamentavelmente, da ignorância dos homens, que por muitos séculos negaram a igualdade material e substancial àquelas.

Este capítulo tem por objetivo apresentar os comportamentos, as condutas e os desempenhos pelo homem e pela mulher, conforme o cenário de cada período.

Na história da humanidade, as mulheres vivenciaram várias fases de dominação e dependência por parte dos homens. Segundo Rose Marie Muraro (1975), de início a mulher era dominada pelo seu pai e posteriormente, depois do casamento, pelo seu companheiro. Como regra, o homem era visto historicamente com um ser importante, e cabia a ele agir de forma autoritária, prevalecendo as relações de poder entre pessoas do sexo masculino, em detrimento das pessoas do sexo feminino.

Relata-se, de uma maneira bastante corriqueira, que foi imposto às mulheres formas de colocação à subordinação, promovida através do induzimento à ideia de inferioridade destas em relação aos homens. Algumas características como: fragilidade, delicadeza, emotividade e vulnerabilidade são encontradas nos discursos machistas e servem de argumentos para fortalecer esta cultura arcaica, quando se fala de direitos históricos femininos.

GIRO HISTÓRICO DA ANTIGUIDADE AO RENASCIMENTO

Conforme alhures se expôs, faz-se indispensável contextualizar os direitos femininos com base nas sociedades antigas, mas em razão da objetividade deste trabalho, somente será abordada parte da perspectiva da comunidade ocidental. Isso não significa que a comunidade oriental não mereça espaço nesse texto. Muito diferente disso, a comunidade oriental possui diversas outras peculiaridades que conduziriam a outro tipo de análise científica, que por razões metodológicas, este trabalho não teria como alcançar, principalmente pelas limitações em razão da escassez de material científico acessível.

No que tange à política e cultura das sociedades do Egito, Grécia e Roma antiga, homens e mulheres realizavam suas determinadas funções sociais, com deveres diversos, assim como ocorre atualmente.

A civilização egípcia, que se desenvolveu às margens do rio Nilo, localizando-se na parte setentrional do continente africano, em meados de 3000 a.C, por exemplo, mulheres e homens realizavam papéis da mesma forma e as mulheres, por sua vez, possuíam mais autonomia que as demais mulheres de outros povos da sua época. Embora não tenha se produzido uma codificação dos direitos naquela sociedade antiga, havia uma estratificação social em classes e as pessoas poderiam ascender ou descender de uma classe para outra através de seus atos. No entanto, há inúmeros excertos de contratos, testamentos, decisões judiciais e atos administrativos, além de grande quantidade de referências a normas jurídicas em textos sagrados. Além do faraó e sua família, existiam outras cinco classes: os sacerdotes, os guerreiros, os escribas, os artífices e os camponeses.

Segundo Christiane Desroches Noblecourt (1994), não havia no Egito antigo relação de desvantagem das mulheres, tendo em vista o tratamento que era semelhante ao tratamento dado aos homens. Por essa razão, o Egito foi considerado o único país da antiguidade que favoreceu as mulheres com um estatuto igual ao dos homens, podendo ser notadas em várias fontes do Antigo e do Novo Império (NOBLECOURT, 1994).

Um traço marcante da sociedade egípcia diz respeito à isonomia material. Não exatamente a isonomia atualmente considerada pela doutrina brasileira, evidentemente. Todos os habitantes eram considerados iguais perante a lei, não havendo privilégios. No concernente ao papel dos pais, havia a relação de proteção às filhas e os casamentos eram vistos como um ideal social, caracterizado por um momento harmonioso, consistente na decisão espontânea dos próprios nubentes. A família no Egito era formada pelo pai, mãe e filhos menores, de modo que marido e esposa nutriam de igualdade, não existindo direito de primogenitura.

Atinente à sociedade hebraica, a base dos direitos advinha da religião monoteísta, baseada numa estrutura patriarcal, sendo vitalício o pátrio poder, com o pai respondendo pelos atos ilícitos que porventura os filhos praticassem. Institutos como casamento, sucessão familiar e herança já existiam e a futura esposa poderia ser comprada através de pagamento em dinheiro ou em serviços. Já em relação ao regime de sucessão entre os filhos, o único que possuía direito de herança era o primogênito e as mulheres não possuíam direito sucessório.

Num outro cenário diametralmente oposto ao Egito antigo, na Grécia Antiga as mulheres eram tidas como seres insignificantes, ao passo que eram excluídas da sociedade grega. Disseminavam-se crenças e fábulas, a exemplo de Pandora, que responsabilizavam as mulheres como causadoras dos males e disseminadoras dos problemas da humanidade (PATTI, 2004).

Quanto às características do Direito grego, temos nas Leis de Drácon a legislação mais antiga conhecida. Tal legislação data de 621 a.C. e, curiosamente, esta lei põe fim à solidariedade familiar, com o objetivo de expandir a esfera de atuação dos cidadãos. Para a cultura grega, as pessoas não deveriam se manter fechadas em seus clãs familiares.

Quanto à distribuição das funções no corpo social, havia atribuições voltadas para a maternidade. Obrigações e afazeres do matrimônio eram comuns, gerando uma espécie de vínculo aos costumes de esposa e mãe. Por causa disso, era comum que permanecessem confinadas em suas residências, o que as impedia de se socializar. Às vezes elas tinham algum contato com o mundo externo, mas isso ocorria com menos frequência, basicamente para efetuarem compras e sempre acompanhadas por uma escrava, e muito raramente, por motivos de comemorações familiares ou festas na cidade, por exemplo (ZAIDMAN, 1990).

Pertenciam aos homens gregos as ocupações mais importantes da sociedade, de maneira que eles se voltavam para a filosofia, política e as artes. As mulheres, por sua vez, também eram excluídas desse contexto relacionado ao pensamento e ao conhecimento, tão enaltecido pela sociedade grega (ARANHA, 1989).

Na Mesopotâmia, os principais institutos do Direito podem ser divididos em contratos, adoção, sucessão patrimonial e Direito Penal. A Mesopotâmia era privilegiada quanto a sua localização, o que promoveu o desenvolvimento da economia e das relações comerciais. No direito antigo mesopotâmico, havia previsão de contratos de compra e venda, arrendamento de terras, depósito, empréstimo a juros e títulos de crédito. Já na área dos direitos de família, o sistema modelo adotado era monogâmico e patriarcal. Embora a mulher fosse dotada de personalidade jurídica e tivesse a liberdade na gestão de seus bens – traços muito modernos para sua época! –, havia algumas peculiaridades culturais que a diferenciava das demais sociedades antigas. Na Mesopotâmia, havia a possibilidade de o marido repudiar a esposa ou vice-versa e caso a mulher alegasse má conduta do marido, poder-se-ia propor ação para retornar à sua família originária, levando consigo seu patrimônio. O casamento era próximo ao que hoje conhecemos como regime de comunhão de bens.

O principal documento histórico deixado pelos mesopotâmios foi o Código de Hamurabi, que era composto por 282 artigos escritos em 3.600 linhas de texto cuneiforme. Esse código evidencia a existência de um sistema jurídico extremamente desenvolvido, principalmente no direito privado e contratos, prevendo várias modalidades de contratos e negócios jurídicos.

Noutro giro histórico, na Roma antiga as ocupações das mulheres eram similares às das mulheres gregas, ou seja, suas vidas se baseavam nos afazeres do lar, sempre voltadas aos trabalhos domésticos (PATTI, 2004; MACEDO, 1990).

Durante o período que compreende a queda do Império Romano do Ocidente (séculos V ao XV), também denominado Alta Idade Média, consolidou-se o Feudalismo, que se caracterizava pela pluralidade jurídica dos povos. Em decorrência das invasões bárbaras que se tornavam comuns a partir do século V, houve uma alteração substancial do cenário geopolítico europeu. Mudanças na economia, especialmente fundadas no papel centralizador da Igreja Católica no campo religioso, as formas de governo, etc. reconstruíram culturalmente e psicologicamente as bases da cultura ocidental.

A partir do século XII e das demais fases que se sucederam desde a Idade Média, o Renascimento e da fase da Revolução Industrial, houve intensas modificações relacionadas às atribuições dadas às mulheres. Fatos históricos, a começar das repressões e extermínio da imagem das mulheres, até mesmo a sua colocação no mercado de trabalho, apoderando-se de posições, lugares que noutros tempos eram exclusivamente destinados ao público masculino.

Conforme Machado (2007), na Idade Média uma marca forte era a da supremacia masculina em detrimento do público feminino. Havia os protestos culturais que apresentavam registros das lutas e manifestações pelas influências e princípios masculinos.

Ainda em se tratando do período do apogeu da Igreja, o matrimônio foi reconhecido pela instituição que vangloriava a maternidade e a função social de "boa mãe". Nessa mesma época difundiram-se as caças às bruxas, quando as mulheres sofriam perseguições, além do que eram acusadas por todos os males da humanidade, tendo como exemplo o fracasso às más colheitas, o advento das epidemias e as mortes inexplicáveis (MACHADO, 2007).

A partir de meados do século XV, período denominado Baixa Idade Média, foi marcado pelo surgimento de uma cultura renascentista, apoiada na ascensão da burguesia e das grandes navegações. Por volta de 1484, dois inquisidores alemães que faziam parte à Ordem dos Dominicanos escreveram um dos primeiros livros de caça às bruxas, chamado "Malleus Maleficarum", traduzido em português com o título de "O Martelo das feiticeiras" (PATTI, 2004; ZORDAN, 2005). Segundo Patti (2004), esses inquisidores relacionaram a transgressão sexual da mulher à transgressão da fé que também era tida política e, assim, as mulheres eram penalizadas, por serem vistas, como culpadas por induzirem ao pecado. Já Muraro (1993), por sua vez, faz uma síntese das teses exibidas no referido livro que davam consentimento ao massacre feminino.

A inquisição sinalizou um período sangrento para as mulheres, de intensa opressão e crueldade. A misoginia e o sexismo sobressaiam e muitas mulheres foram torturadas e queimadas vivas até a morte sem ter cometido nenhum delito ou qualquer ilegalidade contra o sistema opressor vigente (PATTI, 2004).

No período histórico correspondente ao Renascimento, aquela realidade desumana e cruel começou a perder espaço para novos paradigmas. Acreditava-se numa sociedade mais justa e isonômica, mas ainda não havia total igualdade entre as pessoas. De forma ainda incipiente, aos poucos as mulheres foram adquirindo alguns direitos, ampliando sua esfera de liberdade para além dos afazeres domésticos, quando passaram a conquistar um espaço externo, desempenhando alguns papéis sociais antes atribuídos somente aos homens.

Durante esse período, era mais comum a aparição de mulheres em salões de festas e também houve certa participação nos movimentos políticos e literários da época. Mas nem tudo eram flores. Isso porque os casamentos ainda eram determinados através de pactos entre os pais dos noivos, que entravam em acordo quanto aos valores dos dotes que eram ofertados ao futuro marido, apresentando assim, o valor da mulher pelo dote em quesito (SAGIM, 2004).

Logo após o matrimônio, os papéis femininos restringiam-se à procriação para a preservação do patrimônio da família, entendia-se que quanto mais filhos um casal possuísse, mais braços haveria para o cultivo da terra, e assim, acreditavam que família numerosa era "abençoada por Deus" (MURARO, 1975). Por outro lado, se esse propósito não se cumprisse, a mulher normalmente era devolvida para a sua família ou internada em um convento.

DO DIREITO OCIDENTAL MODERNO AOS DIAS ATUAIS

Segundo Pimentel (1998), de acordo com a educação imposta pela Igreja no Brasil-Colônia, quando o assunto era poder, as mulheres não eram inseridas neste meio, nem mesmo na sociedade, uma vez que elas tinham por obrigação o dever de cumprir ordens dos seus pais ou do irmão mais velho. Esse modelo de sociedade impunha subordinação às mulheres e mesmo após se casarem, esse domínio era repassado para seu marido, repetindo aquele modelo patriarcal histórico.

A relação entre marido e mulher era algo muito peculiar, o que dava a entender que havia uma relação de propriedade do homem em relação àquela. Em outras palavras, o marido exercia poder de dono, sendo que as mulheres eram tratadas como objetos, responsáveis pelos afazeres domésticos e pelas obrigações de esposa e mãe. Elas sequer poderiam dialogar com pessoas estranhas e fora do seu convívio familiar. A ideia que se pregava àquela época, por mais absurdo que se possa imaginar, era de que as mulheres não deveriam participar do convívio social, pois o mundo externo não tinha nada a agregar a elas. As formas de participação das mulheres junto à sociedade se davam por meio das igrejas, já que caberia às mulheres seguir os mandamentos da religião dominante, conduzindo-as para os ensinamentos religiosos.

Seguindo-se com algumas considerações cruciais ao trabalho, a Constituição de 1824 trouxe alguns direitos às mulheres, haja vista que a partir daquele momento histórico, surgiram escolas que aplicavam a educação de ensino primário para as mulheres daquela época. Sucede que esse ensinamento passado pelas escolas era voltado aos trabalhos domésticos, manuais, bíblicos e cânticos. O tratamento dispensado às mulheres e aos homens, dentro deste contexto educacional, era desigual. O intuito de se incluir as mulheres na educação se justificava através da necessidade de ensiná-las a servir seus maridos (NASCIMENTO, 1996).

Dessa relação entre os homens e mulheres, havia uma nítida subordinação deles em detrimento delas. Imperava a vulnerabilidade, a violência moral, a violência sexual e psicológica. Curiosamente, durante um longo período da história, as mulheres eram tão manipuladas psicologicamente que elas mesmas eram incapazes de admitir mudanças. Além disto, havia motivos correlacionados aos fatores culturais e morais daquele período que as impossibilitavam de exercer outras atividades fora de casa.

Este cenário cultural, modelado por meio da imposição masculina e da inferiorização da figura feminina perdurou ao longo do tempo, numa escala mundial. Houve períodos nos quais mulheres e crianças sequer eram catalogadas no censo demográfico, não possuindo direitos mínimos e bem distantes da almejada igualdade dos homens.

Infere-se, ademais, que por muito tempo as mulheres eram vistas como objetos de deveres, e não sujeitos de direitos. Equiparadas aos animais, sujeitas à procriação e reputadas como posse (ou até mesmo propriedade, a depender da sociedade) do homem, poderiam ser juridicamente consideradas como objetos ou coisas.

Aos poucos as mulheres foram ganhando consciência, quando passaram a lutar pela sua igualdade de direitos e de reconhecimento. A revolução industrial afetou aquele modelo arcaico de sociedade patriarcal, de modo a introduzir toda a sociedade naquele novo modelo produtivo. As mulheres, antes restritas ao lar, passaram a exercer todas as formas de atividade, adquirindo novas habilidades, passando a ser aceitas pelo povo como pessoas capazes de participar da produção industrial.

O filme "Os sufragistas[3]" discorre sobre um tempo em que as mulheres não tinham direito ao voto, e nem podiam participar dos julgamentos em questões políticas. No conceito daquela época, permitir que uma mulher exercesse determinadas funções era considerado uma quebra da estrutura social. Propugnava-se a ideia falaciosa de que as mulheres eram incompetentes e, por isso, não poderiam exercer o direito ao sufrágio.

Semelhante à luta das mulheres, evidenciava-se, também, a luta dos homens que promoviam movimentos em oposição às mulheres pelo direito ao voto.

No contexto social atual, ainda há evidências da luta das mulheres no parlamento. Principalmente por conta de alguns retrocessos que a sociedade vem evidenciando nos últimos anos. Historicamente, a exigên-

---

3. Notícia oferecida pela Jornalista Maria Elisa Alves, publicada no Jornal O GLOBO. 22/10/2015 9:57 / atualizado 31/12/2015 7:35. Disponível em: <https://oglobo.globo.com/rio/dez-crimes-que-chocaram-rio-de-janeiro-17845895>. Acesso em: 03 de out. de 2020.

cia do voto das mulheres no Brasil só ocorreu em 1946, quando o sufrágio passou a ser obrigatório. Antes desse período as mulheres não eram obrigadas a votar porque a ideia que se nutria era de que as mulheres não tinham capacidade de discernimento e compreensão.

Em meados da década de sessenta surgem novas discussões e movimentos sociais marcados por aquele período de lutas pela igualdade de direitos. A partir dos anos setenta, o Brasil foi conduzido a um modelo bastante peculiar, aliado ao estado de exceção, correspondente ao período ditatorial, iniciado na década anterior.

Acrescenta-se, ainda, que naquela ocasião, alguns fatos marcaram um longo período de lutas pelo Brasil. Estudiosos de um modo geral registram alguns fatos criminosos que atentavam contra os direitos humanos, a exemplo de assassinatos em massa, deixando resquícios na história daquela época, e que ainda se tem uma repercussão até os dias atuais.

Nos anos de 1976, Ângela Diniz, conhecida como "a pantera mineira", foi morta com quatro tiros na cabeça por seu companheiro, na praia de Búzios, no litoral fluminense. Aquele assassinato cruel abalou a sociedade, provocando a notoriedade das páginas dos grandes e mais importantes jornais brasileiros daquele período.

Outro acontecimento marcante oriundo do período ditatorial foi o de Cláudia Lessin Rodrigues, que morreu no Rio de Janeiro em 1977, aos 21 anos de idade. Seu corpo foi encontrado dois dias depois do fato, nas Pedras do Chapéu dos pescadores, com resquícios de pancadas na cabeça, com um saco de pedras amarrado em volta do seu pescoço e com evidências de violência sexual. O principal suspeito foi inocentado do crime de homicídio e violência sexual, só condenado por apenas 2 anos, por ocultação de cadáver, o outro acusado fugiu para Suíça, e nunca foi sentenciado.

Após o assassinato sofrido pela Ângela Diniz, muitos foram às reivindicações em prol da defesa das mulheres. Contrário a tudo que se poderia imaginar acerca da proteção à vida, havia quem acreditasse que o réu havia matado por amor, embora isso não fizesse o menor sentido.

Posteriormente surgiu uma polêmica referente aos crimes passionais, principalmente quando se ouve falar em assassinato de mulher, de imediato já dizem crime passional, que refere-se a paixão, algo que é realizado, aguçado, estimulado por uma grande emoção, só que isso é uma condição de inabilitar o homicídio hediondo, atualmente denominado de feminicídio (art. 121, §2°, VI do Código Penal).

Em 1985 foram criadas as delegacias de defesa da mulher, com o intuito de se promover atendimentos especializados para essas pessoas. Justificadas pela ascensão no campo acadêmico, as universidades passaram a promover palestras, seminários e diversos eventos relacionados ao tema. Nesse diapasão, os movimentos de ruas, as passeatas e as mais diversas formas de manifestações artísticas, literárias e científicas fomentaram os ideais de igualdade e liberdade em favor das mulheres. O mercado de trabalho foi, aos poucos, se alterando. Em virtude do acesso à educação, novos direitos foram surgindo e as lutas feministas foram remodelando a sociedade brasileira.

Outrossim, após longos anos de luta e reivindicações evidencia-se que a igualdade, mesmo depois do advento da Constituição Federal de 1988, não está sedimentada na sociedade contemporânea.

ALGUMAS NUANCES ACERCA DA VIOLÊNCIA DE GÊNERO

Antes de discorrer acerca da violência de gênero, é imperioso esclarecer, ainda que brevemente, sobre o significado do termo violência.

A palavra violência advém do latim, *violentia*, de *violentus*, que significa ataque furioso, à força, impetuoso. Etimologicamente, sua origem está ligada ao verbo *violare,* em que *vis*, tem o significado de força, eficácia, e também transgredir, infringir, devassar.

Na acepção jurídica do termo, o art. 5° da Lei n° 11.340/2006 descreve a violência de gênero como quaisquer atos atentatórios aos direitos humanos da mulher que cause "morte, lesão, sofrimento físico, sexual e psicológico e dano moral ou patrimonial". Para Maria Cecília de Souza Minayo (2005), "a violência é uma construção histórica que tem a cara da sociedade que a engendra". Portanto, violência é um comportamento que causa um estrago físico e material a outra pessoa, ser vivo ou objeto, utilizando-se intensamente de alguma força. Acredita-se que é um fenômeno cultural e histórico, que se faz presente em todos os períodos da humanidade.

Embora os sentidos atribuídos ao termo violência possuam ampla extensão, sendo ainda entendida como agressividade, coação, constrangimento, ameaça, intimidação etc., lamentavelmente figura como um traço marcante na sociedade emergente. Por isso, qualquer tentativa em tentar exaurir seus significados não parece ser uma tarefa fácil, quiçá, impossível.

O sociólogo Gilberto Dimenstein (2005), assevera que a violência no Brasil teria alcançado um nível tão expressivo que se pode comparar, guardadas as devidas proporções, a algo muito semelhante a uma guerra civil. Nos dizeres de Dimenstein, alguns direitos fundamentais, em especial o da autodeterminação, o direito de ser negro, índio, homossexual, mulher, sem ser discriminado, de praticar uma religião sem ser perseguido, tem apresentado novas formas de violência. A negação do desempenho da cidadania estaria de modo direto ligado ao aumento da violência na sociedade, visto que, quanto menos reconhecidos os direitos dos cidadãos, maiores serão as desigualdades e injustiças, que por sua vez retroalimentam a violência, num infinito ciclo vicioso.

Num cenário globalizado de intercâmbio cultural, a violência aparece como reação dos excluídos, onde as contradições e (in)coerências do modelo capitalista reverbera na disputa de classes, propagando uma "cultura da violência", principalmente nas sociedades mais heterogêneas.

A violência de gênero, por sua vez, pode ser compreendida como atos ou condições em que o homem submete a mulher física e/ou emocionalmente, de maneira explícita ou implícita, sendo que esses hábitos se intercalam num contexto social de abuso que perdura no tempo. A conotação acerca das violências tem sofrido mutações a depender da sociedade e das ideologias de determinada época, mas é possível evidenciar um ponto comum: as relações de gênero são consideradas relações de poder.

Gênero é palavra que busca destacar a concepção social da identidade "mulher" e "homem", tendo como objetivo apontar diferenças entre aspecto social e aspecto biológico. O gênero, assim, não deve ser contemplado simplesmente como inscrição cultural de sentido nem sexo previamente dado. Nesse mesmo seguimento, Maria Amélia Teles aduz que: "[...] gênero se constrói socialmente de acordo com o tempo histórico vivido em cada sociedade, enquanto a expressão "sexo" teria uma caracterização biológica com destaque para os aspectos físicos do ser feminino ou do ser masculino. Assim, é a própria estrutura da sociedade e sua dinâmica que transformaram as diferenças sexuais em desigualdades sociais tendo em vista atender interesses de determinados grupos" (TELES, 2006, pág. 39.).

Convém acentuar que apenas na década de noventa a classe de gênero passou a ser mencionada nos estudos sobre a violência contra a mulher, embora a questão já fosse debatida por grupos feministas desde os anos oitenta.

A IV Conferência Mundial da Mulher, conhecida também como Conferência de Beijing, sediada na China em 1995, deu consentimento a uma Declaração e uma Plataforma de Ação com o propósito de fazer proceder os objetivos de igualdade e progresso para todas as mulheres, aumentando a concordância e evolução das Conferências Mundiais antecedentes.

Os direitos da mulher foram reconhecidos como direitos humanos. Foi um marco na concepção mundial ao entendimento e respeito dos direitos humanos da mulher ao conceituar como violência qualquer ato de violência baseado em sexo, que ocasione algum prejuízo ou sofrimento físico, sexual ou psicológico às mulheres, incluídas as ameaças de tais atos, coerção ou privação arbitrária da liberdade que ocorram na vida pública ou privada, abala os direitos humanos.

O progresso na compreensão de que a violência contra a mulher reverbera nos direitos humanos fomentou a necessidade de se dispensar uma maior atenção a respeito desse problema. Dada a importância da implementação de medidas que assegurem a isonomia de gênero, foi elaborado, em 2019, o Relatório Nacional de Revisão do Estado Brasileiro da implementação da Declaração e Plataforma de Ação de Pequim, pelo Governo Federal. No Relatório, informações como o aumento da participação política, o incremento de novas normas de proteção à mulher, a exemplo do advento das três novas leis de combate à violência contra as mulheres, dão conta e inspiram políticas afirmativas de gênero, o que tem sido um salto positivo para a sociedade brasileira.

A violência contra as mulheres é um dos principais desafios enfrentados atualmente pelo Estado brasileiro para a promoção e proteção dos direitos humanos. No âmbito legislativo, foram sancionadas três leis para o combate à violência contra as mulheres: A Lei 13.642/2018 que delega à Polícia Federal a atribuição de investigar crimes associados à divulgação de mensagens de conteúdo misógino pela internet; a Lei 13.641/2018, que torna crime o descumprimento das medidas protetivas previstas na Lei Maria da Penha para proteger mulheres vítimas de algum tipo de violência doméstica ou familiar e em março de 2015, a Lei 13.104/2015, que altera o Código Penal, passando a prever o feminicídio como uma das circunstâncias qualificadoras do homicídio conforme disposto no artigo 121 do Código Penal Brasileiro (1940), além de incluir o feminicídio como crime hediondo, previsto no artigo 1° da Lei n° 8.072/1990. O novo tipo penal também prevê o aumento de pena de um terço até a metade, se o crime for praticado: durante a gestação ou nos três meses posteriores ao parto; contra pessoa menor de catorze anos, maior de sessenta anos ou com deficiência; na presença de descendente ou de ascendente da vítima (§ 7°, I, II e III).[4]

O Relatório ainda traz dados estatísticos que tratam das prioridades na formulação de políticas públicas de proteção ao gênero. Ao lado das novas leis e regulamentos, constam estratégias e programas que buscam o desenvolvimento de estatísticas de gênero. Além disso, houve implementação de programas, projetos e condução de novas pesquisas para produzir informações nacionais específicas sobre temas como violência baseada no gênero, propriedade de ativos, pobreza, deficiência etc.

A MULTIPLICIDADE DE ESPÉCIES DE VIOLÊNCIA CONTRA A MULHER

Em conformidade com o que está previsto na disposição do art. 5° da Lei n° 11.340/2006, a violência "doméstica" (ou de gênero), na acepção legal é também qualquer

4. Disponível em: <https://www.gov.br/mdh/pt-br/navegue-por-temas/atuacao-internacional/relatorios-internacionais-1/declaracao-e-plataforma-de-acao-de-pequim-sobre-a-mulher>. Acesso em: 01 de mar. de 2021.

desses atos ou omissões executadas contra a mulher em razão da ligação de natureza familiar ou afetiva.

Nesse diapasão, Salo de Carvalho e Carmen Hein de Campos (2015), entendem que se compreendem por violência doméstica, às condutas acometidas por ofensas evidenciadas nas relações de afetividade e conjugalidade hierarquizadas entre os sexos, da qual, o objetivo é a submissão ou subjugação, impossibilitando ao outro o livre exercício da cidadania. A violência doméstica contra as mulheres é uma forma de representação de violência de gênero.

O ROL EXEMPLIFICATIVO DAS ESPÉCIES DE VIOLÊNCIA DE GÊNERO PREVISTAS NA LEI Nº 11.340/2006

Partindo-se do art. 7° da Lei nº 11.340/2006, que descreve explicitamente as formas de violência doméstica e familiar contra a mulher, é possível entender que se compreende por violência física qualquer conduta que venha a ofender sua integridade ou saúde corporal, ainda que não deixe marcas visíveis (inciso I do art. 7° da Lei em comento). A lei não delimita as possibilidades de agressão física, podendo se manifestar das mais variadas formas.

Já a violência psicológica (inciso II do art. 7° da Lei nº 11.340/2006), também entendida como violência ou agressão emocional, foi inserida ao conceito de violência contra a mulher na Convenção Interamericana para Prevenir, Punir e Erradicar a Violência Doméstica (Decreto nº 1.973, de 1° de agosto de 1996). Vejamos:

Artigo 2

Entende-se que a violência contra a mulher abrange a violência física, sexual e psicológica.

a) ocorrida no âmbito da família ou unidade doméstica ou em qualquer relação interpessoal, quer o agressor compartilhe, tenha compartilhado ou não a sua residência, incluindo-se, entre outras turmas, o estupro, maus-tratos e abuso sexual;

b) ocorrida na comunidade e comedida por qualquer pessoa, incluindo, entre outras formas, o estupro, abuso sexual, tortura, tráfico de mulheres, prostituição forçada, sequestro e assédio sexual no local de trabalho, bem como em instituições educacionais, serviços de saúde ou qualquer outro local;

c) perpetrada ou tolerada pelo Estado ou seus agentes, onde quer que ocorra.

Dada a importância do tema, o legislador brasileiro alterou recentemente o referido dispositivo legal (inciso II do art. 7° da Lei n° 11.340/2006) – com nova redação dada pela Lei n° 13.772 de 2018 –, acrescentando e apontando condutas que afetam o perfeito desenvolvimento da saúde mental ou que atrapalham sua busca pela autodeterminação.

II - a violência psicológica, entendida como qualquer conduta que lhe cause dano emocional e diminuição da autoestima ou que lhe prejudique e perturbe o pleno desenvolvimento ou que vise degradar ou controlar suas ações, comportamentos, crenças e decisões, mediante ameaça, constrangimento, humilhação, manipulação, isolamento, vigilância constante, perseguição contumaz, insulto, chantagem, violação de sua intimidade, ridicularização, exploração e limitação do direito de ir e vir ou qualquer outro meio que lhe cause prejuízo à saúde psicológica e à autodeterminação;

Embora não conste expressamente neste rol as violências virtuais, tão evidentes na sociedade contemporânea e que surgem como uma das formas de violência mais difíceis de lidar, dada a rapidez, o alcance e a volatilidade na violação da intimidade, é perfeitamente possível extrair, através de uma interpretação sistêmica, que tal proteção estaria presente tanto na vigilância constante, quanto na perseguição contumaz, na violação de sua intimidade e na ridicularização. Tudo em decorrência das inovações trazidas pelas novas ferramentas tecnológicas e das redes sociais, já que se tornou comum a prática e violência psicológica perpetrada virtualmente.

Nesta mesma senda, são múltiplas as formas de violência psicológica, consistindo na agressão emocional, constatadas por ameaças, rejeição, violação da intimidade, humilhação da vítima pelo agressor, que sente contentamento em inferiorizar e ridicularizar o outro.

A dominação da vítima pelo agressor pode dificultar o entendimento de que esta está sendo violentada sob essa perspectiva, o que acaba por gerar cifras negras, haja vista a omissão ou negligência por parte dos sujeitos que não buscam ajuda junto aos órgãos estatais que tutelam tais interesses. Este tipo de violência é representado pela *vis* compulsiva e é uma das formas mais frequentes de agressão, embora sejam as menos denunciadas[5].

5. A nova redação dada pela Lei nº. 13.772, de 2018 alterou a Lei nº 11.340/2006, art. 7º, II - a violência psicológica, entendida como qualquer conduta que lhe

A violência sexual (inciso III do art. 7º) foi reconhecida a princípio pela Convenção de Belém do Pará, mas obteve força por parte da doutrina e da jurisprudência pátria em ser reconhecida como forma de agressão. Tema de relevante importância diz respeito à natureza das ações penais em face dos crimes sexuais, em especial aqueles que ocorrem no âmbito da violência doméstica. No Código Penal, antes da alteração do art. 225 promovida pela Lei nº 13.718, de 2018, os delitos sexuais, eram classificados como crime de ação penal pública condicionada à representação, ou seja, para o Estado (Ministério Público) agir, seria necessário a vítima anuir, autorizar, em conformidade com a sua representação.

O direito de representação, por sua vez, enquanto condição de procedibilidade das ações penais públicas condicionadas à representação, possui prazo atribuído em lei, tanto no Código Penal (art. 103), quanto no Código de Processo Penal (art. 38 do CPP). Sucede que a nova redação determinada pela Lei nº 13.718/2018 retira essa condição de procedibilidade, transformando as ações penais dos crimes sexuais como de natureza pública incondicionada, mudando a regra geral antes estabelecida. Contudo, no âmbito familiar ou doméstico, passam ao abrigo da lei especial, sendo portando crimes de ação pública incondicionada, seja porque a natureza da infração por si só gera efeitos que atentem aos direitos fundamentais das mulheres, seja porque pelos entendi-

---

cause dano emocional e diminuição da autoestima ou que lhe prejudique e perturbe o pleno desenvolvimento ou que vise degradar ou controlar suas ações, comportamentos, crenças e decisões, mediante ameaça, constrangimento, humilhação, manipulação, isolamento, vigilância constante, perseguição contumaz, insulto, chantagem, violação de sua intimidade, ridicularização, exploração e limitação do direito de ir e vir ou qualquer outro meio que lhe cause prejuízo à saúde psicológica e à autodeterminação.

mentos das cortes superiores (STJ e STF), as violências contra as mulheres justificam a natureza incondicionada das ações penais.

Súmula 542 do STJ - A ação penal relativa ao crime de lesão corporal resultante de violência doméstica contra a mulher é pública incondicionada. (Súmula 542, TERCEIRA SEÇÃO, julgado em 26/08/2015, DJe 31/08/2015).

Já o artigo 16 da lei dispõe que as ações penais públicas "são condicionadas à representação da ofendida", mas, para a maioria dos ministros do STF, essa circunstância acaba por esvaziar a proteção constitucional assegurada às mulheres. Em julgamento histórico, o Plenário do Supremo Tribunal Federal julgou procedente, na sessão de 09 de fevereiro de 2012, a Ação Direta de Inconstitucionalidade (ADI 4424) ajuizada pela Procuradoria-Geral da República quanto aos artigos 12, inciso I; 16; e 41 da Lei Maria da Penha (Lei nº 11.340/2006) a corrente majoritária da Corte acompanhou o voto do relator, ministro Marco Aurélio, no sentido da possibilidade de o Ministério Público dar início a ação penal sem necessidade de representação da vítima[6].

Assim, ficou decidido que crimes que envolvem violência no âmbito doméstico são de natureza pública incondicionada, o que denota que os crimes sexuais, por consequência, também seriam de natureza incondicionada, passíveis de investigação policial e oferecimento da denúncia pelo *parquet*, independentemente da expressão de vontade da ofendida.

---

6. Disponível em: <http://www.stf.jus.br/portal/cms/verNoticiaDetalhe.asp?idConteudo=199853>. Acesso em: 11 de fev. de 2021.

A violência patrimonial (inciso IV do art. 7° da Lei), por sua vez, está relacionada também àquilo que está expresso na previsão dos crimes do Código Penal entre os delitos contra o patrimônio (Título II dos arts. 155 a 183 do CP). De modo normal e habitual não sucede sozinha, sendo utilizado como meio para alvejar a vítima física ou psicologicamente.

Uma reflexão importante que surgiu na doutrina diz respeito à aplicabilidade das imunidades previstas nos artigos 181 e 182, CP, que descrevem que os crimes contra o patrimônio, quando executados em detrimento do cônjuge, são isentos de pena. Não há consenso no que tange à aplicabilidade das imunidades aos conviventes em união estável. E, diga-se de passagem, há doutrinadores contrários e a favor do cabimento de interpretação analógica para alcançar as isenções de pena aos casais que, embora não tenham se casado, convivam em união estável.

Para Bittencourt, as imunidades penais absolutas são causas pessoais de exclusão de pena, e não podem ser interpretadas extensivamente, ainda que servissem para beneficiar o réu. Segundo o referido autor:

> A primeira hipótese destina-se somente aos cônjuges na constância da sociedade conjugal, excluindo-se o concubinato, companheirismo, casamento religioso sem efeitos civis, a união estável, bem como os cônjuges separados ou divorciados (BITENCOURT, 2016, pág. 394).

Defendendo outra posição, NUCCI assevera que embora a expressão cônjuge sempre tenha sido de "interpretação restritiva, não se ampliando para o companheiro(a) ou concubina(a)" (NUCCI, 2017, pág. 572), com as novas formas de família reconhecidas pelo STF, haja vista a viável conversão entre a união estável ao casamento e a equiparação desses dois institutos como entidade familiar, adequada está a interpretação extensiva para alcançar as imunidades aos casais nessa situação jurídica, desde que estejam na constância da união estável.

Como se não bastasse, diversas decisões dos Tribunais Superiores dão ao tema interpretação conforme o que alhures se expôs, ou seja, do cabimento das imunidades em caso de comprovada constância da sociedade conjugal, ainda que na modalidade de união estável[7]. E nessa mesma linha, André Stefam aduz que a aplicação das causas de imunidade atende ao espírito da Constituição Federal que reconhece e protege juridicamente a união estável, além de se tratar de interpretação *in bonam partem* (STEFAM, 2017, págs. 602-603).

A violência moral (inciso V do art. 7° da Lei n° 11.340/2006) recebe amparo e proteção penal nos delitos contra honra – injúria, calúnia e difamação (arts. 138, 139 e 140 do CP). De forma geral, ocorrem amparados com a violência psicológica e quando praticados no âmbito familiar devem ser entendidos como violência doméstica, determinando agravamento de pena, conforme disposto no art. 61, II, "f" do Código Penal, cuja redação foi determinada pela Lei n° 11.340/2006.

Não obstante a Lei n° 11.340/2006 tenha classificado as espécies de violência dentre as cinco modalidades acima listadas, atualmente já se é possível catalogar outras formas de violência de gênero implícitas, e que também devem ser invocadas para fins de proteção legal.

---

7. Sobre o tema, vide: TJMG Ap. Crim. 1.0625.12.002710-1/001/MG, 1ª C. Crim. Rel. Walter Luiz, 02.06.2015; TJRS Ap. Crim. 70063904296/RS, 8ª C. Crim., Rel. Naele Ochoa Piazzeta, 13.05.2015, v.u.

NOVAS ESPÉCIES DE VIOLÊNCIA PREVISTAS EM LEI

Uma das formas de violência bastante presente nos dias atuais diz respeito aos crimes sexuais praticados entre os meios reais e os meios virtuais, através da internet. Ainda que esta nova modalidade de violência contra a mulher realizada em ambientes virtuais seja um assunto relativamente novo para os tribunais brasileiros, o Poder Judiciário tem participado eficientemente das repercussões cíveis e criminais dessa nova espécie de crime on-line, que obteve novos padrões após a nova onda de incorporações legislativas.

A Lei nº 12.737/2012, vulgarmente denominada Lei Carolina Dieckmann, é um exemplo legislativo que tutela novos interesses da seara criminal, em decorrência das mudanças sofridas pela sociedade, após o incremento da internet na vida social. Essa lei decorreu de um projeto que foi proposto em referência e diante de situação específica experimentada pela atriz Carolina Dieckmann, em maio de 2012, que teve copiadas de seu computador pessoal, 36 (trinta e seis) fotos em situação íntima e conversas, que acabaram divulgadas na Internet sem autorização. Tanto a lei em comento, quanto o Marco Civil da Internet, em 2014, discorre sobre esse novo modelo de sociedade imersa às novas tecnologias.

A Lei nº 13.642, de 03 de abril de 2018, alterou a Lei nº 10.446 de 08 de maio de 2002, a qual trata da competência da instituição policial brasileira em crimes de repercussão interestadual ou internacional. Crimes praticados por meio da rede mundial de computadores que divulgam conteúdo misógino, definidos como aqueles que propagam o ódio ou a aversão às mulheres, passaram a ser atribuição da polícia federal, no âmbito da investigação criminal.

Evidentemente, o legislador ampliou as atribuições da polícia federal em razão da complexidade peculiar aos delitos praticados na rede mundial de computadores, smartphones e similares. Como essa polícia possui uma aparelhagem mais técnica, além de ter seus agentes mais preparados, em razão das necessidades intrínsecas às suas atividades investigativas, justificada está a ampliação das suas atribuições para alcançar os crimes contra a mulher, uma vez que a pratica do delito tenha sido veiculada por meio da internet.

Recentemente, em 19 de dezembro de 2018, foi publicada a Lei nº 13.772/2018, que alterou a Lei Maria da Penha para criminalizar a violação da intimidade da mulher. Situações de exposição que se tornaram comuns nos dias atuais dizem respeito à violação da intimidade das mulheres, frequentemente vítimas de exposição de nudes e vídeos de conteúdo íntimo. Atos violentos dessa ordem se tornaram corriqueiros e existem registros de diversas pessoas que atentaram contra suas próprias vidas, após terem sua honra e intimidade devassadas por meio das redes sociais.

Embora o legislador tenha enfrentado o tema de uma maneira positiva às vítimas de crimes dessas modalidades, essa preocupação foi tardia, além de que as medidas penais capituladas em lei parecem insuficientes ou inadequadas aos bens jurídicos afetados. Isso porque as penas atribuídas ao crime (art. 216-B do Código Penal) são de detenção de seis meses a um ano, ou multa, ou seja, são da competência dos juizados especiais criminais (Lei nº

9.099/1995). Por se tratar de crime de menor potencial ofensivo, que comporta uma série de institutos despenalizadores, arrisca-se dizer que não serão alcançadas as finalidades do Direito Penal, haja vista o conteúdo meramente simbólico dessa nova espécie de delito.

Em 31 de março de 2021 foi sancionada a Lei nº 14.132/2021, acrescentando o art. 147-A ao Código Penal, passando a prever o crime de perseguição, também conhecido também como stalking. Em 10 de outubro de 2020, o Plenário da Câmara dos Deputados havia aprovado a proposta que estabelecia prisão de até 4 anos para a prática de perseguição obsessiva. Anteriormente, a perseguição não era crime, e sim uma contravenção penal. A Lei de Contravenções Penais previa pena de prisão simples de 15 dias a dois meses para quem "molestar alguém ou perturbar-lhe a tranquilidade, por acinte ou por motivo reprovável" (art. 65 do Decreto-Lei nº 3.688/1941). A referida contravenção penal foi expressamente revogada pelo art. 3º da Lei nº 14.132/2021. Após o projeto ter sido aprovado pelos Deputados Federais, a matéria foi enviada para nova análise do Senado Federal que, após alterada e aprovada, passou para a sanção presidencial. O novo crime de perseguição prevê pena de reclusão, de 6(seis) meses a 2(dois) anos, e multa. Além da modalidade de perseguição simples, descrita no caput do art. 147-A, existem as causas de aumento especial quando o crime for cometido contra criança, adolescente ou idoso (inciso I), contra mulher, em caso de misoginia (inciso II), e mediante concurso de 2(duas) ou mais pessoas ou ainda com emprego de arma (inciso III). Embora não deixe de ser considerado mais um avanço na proteção dessas pessoas vulneráveis, o novo crime além de se tratar de delito de menor potencial ofensivo, a natureza da ação penal é pública condicionada à representação (§3° do art. 147-A).

Objetiva-se, com o incremento de novos tipos penais, prevenir e reprimir a perseguição obsessiva, tendo em vista que se trata de uma prática reiterada, em que a vítima é ameaçada psicologicamente ou até fisicamente e tem sua liberdade de ir e vir restrita. O criminoso, que pode atuar também por meio da internet, perturba a liberdade ou invade a privacidade da vítima[8].

A VIOLÊNCIA INSTITUCIONAL

Não há como exaurir as espécies de violência, mas o legislador brasileiro segue atento às novas possibilidades de ofensa a bens jurídicos penalmente relevantes, como aqueles que estão relacionados às violências de gênero. Sem pretender encerrar a exposição sobre a multiplicidade de formas de violência, não se pode olvidar de uma última espécie de violência, que decorre da violência institucional, pouco abordada nos dias atuais, frequentemente nos espaços públicos e privados, seja no âmbito das instituições, seja nos órgãos públicos de forma ampla.

De acordo com Pierre Bourdieu (2011, pág. 105):

> *Essa evocação do conjunto de instâncias que contribuem para reproduzir a hierarquia dos gêneros deveria permitir esboçar o programa de uma análise histórica do*

---

8. Disponível em: <https://www.camara.leg.br/noticias/714712-camara-aprova-criminalizacao-da-perseguicao-obsessiva-ou-stalking/>. Acesso em 03 de mar. de 2021.

que permanece e do que se transformou naquelas instâncias; análise esta, que por si só pode fornecer instrumentos indispensáveis à compreensão tanto daquilo que podemos constatar ter, não raro de forma surpreendente, permanecido constante na condição das mulheres (e isto sem precisar invocar a resistência e a má vontade masculina ou a responsabilidade das próprias mulheres), quanto as mudanças visíveis ou invisíveis que tal condição experimentou em período recente.

Essa face da violência institucional, que decorre do gênero, talvez seja a menos perceptível aos olhos da sociedade civil. Da cegueira da justiça à ignorância dos homens, nos termos da Carta Magna do nosso País, o Estado é o guardião e garantidor dos direitos fundamentais de todo e qualquer cidadão, devendo preservar a igualdade de todos os gêneros, sem critérios distintivos da cor de pele, de idade, de credo ou religião. Tratando do viés da violência institucional, a proteção integral esperada pela Constituição Federal parece-nos insuficiente, haja vista a alta carga cultural à qual as violências se baseiam, em especial, a violência institucional.

Exemplificando tal posição aqui defendida, conforme pesquisas realizadas nos diversos noticiários do país, o último concurso da Polícia Militar para o Estado da Bahia, realizado em 2017, foram disponibilizadas, inicialmente, 2 (duas) mil vagas ao total, sendo que para as pessoas do sexo masculino, o número de vagas ofertado foi de 1.819 (mil oitocentos e dezenove) vagas, enquanto que para pessoas do sexo feminino, foram ofertadas apenas 181(cento e oitenta e uma) vagas, ou seja, 10%

(dez por cento) do número total. Como se não bastasse tamanha desproporcionalidade e falta de isonomia, para o ingresso do corpo de bombeiros militares não foi diferente. Das 750 (setecentos e cinquenta) vagas ofertadas, 672 (seiscentos e setenta e duas) vagas eram destinadas aos homens e apenas 78 (setenta e oito) para as mulheres, número inexpressivo para este público, evidenciando de forma clara a desigualdade de gêneros.

Em 2019 foi publicado novo edital para provimento de novas vagas também para a Polícia Militar do Estado da Bahia. Desta vez foram ofertadas 1250 (mil duzentos e cinquenta) vagas, sendo 1000 (mil) vagas para praças da PM e 250 (duzentos e cinquenta) para Corpo de Bombeiros Militares. O que já era esperado, foram destinadas apenas 10% (dez porcento) das vagas de praças PM para mulheres e pouco mais de 16% (dezesseis porcento) para Bombeiros Militares destinadas às mesmas[9].

A violência institucional, como alhures se expôs, pode ser caracterizada através de formas diversas, além das citadas acima. As violências institucionais não têm “cara”, nem “classe social”, podendo ocorrer em qualquer situação, independentemente da condição econômica das pessoas e da esfera de poder que as vítimas ocupam. Muitos são os registros observados diariamente, e os exemplos são assustadores. A própria Ministra Cármen Lúcia, segunda mulher a presidir o STF, sempre se posicionou a favor da isonomia entre seus pares. Por diversas oportunidades a Ministra fez questão de registrar publicamente a falta

9. Disponível em: <https://dhg1h5j42swfq.cloudfront.net/2019/10/16065635/Edital-PM-BA-2019-Soldado.pdf>. Acesso em: 03 de mar. de 2021.

de atenção dispensada a ela e também a Ministra Rosa Weber, até mesmo durante as sessões de julgamento, quando estão reunidas com os demais Ministros do STF. Insta salientar que as duas Ministras são as únicas mulheres da Suprema Corte brasileira, o que comprova, claramente, a desproporcionalidade e a falta de isonomia institucional dentro da Casa guardiã dos direitos e garantias fundamentais. A referida Ministra ex-presidente do STF, Cármen Lúcia, consciente de seu valor, já afirmou em diversas entrevistas que nunca cedeu e nunca cederá "diante de pressões pelo fato de ser mulher"[10].

Outra realidade que vale a pena ser registrada diz respeito à disparidade entre a quantidade de homens e a quantidade de mulheres que ocupam as cadeiras no Senado Federal. No biênio 2019-2020, dos 11 cargos da mesa do Senado, por exemplo, apenas um é ocupado por uma mulher, a Senadora Leila Barros (PSB-DF), e ainda assim como suplente.

Mediante muita luta por reconhecimento de direitos e com alguns tímidos avanços, com toda representação feminina em Cargos do Poder Executivo no Brasil, que progride desde o início da década de 1990, pesquisas apontam que mesmo com esse contexto de evolução e conquistas, o Brasil só vai alcançar a igualdade de gênero para cargo de governador, apenas em 2065, e para cargo de prefeito em 2038[11].

---

10. Por Alberto Vicente. Publicado em 07/05/2019 - 12h23. Disponível em: <https://www.concursosnobrasil.com.br/concursos/ba/concurso-pmba.html>. Acesso em 04 de mar. de 2021.

11. Publicado em 13/09/2018 - 07:02. Por Felipe Pontes – Repórter da Agência Brasil Brasília. Disponível em: <>http://agenciabrasil.ebc.com.br/justica/

Rodolfo Pamplona Filho e Claiz Maria Pereira Gunça dos Santos (2020) advertem para o surgimento de uma nova forma de violência de gênero: a violência e assédio em razão de gênero no mundo do trabalho. Os referidos autores aludem que desde o ano de 2009, na Conferência Internacional do Trabalho nº 98, foi adotado o Relatório VI, intitulado "A igualdade de gênero como eixo do trabalho decente". Entretanto, em 2016, o relatório "Mulheres no Trabalho: Tendências de 2016", após examinar 178 países, constatou-se a presente desigualdade entre homens e mulheres no mercado de trabalho global, o que fez surgir novos objetivos a serem concretizados na Agenda 2030 da ONU.

Ao tratarem sobre a violência e o assédio laboral, Pamplona e Claiz (2020, págs. 166-167) asseveram que:

Nesse contexto, as condutas assediadoras podem utilizar mecanismos sutis de discriminação e violência contra a mulher no ambiente laboral, como o *manterrupting*, *broppriating*, *mansplaining*, *gaslighting* e *distracting*. O *manterrupting* consiste na prática de interromper a mulher durante sua fala ou exposição de ideias. O *broppriating* corresponde à apropriação por um homem, colega ou superior hierárquico, da ideia apresentada por uma mulher. O *mansplaining*, por sua vez, consiste no comportamento masculino de explicar um fato ou uma teoria a uma mulher como se ela não tivesse conhecimento sobre o assunto. O *gastighting* é a atitude de desqualificar a mulher no ambiente de trabalho. Por fim, o *distracting* (estratégia de distração) é caracterizado por técnicas que buscam desviar a atenção do discurso de uma mulher mediante distrações e infor-

noticia/2018-09/segunda-mulher-presidir-stf-carmen-lucia-deixa-cargo--nesta-quinta>. Acesso em: 04 de mar. de 2021.

mações insignificantes, como sua vestimenta ou condição física.

Apesar de todos os obstáculos e das lutas ora apresentadas, não podemos deixar de registrar que quando uma mulher decide procurar a tutela estatal para fazer valer seus direitos, além da violência decorrente da agressão sofrida, ainda encontra um outro entrave, um segundo tipo de violência, cuja natureza também é institucional, mas que ofende diretamente os Direitos Humanos. A prática dessa modalidade de violência é incompreensível e injustificável, diante de uma sociedade que deveria prezar pela boa formação dos seus membros, calcada nos valores de respeito à dignidade humana. Não só as demais faces da violência são cruéis, mas essa última é desumana, posto que fere o princípio da fraternidade, que comanda as nossas ações de como devemos ser solidários uns com os outros.

Por tudo o que foi exposto, a misoginia e o sexismo são notados de várias formas, e podem ir desde uma simples falta de escuta, como foi citado acima no caso da Ministra Cármen Lúcia, até a árdua peregrinação em busca da proteção do Estado através de serviços públicos.

Seja pela falta de atendimentos necessários às pessoas vulneráveis, seja pela falta de atenção dos governantes naquilo que pertence às políticas públicas, seja pelos maus-tratos dos profissionais motivados por alguma forma de discriminação, que geralmente está relacionada à questão da orientação sexual, da idade, do gênero etc., a sociedade segue “com passos de formiga e sem vontade” de fazer o melhor para si e para o próximo. Indubitavelmente, é lamentavelmente possível ver a cegueira da justiça e a ignorância dos homens. Uma, porque a "justiça" não atende integralmente os critérios de isonomia constitucional; duas, porque mesmo diante de tantas atrocidades já evidenciadas no curso da história, os homens insistem em reproduzir os mesmos preconceitos de uma sociedade arcaica, imersa na ignorância.

A DESCOBERTA DE UM CARÁCTER ESPIRAL DAS VIOLÊNCIAS DE GÊNERO: *A JUSTIÇA PERMANECE CEGA DIANTE DA IGNORÂNCIA DOS HOMENS?*

Segundo aduz Maria Filomena Gregori (1993), às causas que levam as mulheres a delatar seus maridos e companheiros, na maioria dos casos, não são as buscas por uma punição ou penalidade, mas sim, uma tentativa de organização da sua vida conjugal. Nota-se, com isso, que a mulher, apesar de estar em um cenário crítico no relacionamento, tenta preservar, conservar, com todas suas forças e apenas em casos graves, que é capaz de romper tal união afetiva. A realidade comum a quase todos os atos de violência na relação, é o custo, a dificuldade que as mulheres, em especial aquelas que são vítimas de agressão, sofrem ao findar a relação conjugal com o agressor.

Em boa parte das vezes as vítimas são encaminhadas para abrigos e instituições de apoio, uma vez que quase todas estão fragilizadas emocionalmente e economicamente. Conforme pesquisa realizada por Nara Maria Cardoso (1997), entende-se que quando não decididos, resolvidos, os episódios de violência tendem a ser agravados, tais como, mais constantes. Um fator relevante, mas de difícil compreensão, diz respeito ao momento em que a relação acaba. As relações entre os casais são complexas e os sentimentos que envolvem duas pessoas a ponto de gerar um vínculo afetivo nem sempre são passíveis de compreensão científica. Isto porque estão no âmbito da subjetividade humana. Muitas vítimas sequer conseguem dissociar um ato de violência dos atos de cuidado e companheirismo mútuos. Há muita dificuldade em compreender o fim de um ciclo conjugal, e tornar compreensível tal fato às mulheres vítimas de agressão torna-se algo ainda mais complexo.

No momento em que há algum tipo de conscientização das suas funções na relação, dos papéis de cada um, da corresponsabilidade entre o homem e a mulher na duração desse espiral, a grande maioria das pessoas consegue colocar um fim na relação violenta, e alcançar uma melhora na sua própria vida, mas nem sempre isso é possível. Talvez um grande problema seja o de que muitas mulheres só conseguem reconhecer que não há mais meios de permanecer no relacionamento quando se evidenciam situações extremadas, quando as violências já se manifestaram de forma mais concreta, quando a emergência e pânico se instalam na relação, ficando, assim, com sua integridade física e mental afetadas.

O ciclo da violência familiar não é linear, mas pode ser evidenciado através de algumas etapas, algo como um espiral. Maria Berenice Dias declara que o ciclo da violência é cruel e desumano. Inicialmente o homem se silencia, tornando-se insensível, duro e até mesmo frio no curso da relação conjugal. Em seguida, surgem reclamações que geram desconforto ao casal, quando se podem evidenciar outros reflexos como: repreensão, censura, e reprovações aos atos da mulher, e começam os castigos e as punições. Os termos e as expressões intratáveis, ariscas, vão se transformando em agressões físicas, que com o passar do tempo vão se tornando mais explícitas e contundentes. Nesse sentido espiral, o homem destrói também os pertences e objetos pessoas da vítima, como forma de submissão, humilhação e manipulação. Contudo, muitas vezes o agressor apresenta-se socialmente como uma pessoa amável, atenciosa, fiel, tratando com cuidado a mulher vítima para que, agindo assim, as suas denúncias não ganhem créditos.

Para tentar por um fim a esse conturbado formato espiral que infringe os direitos humanos, a Lei Maria da Penha expandiu o conceito penal em relação à proteção da mulher, comprovando maior efetividade. A mencionada lei visa dar eficiência ao domínio constitucional que prevê no seu artigo 226: "A família base da sociedade tem especial proteção do Estado.", e no parágrafo 8º: "O Estado assegurará a assistência à família na pessoa de cada um dos que a integram, criando mecanismos para coibir a violência no âmbito de suas relações".

CONSIDERAÇÕES FINAIS

O presente estudo problematiza as principais características em torno do tema violência de gênero, fazendo parte de uma intensa luta dos movimentos feministas, partindo-se de uma análise conceitual das múltiplas formas de violência sofridas pelas mulheres, ao longo da história.

O maior intuito dessa pesquisa decorreu da tentativa em se dissociar violência de gênero de violência doméstica, para que fosse possível analisar, desenvolver um trabalho coerente e compreensível. À vista disso, foi feito um levantamento doutrinário, partindo das premissas do ordenamento pátrio sobre as tentativas de conceituação do termo "violência", apresentando suas múltiplas formas e características, sem olvidar as espécies de proteção constitucional, infraconstitucional, legal e supralegal, em torno do tema.

Um dos principais objetivos deste estudo científico, foi o subsidiar a aplicabilidade das normas, que tutelam os interesses femininos, em busca de efetivação das garantias fundamentais. A estratégia da metodologia de pesquisa utilizada no desenvolvimento desse trabalho encontra confiabilidade como método dedutivo, evidenciando as diversas possibilidades de compreensão da violência de gênero, conceito mais amplo do que o da violência doméstica.

As reflexões sobre o tema abordado neste trabalho fazem parte de um processo, voltado para as garantias fundamentais das mulheres, das formas de violência, citando até as não previstas na legislação brasileira. Por fim, traz uma análise crítica da cegueira da justiça, que não atende integralmente o direito das mulheres e seus valores sociais, e da ignorância dos homens, que permanecem, em sua maioria, propagando a violência, ódio ou aversão às mulheres, até os dias atuais.

Assim como uma espiral, sem fim, o presente trabalho também não tem a pretensão de exaurir o tema. E como ponto de partida para futuras reflexões, indagamos: permaneceria a justiça cega diante da ignorância dos homens?

REFERÊNCIAS BIBLIOGRÁFICAS

ALVES, Maria Elisa. Dez crimes que chocaram Rio de Janeiro. **O Globo**, Rio de Janeiro, 22 out. 2015. Disponível em: <https://oglobo.globo.com/rio/dez-crimes-que-chocaram--rio-de-janeiro-17845895>. Acesso em: 13 de maio de 2020.

ARANHA, M.L. **A história da educação**. São Paulo: Moderna, 1989. pág. 288.

AZEVEDO, Luiz Carlos de. História do direito, ciência e disciplina. **Revista da Faculdade de Direito da Universidade de São Paulo**. 1997. Disponível em: <http://www.revistas.usp.br/rfdusp/article/view/67354/69964>. Acesso em: 12 de maio de 2020.

AZEREDO, C. M. O. **Violência de gênero e incidência da Lei Maria da Penha: uma análise dos critérios jurisprudenciais do TJRS para determinação de competência.** Dissertação (Mestrado em Direito) – Programa de Pós-Graduação em Direito, Centro Universitário La Salle, Canoas. 2015.

ARDILLON, D.; DEBERT, G. G.. **Quando a vítima é mulher**: Análise de Julgamentos de crimes e estupro, espancamento e homicídios. Brasília CNDM, 1987, pág. 13.

BOURDIEU, Pierre. **A dominação masculina**. Rio de Janeiro: Bertrand Brasil, 2011, pág. 105.

BITTENCOURT, Cezar Roberto. **Tratado de Direito Penal.** v. 3. 12 ed. rev. atual. São Paulo: Saraiva, 2016. Pág. 394.

BRASIL. Lei nº 11.340/2006. Disponível em: <http://www.planalto.gov.br/ccivil_03/_ato2004-2006/2006/lei/l11343.htm> Acesso em: 10 fevereiro 2021.

BRASIL. Código Penal. Disponível em: <http://www.planalto.gov.br/ccivil_03/decreto-lei/del2848compilado.htm> Acesso em: 11 fevereiro 2021.

BRASIL. Diploma alterador. Disponível em: <http://www.

planalto.gov.br/ccivil_03/_ato2015-2018/2018/lei/L13718.htm> Acesso em: 11 fevereiro 2021.

CARDOSO, Nara Mª. Batista. Mulheres em situação de violência conjugal: fatores relacionados à permanência, rompimento e retorno à relação violenta. **Veritas**, nº 165, v. 42, págs. 133-139. Porto Alegre, 1997.

CAMPOS, Carmen Hein; CARVALHO, Salo. Violência doméstica e Juizados Especiais Criminais: Análise desde o Feminismo e o Garantismo. **Revista de Estudos Criminais**, nº 19, Ano V, p. 57, jul./set. 2005. Porto Alegre: Fonte do Direito.

COELHO, Marcos de Amorim; TERRA, Lygia. **Geografia Geral – o espaço natural e socioeconômico**. São Paulo: Moderna, 2001.

DIAS, Maria Berenice. **A Lei Maria da Penha na Justiça**. São Paulo: RT, 2007.

DIMENSTEIN, Gilberto. **O cidadão de papel**. São Paulo: Ática, 2005.

GREGORI, Maria Filomena. **Cenas e queixas – um estudo sobre mulheres, relações violentas e práticas feministas**. São Paulo: Paz e Terra, 1993.

MACIEL, José Fabio Rodrigues; AGUIAR, Renan. **História do Direito.** 6ª ed. São Paulo: Saraiva, 2013.

MELLO, Adriana Ramos de. **Comentários à Lei de Violência Doméstica e Familiar Contra a Mulher.** Disponível em: <https://www.escavador.com/sobre/8150961/adriana-ramos-de-mello>. Acesso em: 10 de fev. de 2021.

MELO, Monica de; TELES, Maria Amelia de Almeida. **O que é violência contra mulher. São Paulo: Ed. Brasiliense, 2017.**

MINAYO, M. C. S.. **Bibliografia comentada da produção científica brasileira sobre violência e saúde.** Rio de Janeiro: Escola Nacional de Saúde Pública, 1990, pág. 263. 2005.

MINAYYO, M.C.S. **O desafio do conhecimento:** Pesquisa qualitativa em saúde. 2ª ed. São Paulo; Rio de Janeiro: Hucitec – Abrasco, 1993.

MURARO, R. M. **Libertação Sexual da Mulher**. Petrópolis: Vozes, 1975. pág. 166.

NAÇÕES UNIDAS. IV Conferência Mundial da Mulher. China, Beijing, 4 – 15 set., 1995. Disponível em: < http://www.onumulheres.org.br/planeta5050-2030/conferencias/ >. Acesso em: 12 de fev. de 2021.

NOBLECOURT, C.D. **A mulher no tempo dos faraós.** Tradução Tânia Pellegrini. Campinas, SP: Papirus, 1994. pág. 416.

NUCCI, Guilherme de Souza. **Curso de Direito Penal**. v. 2. São Paulo: Forense, 2017.

PAMPLONA FILHO, Rodolfo; SANTOS, Claiz Maria Pereira Gunça dos. **Assédio Moral Organizacional: presencial e virtual** – São Paulo: Saraiva Educação, 2020.

PATTI, E. M. R. **O que pode uma mulher?** Sexualidade, Educação e Trabalho. Franca, SP: UNESP, 2004.

PONTES, Felipe. **Segunda mulher a presidir STF, Cármen Lúcia deixa cargo nesta quinta.** Agência Brasil, Brasília, 13 setembro 2018. Disponível em: <http://agenciabrasil.ebc.com.br/justica/noticia/2018-09/segunda-mulher-presidir-stf--carmen-lucia-deixa-cargo-nesta-quinta>. Acesso em: 13 de maio de 2020.

SANTOS, P. V. **A mulher e a instituição do casamento no Egito Antigo: da liberdade às restrições morais.** Disponível em: <http://www.snh2011.anpuh.org/resources/anais/anpuhnacional/S.23/ANPUH.S23.1485.pdf>. Acesso em: 08 de fev. de 2021.

SAGIM, 2004. **A mulher como vítima de violência doméstica** (The woman as victim of violence). Disponível em:

<https://revistas.ufpr.br/refased/article/view/8049/5671>. Acesso em: 08 de fev. de 2021.

STEFAM, André. **Direito Penal.** v. 2. 4ª ed. São Paulo: Saraiva, 2017. págs. 602-603.

RACHEL SOIHET. **"O corpo feminino como lugar de violência"** projeto de história, nº. 25, págs. 269-289, 2002.

TELES, Maria Amélia de Almeida. **O Que São Direitos Humanos das Mulheres**. São Paulo: Brasiliense, 2006, pág. 39.

TUDOR BRASIL. Resenha do Filme: **As Sufragistas – Por que Precisamos do Feminismo?** Tudo Brasil, 29 jan. 2016. Disponível em: <https://tudorbrasil.com/2016/01/29/resenha-do-filme-as-sufragistas-por-que-precisamos-do-feminismo/> Acesso em: 14 de mar. de 2020.

ZAIDMAN, Louise Bruit. **Práticas e representações religiosas da cidade na época clássica.** São Paulo: Edições Loyola, 2010.

http://agenciabrasil.ebc.com.br/justica/noticia/2018-09/segunda-mulher-presidir-stf-carmen-lucia-deixa-cargo-nesta-quinta. Por Felipe Pontes – Repórter da Agência Brasil. Brasília. Publicado em 13/09/2018 - 07:02. Disponível em: <https://www.camara.leg.br/noticias/714712-camara-aprova-criminalizacao-da-perseguicao-obsessiva-ou-stalking/>. Acesso em: 03 de mar. de 2021.

https://www.concursosnobrasil.com.br/concursos/ba/concurso-pmba.html Por Alberto Vicente. Publicado em 07/05/2019 - 12h23. Acesso em: 02 de mar. de 2021.

https://dhg1h5j42swfq.cloudfront.net/2019/10/16065635/Edital-PM-BA-2019-Soldado.pdf. Acesso em: 03 de mar. de 2021.

http://www.stf.jus.br/portal/cms/verNoticiaDetalhe.asp?idConteudo=199853. Acesso em: 11 de out. de 2020.

https://oglobo.globo.com/rio/dez-crimes-que-chocaram-rio-de-janeiro-17845895. Notícia oferecida pela Jornalista Maria Elisa Alves, publicada no Jornal O GLOBO. 22/10/2015 9:57 / atualizado 31/12/2015 7:35. Acesso em: 02 de mar. de 2021

http://www.planalto.gov.br/ccivil_03/_Ato2019-2022/2021/Lei/L14132.htm#art2. Acesso em: 20 de maio de 2021.

INQUÉRITO POLICIAL – DEFESA TÉCNICA: EXERCÍCIO E LIMITES À LUZ DA LEI Nº 13.245/2016 E DA LEI Nº 13.869/2019 (NOVA LEI DE ABUSO DE AUTORIDADE)

POLICE INQUIRY - TECHNICAL DEFENSE: EXERCISE AND LIMITS UNDER LAW 13.245/2016 AND LAW 13.869/2019 (NEW LAW OF ABUSE OF AUTHORITY)

Eujecio Coutrim Lima Filho[1]

RESUMO

O texto ora apresentado pretende analisar a importância da efetivação dos direitos fundamentais durante toda persecução penal, inclusive na fase investigatória.

1. Doutor e Mestre em Direito pela UNESA (RJ). Especialista em Direito do Estado pela UFBA (BA). Graduado em Direito pelo IESUS (BA). Colunista do Canal Ciências Criminais. Professor UNIFG (BA), FAVENORTE (MG), ACADEPOL (MG), UNIGRAD (BA). Delegado de Polícia Civil do Estado de Minas Gerais.

Como principal meio de investigação criminal, o inquérito policial, presidido pelo Delegado de Polícia, deve ser abordado à luz dos valores constitucionais como o devido processo legal (administrativo) e, dentro do possível à sua eficácia, os consequentes desdobramentos do contraditório e da ampla defesa. Assim, verifica-se a importância da análise da Lei nº 13.245/2016 que alterou o Estatuto da OAB garantindo maior participação do advogado no inquérito policial. Não obstante a timidez do legislador no desenvolvimento do tema, tem-se a atenção para uma investigação criminal que, sem perder o caráter inquisitivo e sigiloso, esteja em consonância com a aplicação de direitos ligados à dignidade da pessoa humana, desde que não atropele a legítima eficácia da investigação.

Palavras-chave: Inquérito Policial. Direitos Fundamentais. Defesa. Democracia. Sistema Inquisitivo.

ABSTRACT: The text presented here intends to analyze the importance of enforcement of fundamental rights throughout criminal prosecution, including the investigation stage. As the primary means of criminal investigation, the police inquiry, chaired by the Chief of Police, should be addressed in the light of constitutional values such as due process (administrative) and, as far as possible to its effectiveness, the resulting consequences of the contradictory and wide defense. Thus, there is the importance of analysis of Law n° 13.245/2016 which amended the Statute of OAB ensuring greater participation of the lawyer in the police investigation. Despite the legislator's timidity in the theme of development, there is attention to a criminal investigation, without losing the inquisitive and secrecy, is in line with the application of rights linked to human dignity, since it does not run over the legitimate effectiveness of research.

Keywords: Police Inquiry. Fundamental Rights. Defense. Democracy. Inquisitive System.

ASPECTOS GERAIS

O inquérito policial desempenha duas importantes funções. Possui função preservadora na medida em que sua prévia existência resguarda a liberdade do inocente e evita custos desnecessários ao Estado, pois inibe a instauração de um processo penal temerário e infundado. Ademais, por ofertar elementos de informação para que o titular da ação penal ingresse em juízo e para acautelar meios de prova que poderiam desaparecer com o decurso do tempo, pode-se dizer que o inquérito policial também possui função preparatória (LIMA, 2016).

Em um Estado Democrático de Direito a investigação policial deve ser realizada dentro dos limites legais. A CRFB de 1988 trouxe uma série de direitos e garantias objetivando preservar o núcleo básico da dignidade da pessoa humana. A eficiência da persecução penal, inclusive na fase investigatória, não está condicionada à violação de direitos fundamentais, os quais também devem ser efetivados no âmbito da Polícia Judiciária. A Autoridade Policial não pode se furtar em viabilizar garantias mínimas e direitos fundamentais do indivíduo, a decisão do Delegado de Polícia deve ser fruto da argumentação e da fundamentação jurídica, conformando-se com os valores constitucionais.

A Lei nº 12.830/2013, em seu art. 2º, §1º, confirma que a autoridade policial mencionada pela legislação processual penal é o Delegado de Polícia, o qual exerce cargo privativo de bacharel em Direito e exerce atribuições diretamente relacionadas à aplicação concreta de normas jurídicas aos fatos que lhe são apresentados. Deste modo, a função de polícia judiciária e a apuração das infrações penais exercidas pelo Delegado são de natureza jurídica (LIMA, 2016). Outrossim, o art. 144 da CRFB, ao disciplinar a segurança pública, atribuiu ao Estado o dever de preservar a incolumidade das pessoas e do patrimônio. Ao Delegado foi dada a missão constitucional de comandar a Polícia Judiciária, um dos órgãos de segurança. Portanto, considerando que os direitos fundamentais se revelam mais por princípios do que por regras, impõe-se ao Delegado uma maior atuação no campo da interpretação e aplicação das normas jurídicas.

O direito fundamental do indivíduo de ser investigado criminalmente de forma preliminar corrobora a devida investigação criminal constitucional. Assim, antes de iniciado o processo penal, como justa causa para realização de uma pretensão acusatória, urge a demonstração de prova da materialidade do crime e indícios suficientes de autoria, proporcionando ao Estado, por meio do Poder Judiciário que examinará os elementos investigativos e os expostos na respectiva ação penal, exercer o seu poder-dever de punir (SANNINI NETO, 2021). Portanto, tem-se a distinção entre o inquérito policial e a instrução processual. Enquanto o primeiro visa a obtenção de elementos aptos a justificar a propositura da ação penal, o segundo tem o objetivo de colher provas para demonstrar a legitimidade da pretensão punitiva ou do direito de defesa. Ademais, o inquérito policial, além de auxiliar na formação da *opinio delicti* do órgão da acusação, pode subsidiar a decretação de medidas cautelares pelo magistrado ou fundamentar uma decisão de absolvição sumária (LIMA, 2020).

A filtragem constitucional do Direito se dá através de uma releitura de toda ordem jurídica em consonância com os valores constitucionais. Essa filtragem, somada à elevação de temas infraconstitucionais em normas constitucionais, como é o caso do processo penal, traduz o fenômeno da constitucionalização do Direito que, com a irradiação das normas e valores constitucionais para todos os ramos do ordenamento, inclusive na esfera criminal - onde se insere a atribuição constitucional da Polícia Civil na apuração de infrações penais (art. 144, §4°, CRFB) -, fenômeno especialmente ligado aos direitos fundamentais, consiste em uma das mudanças decorrentes do neoconstitucionalismo que se desenvolveu sob a égide da Constituição da República Federativa do Brasil de 1988. Assim, a dignidade humana passou a fazer parte da cultura jurídica brasileira. Trata-se, basicamente, de um direito do homem surgido em função da necessidade do reconhecimento de outros direitos da pessoa além dos direitos individuais. Paralelo ao surgimento de ideias jurídicas como a de espécie humana, houve a positivação dessas novas categorias de direitos fundamentais (BARRETO, 2010).

O atual modelo constitucional deve inspirar uma releitura de todo o processo penal. Isto posto, verifica-se que a exclusão da participação do indiciado na fase investigativa se coaduna com o autoritarismo estatal. Com tal característica, Gaviorno (2021, pág. 151) infere que "o advento do Estado Democrático de Direito, fundado no valor da dignidade humana, impõe que ao investigado deve ser reconhecida a condição de sujeito de direitos, não mais se sustentando a condição de mero objeto de investigações".

De tal forma, vislumbra-se a importância do debate acerca da Lei nº 13.245/2016 que alterou o art. 7º, XIV, da Lei nº 8.906/1994 (Estatuto da OAB) e acrescentou o inciso XXI e os parágrafos 10, 11 e 12 ao mesmo dispositivo legal. Primeiramente, como já ventilado tanto no art. 5º, LV, da CRFB quanto na Súmula Vinculante nº 14 do STF, houve o desenvolvimento da disciplina legal sobre o acesso do advogado aos autos da investigação (policial ou não) e a respectiva responsabilização criminal e funcional por abuso de autoridade daquele que impedir o acesso visando prejudicar o exercício da defesa, sem prejuízo do direito subjetivo do advogado de requerer o acesso judicialmente. Em seguida, a citada lei inseriu o inciso XXI ao art. 7º do Estatuto da OAB de modo que o advogado passou a ter o direito de assistir atos investigatórios, sob pena de nulidade absoluta.

É preciso pontuar que o direito de acesso é dirigido ao advogado do investigado, trata-se de uma prerrogativa a ser utilizada na defesa do investigado. Nessa linha de intelecção, o AG. REG. na Reclamação nº 9.789, julgado pelo Tribunal Pleno do STF em 18/08/2010, por unanimidade negou vista aos autos do inquérito policial em razão do sujeito não figurar como parte investigada. Em momento algum a Lei nº 13.245/2016 determinou que a presença do advogado é indispensável às oitivas de testemunhas e vítimas, situação que conflitaria com a natureza, objeto e finalidade do inquérito policial (LOPES JR., 2021).

Em relação à Defensoria Pública, apesar de não estar sob a disciplina do Estatuto da OAB, não se pode negar os pontos de convergência dessas instituições no processo penal. Ademais, o art. 44, III, da LC nº 80/94, traz regra semelhante à prerrogativa ora estudada (*"São prerrogativas dos membros da Defensoria Pública da União (...) VIII – examinar, em qualquer repartição pública, autos de flagrantes, inquéritos e processos, assegurada a obtenção de cópias e podendo tomar apontamentos"*).

De outro lado, a enriquecer a discussão, importante pontuar que na edição 21 de seu Curso de Processo Penal, Tourinho Filho (1999) acentuou que, por não haver acusação, não se pode falar na existência de defesa no curso do inquérito policial. Em relação ao conteúdo extraído do art. 5º, LV, da CRFB, o autor explica que, por não existir acusado no inquérito policial, a interpretação que entende pela existência da defesa durante a fase investigativa resta equivocada. "Por isso mesmo os Advogados dos indiciados, quando se fizer necessário o sigilo, não podem acompanhar os atos do inquérito policial" (TOURINHO, p. 182).

Entretanto, as lições Tucci (2021) esclarecem que o citado comando constitucional também é dirigido aos investigados em procedimento administrativo como é o caso do inquérito policial. Nesta linha, apesar do próprio legislador nacional não ter critérios claros de distinção entre as noções de processo e de procedimento, tem-se que o inquérito policial é um "procedimento administrativo-persecutório de instrução provisória, destinado a preparar a ação penal" (TUCCI, 2021, pág. 476).

NOVA REDAÇÃO DO ART. 7°, XIV, DO ESTATUTO DA OAB

A antiga redação do art. 7°, XIV, do Estatuto da OAB (Lei n° 8.906/1994) dizia serem direitos dos advogados (...) *"examinar em qualquer repartição policial, mesmo sem procuração, autos de flagrante e de inquérito, findos ou em andamento, ainda que conclusos à autoridade, podendo copiar peças e tomar apontamentos"*.

Com a mudança provocada pela Lei n° 13.245/2016 o citado dispositivo legal passou a vigorar com a seguinte redação: *"examinar, em qualquer instituição responsável por conduzir investigação, mesmo sem procuração, autos de flagrante e de investigações de qualquer natureza, findos ou em andamento, ainda que conclusos à autoridade, podendo copiar peças e tomar apontamentos, em meio físico ou digital"* (grifei).

Sobre as alterações pontua-se que, apesar de discutível, principalmente pela ausência de previsão constitucional expressa, têm-se, no panorama atual, outros órgãos, além da Polícia Judiciária, investigando infrações penais (STF, RE 593.727). Portanto, verifica-se que o texto original do Estatuto da OAB, compatível com a conjuntura de 1994, versava apenas sobre "repartição policial" e "inquérito policial". Desta maneira, a nova redação expressa que o advogado tem o direito de analisar os autos de qualquer procedimento investigatório (inclusive de natureza não criminal), não apenas o policial (alargando a interpretação da citada súmula vinculante), podendo copiar peças e tomar apontamentos, em meio físico ou digital como, por exemplo, através de fotografias.

Em regra, o acesso do advogado aos autos da investigação não está condicionado à apresentação de procuração. Contudo, conforme norma do art. 7°, §10, do Estatuto da OAB, a procuração será exigida quando se tratar de investigação sigilosa. Neste caso, conforme exigência do próprio art. 5° do Estatuto da OAB, é necessário que o advogado esteja munido de procuração. Porém, nos termos do art. 266 do CPP, *"a constituição de defensor independerá de instrumento de mandato, se o acusado o indicar por ocasião do interrogatório"*. Caso o investigado não esteja presente, tem-se a regra do art. 5°, §1°, do citado diploma legal segundo o qual, *"o advogado, afirmando urgência, pode atuar sem procuração, obrigando-se a apresentá-la no prazo de quinze dias, prorrogável por igual período"*.

Em relação à exigência de procuração, entende-se pela derrogação do art. 13, parágrafo único, II, da Resolução n° 13/2006[2], do CNMP (que regulamenta o art. 8° da LC 75/93 e o art. 26 da Lei n° 8.625/1993, disciplinando, no âmbito do Ministério Público, a instauração e tramitação do procedimento investigatório criminal), segundo o qual *"a publicidade consistirá: (...) no deferimento de pedidos de vista ou de extração de cópias, desde que realizados de forma fundamentada pelas pessoas referidas no inciso I ou a seus advogados ou procuradores com poderes específicos, ressalvadas as hipóteses de sigilo"*.

No inquérito policial o sigilo deve ser decretado de forma fundamentada, não podendo se limitar à alegação de interesse social ou conveniência da investigação sem demonstrar os fatos concretos que originam tais fundamentos (GAVIORNO, 2021). De acordo com o art. 23 da Lei n° 12.850/2013, quando a investigação tiver como objeto organizações criminosas, decretado o sigilo pela

2. A Resolução n°. 13/2006 foi revogada pela Resolução n° 181/2017 do mesmo Conselho que passou a disciplinar a matéria.

autoridade judicial competente, o acesso aos elementos de prova que digam respeito ao exercício do direito de defesa deverá ser precedido de autorização judicial, ressalvados os referentes às diligências em andamento.

O próprio texto constitucional (art. 5º, LXIII, CRFB) assegurou assistência de advogado ao preso. Como forma de garantir o preceito constitucional, essa assistência deve ser aplicada ao inquérito policial, salvo quando se tratar do sigilo interno inerente à eficácia das investigações ainda não realizadas ou não concluídas (LIMA, 2020)[3]. Não se pode olvidar que, no curso das investigações, podem existir diligências, cujo sigilo é indispensável à sua finalidade. É o caso, por exemplo, da interceptação telefônica, do levantamento de dados cadastrais do investigado ou até mesmo da busca e apreensão. Em relação às diligências em andamento e ainda não documentadas nos autos, o Delegado de Polícia poderá delimitar o acesso do advogado aos elementos de prova quando houver risco de comprometimento da eficiência, da eficácia ou da finalidade das diligências (art. 7º, §11, do Estatuto da OAB). A partir da documentação formal da diligência que tramitava em sigilo, tem-se a possibilidade de vistas ao defensor. Quanto ao sigilo externo, entende-se por aquele determinado para impedir a divulgação, ao público em geral, por meio da mídia,

---

3. A mesma ressalva foi seguida pelo legislador da Lei de Abuso de Autoridade (Lei nº. 13.869 de 2019) quando, em seu art. 32, entendeu como crime a conduta de negar injustificadamente acesso dos autos da investigação à defesa.

"Art. 32. *Negar ao interessado, seu defensor ou advogado acesso aos autos de investigação preliminar, ao termo circunstanciado, ao inquérito ou a qualquer outro procedimento investigatório de infração penal, civil ou administrativa, assim como impedir a obtenção de cópias, ressalvado o acesso a peças relativas a diligências em curso, ou que indiquem a realização de diligências futuras, cujo sigilo seja imprescindível: Pena - detenção, de 6 (seis) meses a 2 (dois) anos, e multa*".

de informações essenciais às investigações (TÁVORA; ALENCAR, 2020).

Em relação a não implementação da prerrogativa, inserida no novo art. 7°, XIV, do Estatuto da OAB, por parte da autoridade com atribuição para investigar; a Lei n° 13.245/2016 adicionou a regra do §12 ao citado artigo, prevendo responsabilização criminal e funcional por abuso de autoridade daquele que, visando prejudicar o exercício da defesa, negar acesso ao advogado ou fornecer os autos de forma incompleta ou faltando peças que já foram incluídas. Além da responsabilização, o direito subjetivo do advogado de requerer acesso aos autos ao juiz competente também foi positivado. Neste caso, tem-se a possibilidade de o advogado peticionar ao juiz requerendo o acesso completo aos autos. Ademais, a autoridade responsável pela investigação também estará sujeita, nos limites do art. 32 da Lei n° 13.869/2019[4], à responsabilização criminal por abuso de autoridade.

Caso o procedimento investigativo esteja concluso para exame da autoridade que o preside, os autos igualmente devem ser disponibilizados ao defensor, sob pena de responsabilidade, desde que, com base na noção de razoabilidade, não atrapalhe os prazos legais que tem de ser respeitados pela autoridade responsável. Nesta hipótese, por haver justa causa, não cabe falar em má-fé do Delegado de Polícia nem em violação de prerrogativa do advogado (SANNINI NETO, 2021).

---

4. "Art. 32. *Negar ao interessado, seu defensor ou advogado acesso aos autos de investigação preliminar, ao termo circunstanciado, ao inquérito ou a qualquer outro procedimento investigatório de infração penal, civil ou administrativa, assim como impedir a obtenção de cópias, ressalvado o acesso a peças relativas a diligências em curso, ou que indiquem a realização de diligências futuras, cujo sigilo seja imprescindível: Pena - detenção, de 6 (seis) meses a 2 (dois) anos, e multa*".

INSERÇÃO DO INCISO XXI AO ART. 7º DO ESTATUTO DA OAB

A Lei nº 13.245/2016 também incluiu o inciso XXI ao art. 7º do Estatuto da OAB (Lei nº 8.906/1994) conferindo ao advogado o direito de assistir o investigado durante o interrogatório, depoimento e demais elementos investigatórios e probatórios dele decorrentes ou derivados podendo, inclusive, apresentar razões e quesitos, expondo-se às consequências da nulidade absoluta. Vale dizer que independe de demonstração de prejuízo, não se convalida pela preclusão e pode ser conhecida de ofício a qualquer instante.

São direitos do advogado (...) assistir a seus clientes investigados durante a apuração de infrações, sob pena de nulidade absoluta do respectivo interrogatório ou depoimento e, subsequentemente, de todos os elementos investigatórios e probatórios dele decorrentes ou derivados, direta ou indiretamente, podendo, inclusive, no curso da respectiva apuração: a) apresentar razões e quesitos (Art. 7º, XXI, a, da Lei nº 8.906/1994).

Sobre a importância de uma defesa técnica eficaz no curso do procedimento investigatório, como consequência de materialização de direitos fundamentais, Gaviorno (2021, pág. 132) explica que:

A garantia de assistência jurídica, pública ou privada, só pode ser compreendida como uma garantia técnica efetiva, não podendo exigir-se do advogado ou defensor público que assista passivamente aos atos praticados no inquérito, sem que possa se manifestar. Se dessa maneira fosse, não se poderia falar em garantia, mas numa mera formalidade inócua. Daí se afirmar que o caráter garantístico da Constituição de 1988 reclama uma reflexão calcada numa acepção assecuratória dos direitos fundamentais.

Não vigora mais o entendimento ainda remanescente no sentido de que os vícios ocorridos na fase investigativa consistiam em meras irregularidades, não promovendo nulidades processuais. O embaraço da assessoria do advogado ao seu cliente no depoimento ou interrogatório acarreta nulidade absoluta do ato. A consagração legal dessa mudança de paradigma, que já encontrava eco na doutrina e na jurisprudência, se coaduna com a concretização do Estado Democrático de Direito uma vez que "a investigação policial tem força suficiente para embasar restrições à liberdade e ao patrimônio do cidadão" (CASTRO; COSTA, 2021).

Assim, Lopes Jr. (2021), rechaçando qualquer hipótese de relativização da matéria, entende que o interrogatório policial realizado sem a presença do advogado (impedido de participar ou ausente por motivo diverso) é nulo e não permite a valoração probatória. Contudo, constata que, prevalecendo este entendimento, questões como a impossibilidade da defensoria pública em assistir toda demanda gerariam obstáculo à atuação policial. Gaviorno (2021, pág. 144), de forma mais abrangente, entende ser direito do indiciado a assistência por meio de defesa técnica que, na ausência de advogado constituído, deve se dar por meio de defensor público. "Se o indiciado possuir advogado constituído, tem o direito de exigir que seu interrogatório se dê na presença deste. Se não possui advogado constituído por insuficiência de recursos e requerer a justiça gratuita, tem direito ao defensor público". De todo modo, mantendo o posicionamento acerca da impossibilidade de interrogatório policial na ausência de defensor, Lopes Jr. (2021) sugere que o Delegado de Polícia registre que deixou de realizar o interrogatório diante da ausência de advogado.

Na mesma direção segue Barbosa (2021) asseverando que a nulidade absoluta se refere ao conteúdo e não à forma. Desta maneira, a mera certificação formal de que o investigado foi informado do direito de permanecer calado, não é admitida como aplicação do *nemo tenetur se detegere* (princípio da autodefesa, ninguém é obrigado a produzir prova contra si). Portanto, a presença do advogado passou a ser indispensável à efetivação da não auto culpabilidade, sendo presumido o prejuízo oriundo de sua ausência, salvo quando se tratar de uma confissão qualificada onde o investigado consegue demonstrar elemento em seu benefício. Nesta linha, para ratificar uma prisão em flagrante diante da ausência de advogado ou defensor, "o delegado deverá garantir seu direito ao silêncio, não admitindo ou atribuindo ineficaz sua confissão. A manutenção da sua detenção, após a captura, terá como fundamento qualquer outra prova, menos a confissão" (BARBOSA, 2021).

De outro ponto de vista, Castro e Costa (2021) entendem que a nulidade emana da prerrogativa do causídico e não da falta de defesa técnica a todo e qualquer investigado. Igualmente, Sannini Neto (2021) assegura que no caso em debate a nulidade decorre do cerceamento de uma prerrogativa do defensor e não em decorrência da ausência de defesa. Assim, como primeiro garantidor de direitos fundamentais, cabe ao Delegado de Polícia informar ao depoente ou interrogado a respeito de seus direitos constitucionais, em especial o de ser acompanhado por um advogado. Neste contexto, o interrogatório ou até mesmo o indiciamento poderá ocorrer sem a assessoria do advogado.

Indo um pouco além e em consonância com o espírito da lei, recomendamos que os delegados de polícia constem de forma expressa em suas notificações para oitivas a possibilidade da pessoa ser assessorada por um advogado durante a formalização do ato. Aliás, em caso de indiciamento nos autos do inquérito policial, o ideal seria que a notificação do investigado deixasse claro o motivo pelo qual ele está sendo chamado na delegacia, viabilizando, destarte, o exercício da sua ampla defesa (SANNINI NETO, 2021).

Ainda é prematuro afirmar qual dos posicionamentos prevalecerá nos tribunais. Contudo, é necessário esclarecer que no caso em tela a intenção do novel diploma legal foi disciplinar direitos conferidos ao advogado no âmbito do art. 7° do Estatuto da OAB. De tal modo, a exigência em comento se refere a uma prerrogativa do defensor e não do investigado, de forma que no âmbito da Lei n° 13.245/2016 que expressa a discutida causa de invalidade, o papel do Delegado de Polícia é permitir o exercício de tal direito, sob pena de nulidade absoluta do ato. No entanto, é preciso destacar que, a assistência do advogado já era garantida no art. 5°, LXIII, da CRFB, como um direito fundamental do "preso" desde 1988. Apesar disso, até o momento, os tribunais não tem se manifestado pela nulidade absoluta do ato investigativo realizado sem a presença do advogado ou defensor. O HC n° 139.412/SC, julgado em 09/02/2010 pela 6ª Turma do STJ, tem o condão de ilustrar o entendimento jurisprudencial, anterior à publicação da Lei nº 13.245/2016, no sentido da dispensabilidade do advogado ou defensor na fase investigativa.

A nova redação do art. 7º, XXI, do Estatuto da OAB, não trouxe a obrigatoriedade da presença do advogado ou do defensor na fase pré-processual. Trata-se de um respaldo legal em favor do advogado e não do investigado, uma faculdade no sentido de que, desejando, poderá acompanhar os citados atos investigativos. O exercício da ampla defesa, que deverá ser plenamente desempenhado na fase processual, surge de forma mitigada na fase pré-processual. "Afinal, o art. 6º, V do CPP admite o emprego das regras do interrogatório judicial à fase policial apenas no que for aplicável, em respeito justamente à natureza inquisitiva do inquérito policial" (CASTRO; COSTA, 2021).

Todavia urge destacar que, o exercício de conformação entre o sigilo da investigação e os direitos fundamentais positivados nos incisos LXIII (o preso será informado de seus direitos, entre os quais o de permanecer calado, sendo-lhe assegurada a assistência da família e de advogado) e LXIV (o preso tem direito à identificação dos responsáveis por sua prisão ou por seu interrogatório policial), do art. 5º, da CRFB, permite afirmar que o acesso aos autos da investigação criminal é uma garantia do imputado (investigado indiciado ou não). Então, a novidade trazida pela lei que alterou o Estatuto da OAB diz respeito tão somente à garantia de um direito do advogado (BARBOSA, 2021). De tal forma, Sannini Neto (2021) propõe que regra semelhante, com tutela mais abrangente que a prerrogativa do advogado, seja acrescida ao Código de Processo Penal como um direito do investigado, principalmente no interrogatório atualmente visto também como instrumento de defesa.

Portanto, verifica-se que, em consonância com o texto constitucional transcrito acima, a oitiva do suspeito no âmbito do inquérito policial possui natureza de interrogatório. Trata-se de ato formal de natureza mista: meio de prova e meio de defesa (fortalecido com o advento da Lei nº 13.245/2016), devendo-se aplicar as regras do "interrogatório do acusado" previstas no CPP. Assim, como autodefesa, o investigado tem direito de participar do ato e conservar-se silente (sem lhe acarretar prejuízo), apontar provas ou confessar, "adotando-se o art. 187 do CPP, que prevê um procedimento para o interrogatório e que se divide em interrogatório de individualização (§1º) e em interrogatório de mérito (§2º), por força do art. 6º, V, do CPP" (BARBOSA, 2021).

Na inquirição do indiciado devem ser observadas as regras próprias para o interrogatório feito em Juízo, inclusive atentando-se para todas as garantias previstas na Constituição e nos tratados internacionais celebrados pelo Brasil, como, por exemplo, o direito ao silêncio e o de não autoincriminação; não há, porém, como já se disse, o contraditório, dado o já referido caráter inquisitorial do inquérito (MOREIRA, 2016, pág. 97).

A nulidade absoluta decorrente da violação do art. 7º, XXI, do Estatuto da OAB, diz respeito não apenas ao interrogatório ou depoimento, mas também aos demais elementos investigatórios e probatórios dele decorrentes ou derivados, direta ou indiretamente. Assim, as provas decorrentes do ato nulo também serão nulas como, por exemplo, o depoimento de uma testemunha indicada pelo investigado ouvido sem que a Autoridade

Policial permitisse a presença do respectivo advogado. Igualmente, são nulas as diligências realizadas a partir de elementos investigatórios colhidos com o citado vício. O legislador inovou adotando a teoria da prova ilícita por derivação (frutos da árvore envenenada) na fase investigativa.

Assim, quando uma prova for produzida por mecanismos ilícitos, tal como a escuta ilegalmente realizada, não se pode aceitar as provas que daí advenham. Exemplo: graças à escuta ilegal efetivada, a polícia consegue obter dados para a localização da coisa furtada. A partir disso, obtém um mandado judicial, invade o lugar e apreende o material. Note-se que a apreensão está eivada do *veneno* gerado pela prova primária, isto é, a escuta indevidamente operada. Se for aceita como lícita a segunda prova, somente porque houve a expedição de mandado de busca por juiz de direito, em última análise, estar-se-ia compactuando com o ilícito, pois se termina por validar a conduta ilegal da autoridade policial (NUCCI, 2015, pág. 71).

Buscando equilibrar direitos individuais com interesses da sociedade, parte da doutrina trabalha com a teoria da proporcionalidade permitindo, em situações excepcionais, o acolhimento de provas produzidas ilicitamente. São hipóteses em que a finalidade almejada, como a libertação de uma vítima sequestrada, justificaria a aceitação da prova ilícita. Entretanto, o sistema processual penal brasileiro, ainda imaturo na concretização de direitos e garantias individuais, necessita do não-relativismo em torno das questões legais que envolvem a proibição da prova ilícita. Ressalvados os conflitos constitucionais que, por envolverem direitos fundamentais de igual relevância, requerem um mandado de otimização, essa vedação se faz cogente (NUCCI, 2015).

Notoriamente seguiu-se o sistema da prova ilícita por derivação (art. 157, § 1°, do CPP), admitindo-se o critério da prova separada (art. 157, §§ 1° e 2°, do CPP). Por conseguinte, a prova ilícita não pode gerar prova lícita, ao contrário, todas decorrentes da ilícita são igualmente inaceitáveis, ressalvada unicamente a prova de fonte independente (NUCCI, 2015).

Verifica-se então que, conforme regra já prevista no art. 573, §1°, do CPP, o legislador determinou o emprego da teoria da nulidade derivada (ou princípio da contaminação) na esfera do inquérito policial. Porém, em consonância com o art. 157, §§ 1° e 2°, do CPP, não serão consideradas ilícitas por derivação aquelas provas que não guardam nexo de causalidade com as outras ou que poderiam ser obtidas de forma independente. A teoria dos frutos da árvore envenenada não é absoluta, podendo ter sua aplicação limitada por outras teorias, a exemplo a da "fonte independente", a da "descoberta inevitável" e a limitação da "contaminação expurgada". Sobre as limitações da prova ilícita por derivação, Lima (2020) destaca algumas teorias aplicadas ao ordenamento jurídico brasileiro. Assim, o citado autor expõe que:

> *De acordo com a teoria ou exceção da fonte independente, se o órgão da persecução penal demonstrar que obteve, legitimamente, novos elementos de informação a partir de uma fonte autônoma de prova, que não guarde qualquer relação de dependência, nem decorra da prova originariamente ilícita, com esta não mantendo vínculo causal, tais dados probatórios são admissíveis, porque não contaminados pela mácula da ilicitude originária [...].*

De acordo com a teoria da descoberta inevitável, também conhecida como exceção da fonte hipotética independente, caso se demonstre que a prova derivada da ilícita seria produzida de qualquer modo, independentemente da prova ilícita originária, tal prova deve ser considerada válida (LIMA, 2020, p. 692-693).

Do art. 157, §2°, do CPP, também é possível extrair a teoria da mancha purgada ou da limitação dos vícios sanados, ou do nexo causal atenuado ou da tinta diluída, segundo a qual a teoria da prova ilícita por derivação não é aplicada se o nexo causal entre a prova primária e a secundária for atenuado em razão "do decurso do tempo, de circunstâncias supervenientes na cadeia probatória, da menor relevância da ilegalidade ou da vontade de um dos envolvidos em colaborar com a persecução criminal" (LIMA, 2020, pág. 695).

Em relação à alínea "a", do novo inciso XXI, do art. 7°, do Estatuto da OAB, deve-se destacar a oportunidade que é dada ao advogado em apresentar razões e quesitos que podem ser formulados durante o interrogatório, depoimento ou declaração, bem como no decorrer das investigações. Além de assistir o cliente, tal prerrogativa garante ao advogado justificar fatos e elaborar perguntas que colaborem com as investigações, desde que admitidas pela Autoridade Policial. O ato deve ser dirigido pelo Delegado de Polícia a quem incumbe formular as perguntas que entender pertinente e relevante (CASTRO; COSTA, 2021).

Ao contrário da fase processual, onde as perguntas são inquiridas diretamente pelas partes, na fase do inquérito policial as perguntas devem ser realizadas por meio da Autoridade Policial. O Delegado de Polícia pode indeferir, de forma fundamentada, as perguntas (quesitos) formuladas pelo advogado, devendo registrar no termo de interrogatório ou de depoimento. Cita-se como exemplos as hipóteses em que a pergunta puder induzir a resposta, não tiver relação com a causa ou se referir a outra já respondida. Insta lembrar que o art. 14 do CPP permite que o ofendido, ou seu representante legal, e o indiciado requeiram diligências (por escrito, nos termos do art. 9º do mesmo diploma legal), que será realizada, ou não, a juízo da autoridade que decidirá fundamentadamente. Nessa linha, Slaibi Filho, citado por Tucci (2021), expõe que:

> Ainda no inquérito policial ou no auto de prisão em flagrante delito, tem o advogado poder de reperguntar, requerer diligências e providências que achar convenientes ao ato, sem prejuízo, é claro, da autoridade processante deferir, ou indeferir, sempre com fundamentação, o que lhe foi requerido.

Cumpre anotar que, a Lei nº 13.245/2016 também tentou inserir a alínea “b” ao art. 7º, XXI, do Estatuto da Advocacia, permitindo ao advogado requisitar diligências no curso das investigações. Tal dispositivo foi acertadamente vetado tendo como razão a possibilidade de uma interpretação equivocada no sentido de que tal requisição teria caráter mandatório. Ademais, tem-se que semelhante interpretação já fora afastada pelo STF no bojo da ADI 1127/DF. Portanto, como visto, permanece a possibilidade de indeferimento fundamentado das perguntas ou diligências por parte da autoridade investigativa.

Neste ponto, tem-se as lições de Castro e Costa (2021):

Do mesmo modo, o MP não pode requisitar diligências enquanto a investigação ainda está transcorrendo, sob a presidência exclusiva do Delegado de Polícia. Afinal, deve requisitar, após a remessa do IP relatado pela Autoridade Policial, apenas as diligências imprescindíveis ao oferecimento da denúncia (art. 16 do CPP).

A apresentação de quesitos prevista na lei diz respeito, essencialmente, aos quesitos periciais. Nessa esteira é preciso observar que o contraditório continua de caráter diferido quando se tratar de prova não repetível, ou seja, o exame não pode ser realizado em outro momento (o art. 159, §5°, II, do CPP, se refere à indicação de assistente técnico no processo judicial). Entretanto, por se tratar de um contraditório diferido, as provas irrepetíveis revelam uma verdade mitigada, motivo pelo qual, desde que seja possível, o contraditório prévio se mostra como garantidor de uma verdade eticamente construída (BARBOSA, 2021). Igualmente, segue o entendimento de Antônio Scarence Fernandes:

(...) maior dificuldade poderá surgir quanta às perícias realizadas na fase policial, sem prévia manifestação da defesa e que, muitas vezes, representam a comprovação da própria materialidade do crime. Excluídos os casos em que há urgência, seja porque há risco de desaparecerem os sinais do crime, seja porque é impossível ou difícil conservar a coisa a ser examinada, ou ainda as hipóteses em que inexiste suspeita contra pessoa determinada, a autoridade policial deveria dar oportunidade ao indiciado de apresentar quesitos para maior garantia de defesa (FERNANDES, 2002, pág. 69).

Outro não é o magistério de Leonardo Greco, segundo o qual:

> *(...) há provas que somente podem ser produzidas na investigação preliminar, como certas perícias (exame de local, exame de corpo de delito de lesão corporal). O essencial para a plenitude de defesa do réu é que, mesmo na fase policial, este tenha sido previamente informado da realização dessas provas, e que nessa produção tenha sido assegurada a sua participação eficaz, pessoalmente, através do seu defensor e de eventual assistente técnico (....) contraditório eficaz é sempre prévio, anterior a qualquer decisão, devendo a sua postergação ser excepcional e fundamentada na convicção firme da existência do direito do requerente e na cuidadosa ponderação dos interesses em jogo e dos riscos da antecipação ou da postergação da decisão (GRECO, 2016).*

Deste modo, o advogado poderá apresentar ao Delegado de Polícia razões fundamentando eventual desindiciamento (CASTRO; COSTA, 2021). Destarte, após análise técnico-jurídica do fato como garantido pelo art. 2º, §6º, da Lei nº 12.830/2013, a Autoridade Policial concluirá pelo indiciamento (ou não) apontando a autoria, materialidade e circunstâncias do fato. Observa-se o dever de fundamentação como mecanismo de controle da atividade decisional do delegado de polícia. Nas palavras de Brene (2019, pág. 141):

> *Em nosso sentir, todos os atos jurídicos que impõem restrição à liberdade individual por parte da autoridade policial devem ser devidamente justificados/fundamentados, pois, no contexto da Crítica Hermenêutica do Direito,*

que busca na principiologia constitucional o marco fundante da interpretação, é justamente esse dever que permite o controle da decisão do delegado de polícia.

Moreira (2016, pág. 96) infere que, assim como os membros do Poder Judiciário e do Ministério Público têm o dever de fundamentarem suas decisões, as decisões e pronunciamentos proferidos pelo Delegado de Polícia devem ser devidamente fundamentadas, "sob pena da peça informativa retornar à Delegacia de Polícia para que se cumpra a lei".

Quanto à possibilidade da defesa apresentar razões e quesitos, Lopes Jr. (2021) expõe que:

> *Não se trata propriamente de uma grande inovação, na medida em que o art. 14 do CPP já dava espaço para isso, mas sem dúvida vai reforçar a participação da defesa e sua efetividade. Se bem empregada a faculdade, é possível fazer uma defesa escrita no final da investigação e postular, nos casos em que seja viável, o futuro pedido de arquivamento pelo Ministério Público ao Juiz, já que nem a polícia, nem o MP, podem arquivar os autos da investigação instaurada. Então é uma faculdade importante e que deve ser bem manuseada conforme a estratégia defensiva.*

OBSERVAÇÕES ACERCA DO CARÁTER INQUISITIVO DO INQUÉRITO POLICIAL

Em linhas gerais, no sistema inquisitório o sujeito que decide também determina a produção de provas de ofício (acúmulo de funções). No sistema acusatório, por sua vez, a gestão das provas não é do julgador que permanece como espectador. Logo, de acordo com essa conceituação, o inquérito policial continua inquisitório, cabendo ao Delegado de Polícia o comando do procedimento, praticando atos de investigação e decisórios, ressalvada a reserva de jurisdição. De tal modo, acusatório em sua totalidade, o sistema processual brasileiro comporta uma fase administrativa de traço inquisitorial que, no estrito cumprimento da legalidade, não guarda simetria (pelo menos não deveria guardar) com o sistema inquisitivo típico da justiça eclesial da Idade Média (GAVIORNO, 2021).

O Código de Processo Penal Brasileiro de 1941 traz forte raiz inquisitorial, devendo ser iluminado pelos direitos fundamentais consagrados no texto constitucional de 1988. Como visto, dentre outros direitos fundamentais, o contraditório e a ampla defesa, como desdobramentos do devido processo legal, são constitucionalmente garantidos tanto no processo judicial quanto no administrativo (art. 5°, LV, CRFB). Considerando que o próprio legislador brasileiro admite a utilização da expressão processo para indicar procedimento, nele se enquadra, claramente, a ideia de qualquer procedimento administrativo e, por conseguinte, o inquérito policial (TUCCI, 2021). Portanto, como procedimento administrativo capaz de restringir bens essenciais da pessoa humana como o patrimônio e a liberdade, o inquérito policial deve ser reinterpretado sob a atual ótica constitucional (vale lembrar: pós 1941). Deste modo, apesar do pouco avanço legislativo, tem-se a garantia da participação da defesa como um progresso nessa busca de um inquérito policial condizente com o Estado Democrático de Direito.

Fernandes (2002) defende que, por não ter que seguir uma sequência predeterminada de atos, o inquérito policial não se enquadra no conceito de procedimento administrativo. Não obstante, este entendimento parece incongruente à realidade diária do Delegado de Polícia que deve cumprir extensa série de atos investigatórios, a serem fundamentados, documentados e colacionados no inquérito policial, objetivando a elucidação da autoria e materialidade criminosa. Assim, assiste razão a Tucci (2021) quando afirma que o inquérito policial é um *"procedimento administrativo-persecutório de instrução provisória, destinado a preparar a ação penal"*.

> *[...] referendada a extensão dos direitos indicados no dispositivo constitucional aos "indiciados em processos administrativos", e sendo inequívoco, outrossim, como visto, que o inquérito policial é uma das modalidades de procedimento administrativo, não há como negar sua abrangência pelo novel regramento da Carta Magna da República (TUCCI, 2021).*

No processo inquisitório apenas um sujeito, encarregado de buscar a verdade e decidir, se destaca de forma atuante. No processo acusatório a descoberta da verdade é incumbência de todos os sujeitos do processo (juiz, acusador e acusado). Portanto, as matrizes inquisitória e acusatória se diferenciam principalmente em relação aos sujeitos envolvidos no processo (GAVIORNO, 2021). A garantia da presença do advogado fortalece a defesa e o contraditório, mas não tem o condão de enquadrar o inquérito policial no sistema acusatório.

Apesar de não se fechar precisamente em um conceito doutrinário a partir de características limitativas, pode-se falar que a iniciativa de produção de provas inerente à função investigatória marca o inquérito policial como inquisitório, o que não deve ser confundido com arbitrariedade. O delegado preside um procedimento, em essência, discricionário, mas possui o dever de fundamentar juridicamente seu entendimento. As conclusões e decisões tomadas pelo delegado legitimam-se democraticamente com escore no debate, na argumentação e na fundamentação orientada por valores tutelados como direitos fundamentais. Nesta linha, a participação da defesa, apesar de não retirar a condução probatória da Autoridade Policial, corrobora o caráter democrático e constitucional da investigação.

Como visto, tradicionalmente, o processo inquisitivo é marcado por ser secreto, não-contraditório e escrito, desconhecendo as regras da igualdade processual e considerando o investigado como mero objeto do processo. Entretanto, mesmo em um sistema inquisitivo, é possível que tais aspectos deixem de se apresentar. Mesmo que o contraditório e a defesa em uma investigação criminal não possam ser considerados plenos por faltar características típicas do sistema acusatório, os direitos fundamentais do indiciado devem ser tutelados no inquérito (CINTRA, 1998).

Apesar de inexistir vinculação entre a imputação penal realizada no inquérito policial e o curso do processo penal, regra geral, a investigação policial moldará a acusação. Deste modo, dentro das peculiaridades inerentes ao inquérito policial brasileiro, ainda que não seja possível o exercício do pleno direito à ampla defesa, o direito de defesa do investigado deve ser respeitado.

Importante observar que, embora justifique a natureza essencialmente inquisitiva do inquérito policial com base na não participação do suspeito na produção e indicação de provas, Nucci (2015) confirma a tendência cada vez maior de contornar a investigação preliminar de garantias constitucionais no sentido de fortalecer o caráter democrático da investigação, bem como sua inegável força jurídica na elucidação de fatos criminosos, proporcionando ao Estado-acusação o desenvolvimento de seu mister.

Portanto, a alteração legislativa ora abordada não conferiu caráter acusatório ao inquérito policial. Mesmo com a inclusão do novo inciso XXI, ao art. 7° do Estatuto da OAB, o inquérito policial segue inquisitorial. Isso não implica dizer que seja arbitrário ou que não cabem direitos ao investigado. A ausência de poder requisitório do advogado na fase investigatória intensifica a continuidade da característica inquisitorial do inquérito policial. Também não se pode ignorar que a eficácia da Polícia Judiciária em grande parte está ligada ao fator surpresa. Assim, se o encontro de fontes de prova estivesse condicionado a anterior participação da defesa, o sucesso da investigação restaria substancialmente comprometido. Entretanto, ainda que de forma atenuada, os princípios do contraditório e da ampla defesa devem ser aplicados ao inquérito policial. O bom senso recomenda que se encontre um meio termo de forma a otimizar, o máximo possível, as garantias constitucionais. A presença do advogado na fase inquisitorial configura uma garantia de credibilidade do procedimento policial (CASTRO; COSTA, 2021).

Para Barroso (2016), no constitucionalismo contemporâneo, o conflito de normas constitucionais é inevitável, uma vez que os textos modernos são dialéticos e tutelam bens jurídicos contrapostos, os quais devem ser solucionados por meio da ponderação em uma atividade criativa do intérprete.

CONSIDERAÇÕES FINAIS

Não se pode negar que a Lei nº 13.245/2016 proporcionou o amadurecimento do obsoleto entendimento no sentido de que as garantias fundamentais relacionadas ao devido processo legal, como o contraditório e a ampla defesa, não incidem na fase investigativa. Outrossim, Como consequência da incidência das garantias constitucionais e de convencionalidade dos tratados e convenções de Direitos Humanos, a Súmula Vinculante 14 do STF, visando garantir o exercício do direito de defesa, o qual deve ser efetivado pelo Delegado de Polícia, já havia estabelecido o direito do defensor ter amplo acesso aos elementos probatórios documentados (BARBOSA, 2021).

Não fosse a cultura autoritária e à dogmática literal que se apregoou, mesmo após a Constituição de 88, inclusive pelo STF, de que o inquérito policial não há contraditório e ampla defesa, o artigo 14 do CPP já autorizaria que o advogado apresentasse "*razões e quesitos*", conforme veio previsto na alínea "a" deste mesmo inciso (BARBOSA, 2021).

O inquérito policial, principal instrumento de apuração de crimes, saiu fortalecido após o advento da nova lei. Uma persecução penal democrática, fundada nas normas constitucionais, requer a participação da defesa também na fase investigativa. Deve-se superar a ideia reducionista de uma investigação criminal descompromissada com direitos fundamentais (SANNINI NETO, 2021). As transformações legislativas ora estudadas mostram um desenvolvimento na investigação criminal que, sem perder o caráter inquisitivo e sigiloso, se aproxima da aplicação de direitos ligados à dignidade da pessoa humana, desde que não atropele a legítima eficácia da investigação.

A Lei nº 13.245/2016, apesar de não trazer grandes novidades em relação a direitos já consagrados constitucionalmente, tem o mérito de realçar o respeito ao outro na relação jurídica (o investigado), garantindo a participação da defesa dentro de um procedimento capaz de afastar direitos fundamentais do indivíduo como a intimidade, patrimônio e liberdade. Dessa forma, seguem as lições de Choukr, citado por Sannini Neto (2021).

> *[...] a dignidade da pessoa humana como fundamento maior do sistema implica a formação de um processo banhado pela alteridade, ou seja, pelo respeito à presença do outro na relação jurídica, advindo daí a conclusão de afastar-se deste contexto o chamado modelo inquisitivo de processo, abrindo-se espaço para a edificação do denominado sistema acusatório. Fundamentalmente aí reside o núcleo de expressão que afirma que o réu (ou investigado) é sujeito de direitos na relação processual (ou fora dela, desde já na investigação), e não objeto de manipulação do Estado.*

Deste modo, considerando-se a possibilidade de ato estatal apto a interferir em direito fundamental do indivíduo, a defesa pode ser exercida na fase administrativa da persecução penal, justificando a participação do indiciado, ressalvada a hipótese de conflito entre direito que se revele no caso concreto de igual ou maior importância, hipótese em que a restrição da participação da defesa deve ser devidamente fundamentada de modo a evitar arbitrariedades por parte da Autoridade Policial. Trata-se da necessidade de democratização do inquérito policial.

Os elementos colhidos no inquérito policial quando aptos a deflagrar a ação penal ou mesmo para rejeição da relação processual servem tanto à acusação quanto à defesa e servem também ao juiz. Esses elementos além de ter a função de formar a *opinio delict* autorizando o Ministério Público a promover a ação, poderão servir ao acusado que, no bojo das informações colhidas e materializadas no inquérito poderá encontrar elementos que sustentem um afastamento da acusação. Por outro lado, o próprio juiz, que naquele momento inicial do processo, não terá outros elementos além daqueles levados pelo inquérito para avaliar sua decisão de rejeição ou admissão da peça acusatória (GAVIORNO, 2021, p. 153).

REFERÊNCIAS BIBLIOGRÁFICAS

BARBOSA, Ruchester Marreiros. **Lei 13.245/2016 exige mais do que o advogado na investigação criminal**. Disponível em: <http://www.conjur.com.br/2016-jan-15/lei-1324516-exige-advogado-investigacao-criminal>. Acesso em: 01 de mar. de 2021.

BARRETO, Vicente de Paulo. **O Fetiche dos Direitos Humanos e outros temas**. Rio de Janeiro: Lumen Juris, 2010.

BARROSO, Luís Roberto. **Neoconstitucionalismo e Cons-**

titucionalização do Direito: O triunfo tardio do Direito Constitucional no Brasil. THEMIS - Revista da Escola Superior da Magistratura do Estado do Ceará. Fortaleza, v. 4, nº 2, págs. 13-100, jul./dez. de 2006.

BRENE, Cleyson. **Ativismo Policial: o papel garantista do delegado de polícia**. Salvador: Juspodivm, 2019.

CASTRO, Henrique Hoffmann Monteiro; COSTA, Adriano Sousa. **Advogado é importante no inquérito policial, mas não obrigatório**. Disponível em: <http://www.conjur.com.br/2016-jan-14/advogado-importante-inquerito-policial-nao-obrigatorio>. Acesso em: 01 de mar. de 2021.

FERNANDES, Antônio Scarance. **Processo Penal Constitucional.** 3ª ed. São Paulo: Revista dos Tribunais, 2002.

GAVIORNO, Gracimere Vieira Soeiro de Castro. **Garantias constitucionais do indiciado no inquérito policial: controvérsias históricas e contemporâneas**. Dissertação (Mestrado Acadêmico em Direitos e Garantias Constitucionais) – Faculdades Integradas de Vitória, Vitória, 2006. Disponível em: <http://dominiopublico.mec.gov.br/download/teste/arqs/cp075236.pdf>. Acesso em: 11 de fev. de 2021.

GRECO, Leonardo. **Garantias Fundamentais do Processo: o processo justo**. Disponível em: <http://egov.ufsc.br/portal/sites/default/files/anexos/15708-15709-1-PB.pdf>. Acesso em: 01 de abr. de 2016.

CINTRA, Antônio Carlos de Araújo; GRINOVER, Ada Pellegrini; DINAMARCO, Cândido Rangel. **Teoria Geral do Processo.** 1ª Ed. São Paulo: Malheiros Editores, 1998.

LIMA, Renato Brasileiro. **Manual de Processo Penal.** 3ª ed. rev. e atual. Salvador: Juspodivm, 2015.

_________, Renato Brasileiro. **Manual de Processo Penal: volume único**. 8ª ed. rev. amp. e atual. Salvador: Juspodivm, 2020.

________, Renato Brasileiro. **Legislação Criminal Especial Comentada.** 4ª ed. rev. e atual. Salvador: Juspodivm, 2016.

LOPES JR., Aury. **Lei 13.245/2016 não acabou com o caráter "inquisitório" da investigação.** Disponível em: <http://www.conjur.com.br/2016-jan-29/limite-penal-lei--132452016-nao-acabou-carater-carater-inquisitorio-investigacao>. Acesso em: 01 de mar. de 2021.

MOREIRA, Rômulo de Andrade. Função da polícia e formas de investigação. In: AMBOS, Kai; MALARINO, Ezequiel; VASCONCELOS, Eneas Romero (Coords.). **Polícia e investigação no Brasil.** Brasília: Gazeta Jurídica, 2016.

NUCCI, Guilherme de Souza. **Manual de Processo Penal e Execução Penal.** 11ª ed. rev. e atual. Rio de Janeiro: Forense, 2014.

SANNINI NETO, Francisco. **Lei 13.245/2016:** contraditório e ampla defesa na investigação criminal?. Disponível em: <http://canalcienciascriminais.com.br/artigo/lei-13-245 2016-contraditorio-e-ampla-defesa-na-investigacao-criminal/>. Acesso em: 01 de mar. de 2021.

TÁVORA, Nestor. ALENCAR, Rosmar Rodrigues. **Novo Curso de Direito Processual Penal.** 15ª ed. rev. amp. e atual. Salvador: Juspodivm, 2020.

TOURINHO FILHO, Fernando da Costa. **Processo Penal.** v. 1. 21 ed. rev. e atual. São Paulo: Saraiva, 1999.

TUCCI, Rogério Lauria. **Devido Processo Penal e alguns dos seus mais importantes corolários**. Disponível em: <http://www.revistas.usp.br/rfdusp/article/viewFile/67232/69842>. Acesso em: 01 de mar. de 2021.

DOLO Y PSICOLOGÍA DE SENTIDO COMÚN

José Manuel Paredes Castañón[1]

I. Todos los estudios empíricos sobre moralidad de sentido común coinciden en que el carácter intencional de una acción es uno de los rasgos más determinantes a la hora de enjuiciarla moralmente[2]. Ello ha sido acogido en nuestra cultura jurídica a través del concepto de dolo: aunque existen diferentes opiniones sobre la razón de ser de la mayor gravedad de la conducta dolosa[3], en todo caso, a la hora de definir la expresión *"acción dolosa"*, casi todas las definiciones[4] vuelven esta expre-

1. Catedrático de Derecho Penal. Universidad de Oviedo.

2. CUSHMAN, FIERY . Crime and punishment: Distinguishing the roles of causal and intentional analyses in moral judgment. **Cognition** 108, 2008, págs. 375-376.

3. Vid. LUZÓN PEÑA, DIEGO. **Derecho Penal**. Parte General, 3ª ed., Montevideo/ Buenos Aires: BdeF, 2016, pág. 390.

4. Una excepción sería la de las teorías objetivistas del dolo, que definen el dolo en atención a la gravedad del peligro creado por la acción y, por consiguiente, lo conciben como un elemento objetivo del delito: ROXIN, Claus. **Strafrecht. Allgemeiner Teil**, I, 4ª ed., München, Beck, 2006, págs. 457-459,

sión sinónima de la expresión *"acción intencional"*, en el sentido usual de esta última[5].

En la filosofía contemporánea de la acción, una acción (= un evento interpretado como atribuible a un agente) es calificada como intencional cuando una determinada descripción de su sentido objetivo (= de su efecto causal sobre el mundo exterior) coincide con lo que fueron las razones del agente para actuar de ese modo. Así, una acción puede ser, bajo una cierta descripción (por ejemplo: *"S_1 conduce un automóvil a 60 Km/h por una calle estrecha y con muchos peatones cruzándola"*), intencional, mientras que bajo otra (por ejemplo: *"S_1 atropella a S_n"*) no lo es, porque las razones del agente para actuar coinciden con la primera de las descripciones, pero no con la segunda (S_1 conocía que estaba conduciendo a esa velocidad y quería hacerlo, pero no quería atropellar a ningún peatón)[6].

II. El carácter intencional o no intencional de una acción parece depender, entonces, de cómo haya sido el proceso de motivación psíquica de la acción: solamente si en dicho proceso ciertas razones para la acción han tenido la máxima relevancia causal como factores determinantes de las propiedades causales de la conducta externa del agente, la acción podría ser calificada como

---

465-467. Aunque se trata de opiniones muy minoritarias.

5. Es cierto, no obstante, que siempre ha existido discusión sobre la cuestión de cuántos y cuáles de los elementos de la conducta típica deben ser objeto de la intención: vid. **Roxin** (nº 3), págs. 462-463. Pero ello no afecta a la cuestión examinada en el trabajo, que es la naturaleza y descripción de los estados mentales mismos.

6. MOYA, CARLOS J. The Philosophy of Action. **Cambridge, Polity**. 1990, págs. 129-130.

intencional. La teoría estándar acerca de la intencionalidad y del dolo es, pues, una teoría mentalista, en la que la calificación de una conducta como intencional o no intencional depende de propiedades de sus estados mentales.

En concreto, la psicología de sentido común (*folk psychology*)[7] reconstruye dichos estados mentales en términos de actitudes proposicionales[8]. De acuerdo con la reconstrucción más habitual, una conducta intencional se caracterizaría porque el proceso psíquico que condujo a la formación de la intención tuvo lugar a través de los siguientes pasos[9]:

1º) Existencia en la mente del agente de un deseo D_x: el deseo sería una propiedad disposicional de la mente, a tenor de la cual ésta es particularmente propensa a generar una determinada intención de actuar[10].

---

7. Esto es, el conjunto de creencias comúnmente compartidas (en nuestra cultura) acerca de cómo funciona la mente humana. Creencias que no tienen por qué coincidir necesariamente – ese es justamente el problema- con el conocimiento científico: MORTON, Adan Folk Psychology. In: MCLAUGHLIN/ BECKERMANN/ WALTER (Eds.). **The Oxford Handbook of Philosophy of Mind**. Oxford, Oxford University Press, 2009, págs. 713-714.

8. Según la teoría mentalista acerca de las actitudes proposicionales (la que subyace a la psicología de sentido común en este ámbito), una actitud proposicional es una determinada actitud de la mente de un sujeto (de creencia, de no creer, de esperar, de desear, etc.) hacia una concreta proposición: BERMÚDEZ, José Luís. **Philosophy of Psychology.** New York: Routledge, 2005, pag. 249 ss. Las actitudes proposicionales serían, de este modo, las piezas con las que es posible describir, en un determinado nivel de descripción (el llamado *"nivel personal"*), cómo la mente humana lleva a cabo sus procesos, tanto cognitivos como de toma de decisiones.

9. La exposición canónica de esta teoría estándar es la de *Aristóteles*, De motu animalium, en Aristóteles Obra biológica, trad. Bartolomé, Madrid: Luarna, 2010, págs. 295-298.

10. SCHROEDER, TIMOTHY. Three Faces of Desire, Oxford, Oxford University Press, 2004, pág. 107 ss.

2º) Existencia en la mente del agente de una creencia C_x, con contenido instrumental, acerca de que la conducta A_x sería la que mejor satisfaría D_x.

3º) En un agente adecuadamente racional, la existencia de D_x y de C_x conduciría a éste, si no existen causas psíquicas que contrarresten su influencia (otro deseo D_y igual más intenso que D_x, una creencia C_y que señale los costes de satisfacer D_x,...), a formarse la intención I_x: la intención (= motivo psíquico racional –en términos de razones para la acción- predominante)[11] de llevar a cabo la acción A_x.

4º) En ausencia de circunstancias externas impeditivas, la existencia I_x dará lugar a una motivación psíquica suficiente para que se produzca A_x.

Siguiendo con el ejemplo de antes, la conducta *"S_1 conduce un automóvil a 60 Km/h por una calle estrecha y con muchos peatones cruzándola"* quedaría explicada como acción intencional por la siguiente secuencia: 1ª) S_1 deseaba llegar cuanto antes a la oficina; 2ª) S_1 creía que si circulaba a menos velocidad, iba a llegar tarde; 3º) debido a esta combinación de deseo y creencia, se formó la intención de conducir por aquella calle a 60 Km/h; 4º) y, efectivamente, así lo hizo; 5º) por consiguiente, su acción puede ser calificada (bajo esta descripción) de intencional.

III. Cabe albergar, sin embargo, serias dudas acerca de la viabilidad de esta descripción de la acción intencional mediante una sucesión de actitudes proposicionales. Y, por consiguiente, de la utilidad de la definición correlativa del contenido psicológico del dolo en dichos

11. MELE, Alfred R. **Springs of Action**. Oxford/ New York: Oxford University Press, 1992, págs. 130-137.

términos, así como de los métodos usuales para probarlo[12]. Es cierto, que la explicación del origen de la acción humana mediante actitudes proposicionales posee una gran virtud: aunque ciertamente esté sujeta a un riesgo no insignificante de error[13], empíricamente está demostrado que adoptar ante las conductas ajenas una actitud intencional constituye una buena estrategia para intentar predecir el comportamiento de terceros (y, por consiguiente, para ajustar el propio a tales expectativas). La actitud intencional (*intentional stance*) es una estrategia dirigida a interpretar la conducta de un agente al que se está observando, explicando dicha conducta como una conducta racional; y, consiguientemente, en atribuir la causa principal de dicha conducta a razones que, presumiblemente, habrían estado presentes en la mente del agente[14].

12. En *Paredes Castañón*, Problemas metodológicos en la prueba del dolo, AFD 2001, 67 ss., expliqué ya por qué la forma habitual en la que la jurisprudencia penal razona acerca de la prueba del dolo resulta completamente insatisfactoria; y argumenté que esta deficiencia resulta insalvable, dado el abismo en las formas de argumentar de juristas y de científicos sobre el tema. Al final, apuntaba que la solución deberá venir de una reelaboración del concepto de dolo, más atenta a los avances en filosofía de la mente y en ciencia cognitiva. El presente trabajo pretende contribuir a la primera parte, crítica, de dicha reelaboración. Queda pendiente –para otra ocasión- la segunda parte, constructiva.

13. La razón es que la interpretación de comportamientos humanos ajenos que se apoya en la evidencia empírica perceptible acerca de la conducta y pretende inferir, a partir de ella, cuál es el estado mental del agente constituiría, en el mejor de los casos (es decir, si fuese capaz de acceder así a la mente del agente), una inferencia abductiva, a la mejor explicación, que resultaría en todo caso inevitablemente falible (DOUVEN, Igor.. Inference to the Best Explanation. What Is It? And Why Should We Care?, In: MCCAIN, Kevin ; POSTON, Ted. (Eds.). **Best Explanations**. Oxford: Oxford University Press, 2018, pág. 7 ss.). Falibilidad que, además, se ve incrementada exponencialmente por la frecuente concurrencia de sesgos cognitivos y de prejuicios en la mente del observador.

14. DENNETT, Daniel C. **Brainstorms**. Cambridg: MIT Press, 1981, p. 3 ss.; DENNETT, Daniel C. **La actitud intencional**. Trad. Zadunaisky. Barcelona: Ge-

Sin embargo, la observación en actitud intencional de la conducta de un tercero, por sí sola, no puede garantizar ninguna certeza acerca de los auténticos estados mentales de dicho tercero. Y ello, cuando menos por cuatro razones: dos de naturaleza conceptual y dos de índole empírica.

En primer lugar, desde el punto de vista conceptual, existen serias dificultades para construir un vocabulario intersubjetivamente válido acerca de estados mentales, dado que estos permanecen inobservables públicamente. Conocido es, en este sentido, el experimento mental (*beetle in the box*) que propuso Ludwig Wittgenstein, con el fin de desacreditar la posibilidad de un vocabulario mentalista acerca de estados –como los mentales- inaccesibles a la observación pública: si los estados mentales de cada agente no son accesibles más que mediante introspección, no existe manera alguna de asegurar que, cuando dos individuos S_1 y S_2 hablan cada uno acerca de sus propios estados mentales, en realidad estén hablando de lo mismo (que *"miedo$_1$"*,... equivalga a *"miedo$_2$"*,...), puesto que no es posible saber qué experimenta realmente cada uno de ellos; y, por consiguiente, si las expresiones de uno y de otro son sinónimas[15].

En segundo lugar, existe amplia evidencia empírica de que, de hecho, la mayor parte de los juicios de atribución de estados mentales a terceros que se realizan cotidianamente no se llevan a cabo mediante un razonamiento completo en términos de actitudes proposicionales. Por el contrario, la mayor parte de dichos

disa, 1998, pág. 25 ss.

15. WITTGENSTEIN, Ludwig. **Investigaciones filosóficas**. Trad. García Suárez/ Moulines, Barcelona: UNAM/ Crítica, 1988, págs. 244-245.

juicios están casi automatizados y tienen su origen en heurísticas[16], algunas innatas y otras aprendidas[17]. Lo que significa que ni siquiera son, pues, perfectamente racionales, desde el punto de vista de la lógica de la abducción.

En tercer lugar, aun en el mejor de los casos (esto es, cuando el observador se enfrenta a un caso inusual y, por ello, se ve forzado a abandonar el pensamiento heurístico – el *Sistema 1* – y a razonar de forma completa – empleando el *Sistema 2*)[18], los juicios de atribución que el observador realiza acerca de los estados mentales del agente se apoyan en generalizaciones de sentido común, sujetas a numerosas excepciones: no son leyes de aplicación universal, sino que solamente se verifican si se les incorporan numerosas cláusulas *ceteris paribus*[19].

Por fin, la estrategia intencional tiene siempre necesariamente un componente normativo: la atribución de contenido intencional a los estados mentales[20] de un

16. Las heurísticas mentales son estrategias de razonamiento rápido en las que, para ahorrar tiempo y/o energía, se prescinde de parte de la información disponible y relevante a la hora de realizar un juicio o adoptar una decisión: GINGERENZER, Gerd; GAISSMAIER, Wolfgang. Heuristic Decision Making. **Annual Review of Psychology** 62, 2011, pág. 454.

17. BERMÚDEZ; José Luís. (nº 7), pág. 180-185.

18. KAHNEMAN, Daniel. **Pensar rápido, pensar despacio**. Trad. Chamorro Mielke. Barcelona; Debate, 2012, pág. 33 ss.

19. BECHTEL, Willian; WRIGHT, Cory D. What is Psychological Explanation?. In: ROBINS, Sarah; SYMONS, John; CALVO, Paco (Eds.). **The Routledge Companion to Philosophy of Psychology**, 2ª ed., New York: Routledge, 2020, pág. 117-119; HEIL, John **Philosophy of Mind**. 4ª ed., New York: Routledge, 2020, pág. 123.

20. La intencionalidad de los estados mentales es aquella característica de muchos estados mentales –pero no de todos– consistente en tener por objeto un determinado contenido con significado representativo: CRANE, Tim. Intentionalism. In: MCLAUGHLIN, Brian; BECKERMANN, Ansgar; WALTER,

tercero implica explicar las disposiciones de conducta del agente razonando como si éste actuase en todo caso como un agente racional[21]. Ello, sin embargo, suscita dos problemas: primero, la posibilidad de que la atribución sea completamente injustificada, porque en el caso concreto el agente haya obrado irracionalmente[22]; y segundo, que, incluso si no es así, un proceso de decisión racional siempre puede ser reconstruido de modos alternativos, mediante razones para la acción diferentes que resulten todas ellas normativamente satisfactorias y que, sin embargo, sean incompatibles entre sí[23].

IV. Las objeciones expuestas pretenden poner de manifiesto que la explicación mentalista de la conducta mediante la atribución de actitudes proposicionales a la mente del agente se revela incapaz –contra lo que pretende- de superar los obstáculos existentes para el acceso a otras mentes[24]. Puede, sí, describir la estructura

---

Sven (nº 6), págs. 474-478.

21. WEDGWOOD, Ralph. The Normativity of the Intentional. In: MCLAUGHLIN, Brian; BECKERMANN, Ansgar; WALTER, Sven (nº. 6), págs. 431-435.

22. En nuestro ejemplo: si S_1 estaba completamente intoxicado por una droga que le producía euforia y le hizo perder el sentido de la velocidad a la que iba.

23. Así, la intención que explicaría la acción de S_1 de conducir a 60 Km/h puede ser reconstruida, en términos de actitudes proposicionales, alternativamente como *"S_1 tenía prisa"*, *"S_1 iba eufórico y se dejó llevar por el ritmo de la música trepidante que escuchaba"*, *"a S_1 le gusta presumir de sus habilidades como conductor"*,... Todas estas explicaciones intencionales resultan compatibles con la conducta de S_1, pese a que cada una conlleva suponer estados mentales en el agente que pueden ser incompatibles entre sí.

24. Vid. AVRAMIDES, Anita. **Other Minds**. London/ New York: Routledge, 2001, passim.

de disposiciones de la mente: es decir, las propensiones de conducta a las que la actividad eferente del sistema nervioso puede dar lugar[25]. Pero no es realmente capaz de proporcionar una explicación acerca de los mecanismos causales que dan lugar a dicha actividad eferente; y, por ende, de los mecanismos causales psíquicos que causan la conducta[26]. Por lo que, de hecho, no puede garantizar que los juicios de atribución que se realizan sobre su base se correspondan con la realidad de los estados mentales del agente.

Más aún, ni siquiera en el mejor de los casos, en el de un agente completamente sincero que estuviera dispuesto, en un ejercicio de introspección, a revelarse, explicándose acerca de cuáles fueron sus razones para actuar, podríamos asegurar que sus explicaciones se correspondiesen con los auténticos estados mentales en los que se encontraba en el momento de actuar. Pues, de todas formas, no se trataría de una revelación directa de dichos estados mentales (que permanecen siempre ocultos a la observación pública), sino de una (auto) interpretación de las propias acciones: también mediante una abducción, mediante una inferencia a la mejor explicación, en la que el agente intentaría explicar, ante sí mismo y ante los demás, por qué actuó como actuó. Interpretación y explicación que, en principio, nada garantiza que tenga una correspondencia fiel con

25. Únicamente las propensiones, pues: como suele ocurrir con muchas propiedades disposicionales, no siempre la propensión a actuar de una determinada forma en cierta situación se actualiza adecuadamente: MANLEY, David; WASSERMAN, Ryan A Gradable Approach to Dispositions. **The Philosophical Quarterly** 57, 2007, pág. 68 ss.

26. DAVIDSON, Donald. **Ensayos sobre acciones y sucesos**. Trad. Hansberg/ Robles/ Valdés. Barcelona: UNAM/ Crítica, 1995, págs. 290-295, 309 ss.

los verdaderos estados mentales del agente en el momento de actuar[27].

Adviértase que no se trata de propugnar ninguna forma de escepticismo acerca de la existencia o de la cognoscibilidad de los estados mentales[28]: a estas alturas del desarrollo de la ciencia cognitiva, dicho escepticismo parece completamente fuera de lugar. Por el contrario, la auténtica dificultad no es ontológica ni epistemológica, sino metodológica: estriba en la radical incompatibilidad entre la naturaleza de los enunciados utilizados en la explicación de la conducta en términos de actitudes proposicionales, propios de la psicología de sentido común, y el tipo de enunciados que, en cambio, parece más pertinente para explicar verdaderamente (= científicamente) las causas psíquicas de la conducta humana.

En efecto, el discurso mentalista de la psicología de sentido común presenta la mente como una sustancia diferenciada de la materia (del sistema nervioso); o, cuando menos, con unas propiedades diferentes e independientes de las propiedades del sistema nervioso[29]. Serían esas propiedades mentales las que permitirían

27. En efecto, aunque que parece indudable que cada sujeto tiene un acceso privilegiado y con plena autoridad a ciertas facetas de sus estados mentales, como son las sensaciones, la evidencia empírica muestra cómo dicho privilegio no se extiende al contenido de los estados mentales intencionales: buena parte de cuando deseamos, sabemos, decidimos, etc. ocurre "por debajo del radar" de nuestra consciencia, por lo que las explicaciones a posteriori sobre cualquiera de dichos procesos mentales es siempre una reconstrucción: WILSON, Timothy D. **Strangers to Ourselves**. Cambridge/ London: Harvard University Press, 2002, págs. 93-115.

28. Que propugnaron en su día las teorías conductistas de la mente y que hay buenas razones para rechazar: HEIL, John (nº 18), págs. 59-69.

29. HEIL, John°. (nº 18), págs. 17 ss., 178-192.

explicar la conducta. Y la explicarían en virtud del contenido intencional de ciertos estados mentales (actitudes proposicionales): un contenido apto para ser formulado lingüísticamente, de manera que la descripción de la conducta externa coincidiría, en el caso de la acción intencional, exactamente con la representación interna de la conducta contenida en la mente[30].

Sin embargo, esta teoría de la mente parece más una forma (práctica) de racionalización de conductas ajenas que una verdadera explicación (teórica) de los mecanismos causales que hacen que el sistema nervioso de un organismo vivo lleve a cabo determinadas operaciones computacionales que acaban por causar una cierta actividad eferente del organismo[31]. Pues, aun siendo cierto que, según la concepción funcionalista de mente (hoy dominante), es preciso distinguir entre la descripción de los procesos mentales en el nivel psicológico (en el que los mismos quedarían definidos por su rol causal-funcional) y la realización física (biológica) de tales procesos[32], no lo es menos que, para que la descripción en el primer nivel -psicológico- resulte científicamente pertinente, es imprescindible que la misma

---

30. La psicología de sentido común propone, pues, una descripción de los estados mentales (y una explicación de la conducta) en un nivel personal: mediante la referencia al contenido intencional de los estados mentales. En cambio, una descripción de dichos estados en un nivel subpersonal hace referencia más bien a los eventos y a los procesos que tienen lugar en el sistema nervioso y que dan lugar a la conducta: DRAYSON, Zoe. The Personal/ Subpersonal Distinction. **Philosophy Compass** 9, 2014, págs. 339-340.

31. Esta es la definición estricta (en lenguaje psicológico –científico) del concepto de explicación causal (psíquica) de una conducta: CRAVER, Carl F. **Explaining the Brain**. Oxford: Oxford University Press, 2009, pág. 21 ss.

32. POLGER, Tom. **Computational Functionalism**, In: ROBINS, Sarah; SYMONS, John; CALVO, Paco (nº. 18), págs. 150-151.

pueda ser traducida a una descripción en el segundo nivel, biológico; o, a la inversa, que sea posible inferir, a partir de la descripción biológica, el rol causal-funcional (y, por ende, las características y naturaleza) del proceso mental, tal y como es descrito en el nivel psicológico[33].

Precisamente, esta condición de posibilidad de traducción mutua entre descripciones psicológicas y descripciones físicas de los procesos mentales parece faltar en el caso de las descripciones en términos de actitudes proposicionales. Pues, hasta donde alcanza nuestro conocimiento actual acerca del funcionamiento de la mente, la misma opera mediante computaciones: mediante cambios en el patrón de activación de una red de nodos (en el caso de la mente humana, de una red neuronal cerebral); cambios que se corresponden (mediante alguna forma de isomorfismo) con una alteración en las representaciones que se derivan de dicho patrón, lo que permite atribuir significado a las computaciones[34]. Pero, justamente, las computaciones no parecen tener lugar prácticamente nunca, en primera instancia, como operaciones lingüísticas, sino como meros cambios en el nivel de activación de los nodos de la red[35]. En última instan-

33. BECHTEL, Willian P. A Bridge between Cognitive Science and Neuroscience: The Functional Architecture of Mind. **Philosophical Studies** 44, 1983, págs. 322-38.

34. KOK, Albert. **Functions of the Brain** London/ New York, 2020, pág. 105.

35. KOK, Albert. (nº 33), págs. 91-93, 121, nº 1. En el mejor de los casos, el código en el que las representaciones mentales aparecen en la mente podrían corresponder – así se ha propuesto - con un lenguaje del pensamiento (*Mentalese*): FODOR, Jeery. **El lenguaje del pensamiento**. Trad. Fernández Zulaica. Madrid: Alianza Editorial, pág. 73 ss. Sin embargo, este supuesto lenguaje no tendría correspondencia directa con la manera de significar de las lenguas naturales, sino que se aproximaría más bien, según sus defensores, a un lenguaje puramente formal: a un conjunto de sartas de símbolos, manipulables en razón de su estructura sintáctica, independientemente de la

cia, pues, como fenómenos eléctricos (con fundamentos bioquímicos)[36].

Si esto es así, entonces la actividad eferente del sistema nervioso puede ser explicada (= explicados los mecanismos causales que la producen), en el nivel físico (biológico), por procesos eléctricos (bioquímicos) de comunicación neuronal (sinapsis neuronal, creación de redes, plasticidad de las mismas). Y, en el nivel psicológico, por las representaciones que cabe inferir de dichos procesos eléctricos (alteraciones en los patrones de activación neuronal) y que en ellos están codificados.

En cambio, no cabe establecer ninguna correspondencia clara entre un juicio de atribución de estados mentales a un agente en términos de actitudes proposicionales ("S_1 *desea, cree, quiere...*") y los procesos computacionales (= alteraciones en el proceso de activación de una red neuronal) subyacentes que ocurren en la mente del agente, por lo que la conexión entre aquel y estos es solamente aproximativa y no permite extraer inferencias fiables (sino tan solo generalizaciones, sujetas a excepciones y a la posibilidad de error). Además, ocurre que la pretendida descripción de estados mentales en términos de actitudes proposicionales reconstruye los procesos psíquicos en unos términos muy poco realistas desde el punto de vista psicológico, al generalizar

---

interpretación semántica que quepa atribuir a cada una de dichas fórmulas y del contexto (MATEESCU, Alexandru; SALOMAA, Arto. Formal Languages: An Introduction and a Synopsis. In: ROZENBERG, Grzegorz; SALOMAA, Arto (Eds.), **Handbook of Formal Languages**, I, Heidelberg, Springer, 1997, 1). Y, de todas formas, la existencia de lenguaje del pensamiento es una tesis polémica, pues otras formas de codificación neuronal parecen más plausibles: BERMÚDEZ, José Luís. (nº 7), pág. 280 ss.

36. BERMÚDEZ, José Luís. **Cognitive Science**. 2ª ed., Cambridge: Cambridge University Press, 2014, pág. 209 ss.; KOK, Albert. (nº 33), págs. 98-101.

como modelo de formación de las intenciones un caso (el del proceso de toma de decisiones que transcurre mayoritariamente en la consciencia del agente) que, en realidad, es más bien infrecuente[37].

Así pues, la explicación de los procesos mentales en términos de actitudes proposicionales resulta innecesaria desde el punto de vista causal, dado que la explicación en términos de computaciones y de patrones de activación neuronal resulta suficientemente explicativa. Y, por ello, puede ser abandonada por una psicología científica sin pérdida alguna. La explicación de conductas propia de la psicología de sentido común resultaría ser, pues, en el mejor de los casos, epifenoménica; y, por lo tanto, prescindible, por causalmente inerte[38].

V. Así pues, en el actual estado de la ciencia cognitiva, ya resulta bastante claro que la definición usual en la doctrina penal de la expresión *"acción dolosa"* sobre la base de la descripción de actitudes proposicionales carece de un referente claro en el plano de la explicación psicológica (científica) de los procesos mentales. Por lo que no es posible establecer correspondencias precisas entre aquellos

37. En efecto, la consciencia como acceso (BLOCK, Ned. On a confusion about a function of consciousness, **Behavioral and Brain Sciences** 18, 1995, págs. 231-233) es un estado particularmente alto de activación de alguna o algunas determinadas funciones mentales (memoria, percepción, razonamiento,...): BERMÚDEZ, José Luís. (nº 35), págs. 469-475; KOK, Albert. (nº 33), págs. 164-167. Lo que, en definitiva, significa que la gran mayoría de los procesos mentales de memoria, percepción, razonamiento, etc. ocurren en cambio con niveles bajos de activación (de atención).

38. MASLEN, Cei; HORGAN, Terry, DALY, Helenº. Mental Causationº. In: BEEBEE, Helen; HITCHCOCK, Christopher; MENZIES, Peter (Eds.). **The Oxford Handbook of Causation**. Oxford, Oxford University Press, 2012, págs. 524-531.

conceptos (deseo, creencia, intención) y los hechos psíquicos demostrados que tienen lugar en la mente.

Ello significa, en suma, que cuando hablamos sobre el dolo, o intentamos probarlo, usando el vocabulario de la psicología de sentido común, nada garantiza que nuestras afirmaciones o nuestras pruebas realmente hagan referencia a auténticos estados mentales del agente. Lo cual debería preocupar a quien mantenga – como es mi caso – que la naturaleza intencional de una conducta debe seguir siendo un criterio relevante para enjuiciar la responsabilidad del agente[39]. Tomarse en serio este presupuesto valorativo supone, a día de hoy, aceptar que debemos cambiar por completo nuestro lenguaje y nuestro aparato conceptual a la hora de definir el concepto de dolo y de intentar probarlo: que debemos fundamentar la atribución de responsabilidad penal por delito doloso en algo más que en puros juicios psicosociales de atribución (que es lo único que permite el vocabulario de las actitudes proposicionales). Y que ello exige abandonar el discurso de la psicología de sentido común[40] y acoger, en cambio, los conceptos y categorías propios de la ciencia cognitiva.

39. PAREDES CASTAÑÓN, José Manuel. Recensión a Armando Sánchez Málaga: Una teoría para la determinación del dolo, InDret 1/2019.

40. Así, por ejemplo, Luzón Peña (nº 2), 394-395, afirma que en los casos en los que la realización del hecho típico es probable, pero no segura, *"el hecho de que la finalidad del sujeto sea precisamente realizar el tipo (es decir, la mayor intensidad de la voluntad) compensa cierto grado de inseguridad en la producción del tipo"*. Sin embargo, no hay manera de definir rigurosamente el concepto –sugerente, como sin duda lo es- de *"intensidad de la voluntad"*, para hacerle rendir en los casos límite: ¿cómo determinar, en efecto, allí donde la causación del resultado típico no sea más que remotamente probable, qué es exactamente lo que el autor ha de *"querer"* para calificar su conducta como dolosa, y cómo se puede diferenciar entre lo que el agente *"quiere"* y aquello que meramente *"desea"*?

Ello debe tener igualmente repercusión en la forma de probar el dolo en los casos dudosos. En efecto, la forma habitual de intentar probarlo es recurrir a las declaraciones del propio acusado (introspección) y/o a las inferencias de terceros (testigos presenciales o el propio tribunal juzgador) acerca de sus estados mentales, a partir de la observación°. Sin embargo, como se ha visto, ninguno de ambos métodos permite en realidad acceder a los estados mentales del agente, sino únicamente deducir generalizaciones acerca de sus posibles propensiones de conducta (sujetas a una probabilidad no despreciable de error). Por ello, si de lo que se trata es de obtener una explicación psicológica científicamente plausible acerca de qué mecanismos psíquicos han sido los decisivos para la causación de la conducta enjuiciada, el valor de los testimonios y de las observaciones ha de ser relativizado y, en cambio, se debería dar entrada a aportaciones procedentes de pruebas periciales, tanto sobre las características psicológicas concretas del acusado como sobre las generalizaciones que constituyen el bagaje teórico que la ciencia cognitiva puede proporcionar.

VI. Este artículo está dedicado con todo el cariño y la admiración a mi querido maestro, Diego Manuel Luzón Peña. En este momento culminante de su larga y fructífera trayectoria, quiero recordar únicamente lo mejor que, como discípulo suyo, he recibido de él: con su ejemplo, me enseñó a no dejar de aprender y a hacer mía una ética rigurosa en el trabajo intelectual; y a hacerlo, además, disfrutándolo y no renunciando por ello a la calidez de las relaciones humanas. Se dice pronto, pero todos sabemos que enseñanzas así no es frecuente recibirlas. Mi suerte ha sido encontrarlas, desde un inicio (junto con mucha sabiduría y un cariño excepcional), en quien iba a ser mi guía para entrar en la profesión universitaria.

CUMPRIMENTO DA PENA APÓS DECISÃO CONDENATÓRIA PENAL EM SEGUNDA INSTÂNCIA: STF, PODER LEGISLATIVO E O *JUDICIAL REVIEW*

Pablo Domingues Ferreira de Castro[1]

RESUMO

Neste artigo será analisada a decisão proferida pelo Supremo Tribunal Federal nas Ações Declaratórias de Constitucionalidade nº 43 e 44 que, em mudança, mais

1. Advogado Criminalista. Professor da graduação da Universidade Salvador (Laureate); Coordenador Adjunto da Pós-graduação em Ciências Criminais da Faculdade Baiana de Direito; Professor Convidado da Pós-graduação da Ucsal e da Abdconst; Possui graduação em Direito pela Universidade Salvador (2006). Pós-graduação pela Universidade Federal da Bahia - UFBA (2008). Pós-graduado em Direito Penal Econômico e Europeu pelo Instituto de Direito Penal Econômico e Europeu da Faculdade de Direito da Universidade de Coimbra - Portugal (2010). É Mestre em Direito Público, na linha de pesquisa de Direito Penal, pela Universidade Federal da Bahia (UFBA/2018). Doutorando pelo Instituto Brasiliense de Direito Público (2019). Membro do IBCCRIM e do Instituto dos Advogados Brasileiros - IAB.

uma vez, da jurisprudência firmada pela própria Corte Suprema, passou a proibir o cumprimento da pena após o julgamento em ação penal condenatória, proferida em Segunda Instância. Será abordado, portanto, se há, na atual quadra, uma tentativa de implementação do *judicial review* no tocante ao princípio da presunção de inocência, como uma garantia constitucional. Por fim, terá guarida a análise da própria função do STF como Órgão Jurisdicional assegurador de garantias materiais e processuais penais.

Palavras-chave: Direito Penal; Cumprimento antecipado da pena; Presunção de inocência; Princípio da não culpabilidade.

ABSTRACT

In this article, we will analyze the decision of the Federal Supreme Court of Constitutional Actions No. 43 and 44, which, once again, in the jurisprudence signed by the Supreme Court itself, began to prohibit or execute the process of punishment for execution in criminal conviction, handed down in the second instance. It will therefore be addressed if there is an attempt at the present court to implement judicial review without touching the presumption of innocence principle as a constitutional guarantee. Finally, the analysis of the proper function of the Supreme Court, as Legal Body Guarantor of Guarantees of Materials and Criminal Proceedings, will be guaranteed.

Keywords: Criminal Law; Early compliance with penalty; Presumption of innocence; Principle of not guilty.

INTRODUÇÃO

Ao julgar as Ações Declaratórias de Constitucionalidade nº 43 e 44 o Supremo Tribunal de Federal consolidou entendimento de que o art. 283 do Código de Processo Penal impede que uma decisão condenatória proferida em segundo grau de jurisdição já possa ser imediatamente executada, firmando jurisprudência no sentido de não ser, portanto, possível uma execução provisória da pena ou o cumprimento antecipado desta, que seria o termo juridicamente mais adequado.

O embate ao entorno da decisão do STF aclama séria e profunda reflexão. A uma, porque, a decisão que foi proferida em sede liminar nestas ações – e não confirmada na análise de mérito - promoveria uma mudança radical na jurisprudência balizada pela própria Corte Constitucional. A duas, porque, em que pese no julgamento de mérito ter prevalecido a decisão que não permitiu o cumprimento antecipado da pena, os debates que giraram em torno da decisão de mérito, com acórdão proferido por apertada maioria, possuem efeitos jurídicos que exasperam a discussão eminentemente técnica. Afinal, não é apenas cogitar uma interpretação sobre o conceito de presunção de inocência é, mais que isso, admitir que o Supremo Tribunal Federal pode proferir decisão contrária à vontade do próprio legislador constituinte, ressignificando o conceito de coisa julgada.

No particular, Jeremy Waldron (2010, pág. 97) dispõe que:

> Espero que, ao descrever a essência da oposição ao *judicial review* abstraindo suas consequências específicas, eu possa ajudar a superar um pouco desse pânico. Pode ser ainda que o *judicial review* seja necessário como medida protetora contra patologias legislativas com relação a sexo, raça ou religião em determinados países.
>
> Mas, mesmo que assim seja, vale a pena averiguar se esse tipo de defesa alcança o âmago da questão ou se, em vez disso, deveria ser visto como uma razão excepcional para evitar a tendência do que, na maioria das circunstâncias, seria um argumento normativo irretorquível contra o *judicial review* (WALDRON, 2010, pág. 97).

Nesse sentir, é de se questionar se a Suprema Corte, ainda que não tenha prevalecido a decisão de permitir o cumprimento da pena após julgamento de segunda instância, poderia impor novo conceito ao preceito constitucional da presunção de inocência, previsto no art. 5°, inciso LVII da CF/88 que, o que merece absoluta ressalva, trata-se de Cláusula Pétrea.

É imprescindível, portanto, que se enfrente a fundamentação da decisão não prevalecente no STF, seja porque é objetivo deste trabalho promover as devidas críticas a esta decisão, seja porque as considerações do voto servirão como análise do alcance do *judicial review* no Estado Democrático de Direito no Brasil.

A construção jurídica ao derredor da decisão derivou da análise de existência – ou não de conflito entre o conteúdo do art. 283 do Código de Processo Penal e uma possível execução imediata da pena, quando pendente de julgamento eventual recurso especial e/ou extraordinário.

É que o STF, na decisão que indeferiu a pretensão liminar nas ações declaratórias 43 e 44, entendeu, em decisão por maioria, que deveria ser aplicado em matéria penal, por falta de previsão própria, a regra do Código de Processo Civil no que se refere ao efeito apenas devolutivo dos recursos excepcionais, o que autorizaria o início da execução da decisão que impôs o decreto prisional.

Portanto, para a Suprema Corte, naquele momento, ainda que se tratasse de matéria penal, os recursos especiais e extraordinário apenas teriam efeito suspensivo em situações excepcionais, diante de eventual decisão teratológica ou de abuso de poder.

A análise levou em conta regras processuais e possíveis conflitos entre o Código de Processo Penal e o Código de Processo Civil até concluir-se, naquela decisão provisória, que o art. 283 do CPP, aquele que textualmente proíbe a prisão antes da sentença condenatória transitada em julgado, ressalvadas as exceções ali dispostas, não contrastava com os demais preceitos da ritualista cível, notadamente aquelas que conferem efeito unicamente devolutivo aos recursos excepcionais.

Contudo, após decisão de mérito nestas ações, o STF, por maioria, julgou procedente a ação para assentar a constitucionalidade do art. 283 do Código de Processo Penal, na redação dada pela Lei nº 12.403, de 4 de maio de 2011. Ou seja, proibiu o que se denominou "cumprimento antecipado da pena".

O que esse precisa aferir, como já antecipado, é se a Corte Suprema poderia realizar um *judicial review* sobre o conceito de presunção de inocência preconizado pelo Poder Legislativo. E mais: emprestar novo conceito a este princípio é autêntico *judicial review?*

De início, cabe salientar que na decisão vencida no STF houve um equívoco de hermenêutica jurídica e, principalmente, uma aparente confusão entre as normas a serem aplicadas – essencialmente, o objeto da discussão não deveria ser uma regra processual e, sim, um direito material de origem constitucional. Explica-se.

Permitir que uma decisão proferida em matéria penal, com cominação de pena privativa de liberdade, já tenha seus efeitos aplicáveis, passa pela análise do alcance do Direito Constitucional da Presunção de Inocência que expressamente reza que "ninguém será considerado culpado até o trânsito em julgado de sentença penal condenatória". É, inegavelmente, uma garantia autoaplicável, autêntica norma constitucional de eficácia plena.

Significa dizer, por sua vez, que não é suficiente a discussão sobre conflito de normas infraconstitucionais para se aferir se é possível o cumprimento antecipado da pena. É necessário que o enfoque se dê à luz da Constituição Federal da República de 1988.

DO DIREITO À PRESUNÇÃO DE INOCÊNCIA. PRINCÍPIO DA NÃO CULPABILIDADE.

As previsões normativas no Brasil acerca do direito à presunção de inocência remontam ao ano de 1890, com a promulgação do Decreto nº 847, intitulado Código Penal.

Neste Diploma Legal, mais detidamente no art. 67, previu-se que "*Nenhuma presunção, por mais veemente que seja, dará lugar a imposição de pena*".

É de se notar, portanto, que já nesta época o legislador ocupou-se com a necessidade de impor limites temporais à execução de eventual pena, proibindo que até indícios, por mais fortes que fossem, não autorizariam a aplicação da pena.

Em cenário internacional existem diversas disposições acerca do tema. A Declaração Universal dos Direitos do Homem de 1948 apregoa, no art. 11, que "toda pessoa acusada de um ato delituoso presume-se inocente até que sua culpabilidade fique legalmente provada no decurso de um processo público em que todas as garantias necessárias de defesa lhe sejam asseguradas".

Ademais, na Convenção Europeia dos Direitos do Homem, de 1950, no art. 6º, § 2º reza que "Toda pessoa no curso de uma infração se presume inocente até que sua culpabilidade tenha sido legalmente conhecida".

Na mesma trilha deste entendimento o Pacto de San José da Costa Rica, de 1969, prevê que "Toda pessoa acusada de delito tem direito a que se presuma sua inocência enquanto não se comprove legalmente sua culpa".

Na Constituição Federal da República de 1988, o art. 5º, inciso LVII prevê que "ninguém será considerado culpado até o trânsito em julgado de sentença penal condenatória".

Cotejando-se esses preceitos acerca da presunção de inocência, percebe-se que todos eles fazem referência expressa à culpa ou culpabilidade.

Por óbvio, há um sentido jurídico para assim sê-lo, que não se resume à análise do efeito suspensivo de determinados recursos excepcionais: é imperioso que se voltem os olhares à formação da culpa.

A Excelsa Corte preocupou-se, na decisão liminar bem como na decisão vencida, em promover um extenso exame dos efeitos recursais, o que permitiria o prematuro cumprimento da pena, sem, no entanto, atentar-se para necessária formação da culpa. Premissa maior e sem a qual não há que se cogitar em execução de pena.

Ao depreender-se desta forma, a aferição de eventual efeito suspensivo ou não dos recursos especial e extraordinário ganham importância secundária.

Significa dizer que, ainda que haja expressa previsão no Código de Processo Civil conferindo, como regra, o efeito apenas devolutivo dos recursos excepcionais, esta previsão não produziria consequências em matéria penal.

A razão é relativamente simples, sem que se queira diminuir ou apequenar o valioso entendimento jurídico do STF naquela decisão primeira: os preceitos infraconstitucionais precisam ser interpretados conforme a Constituição e não o inverso.

Com as devidas licenças, a decisão vencida da Corte Suprema ignorou completamente as regras mais elementares de hermenêutica jurídica.

Por maior esforço interpretativo que se faça ao analisar as regras processuais sobre execução provisória de decisões judiciais pendentes de recursos excepcionais, é intransponível o preceito, de assento constitucional, que dispõe que a formação da culpa apenas se concretiza com o trânsito em julgado da sentença penal condenatória.

Portanto, em afirmação contrária, tem-se que se a decisão judicial ainda desafia recurso, qualquer que seja ele, a culpabilidade ainda não está aperfeiçoada.

O entendimento do STF, caso prevalecesse o voto vencido, autorizaria que o indivíduo passe a cumprir pena ainda que não se tenha formado, juridicamente, a sua culpa.

A este respeito, Streck (2015, pág. 210) afirma que:

Sob três aspectos a presunção de inocência poder analisada: 1) como uma garantia política do cidadão, parte "essencial" e estrutural do sistema acusatório que, respeitando a dignidade humana, garante um estado de inocência que somente poderá ser afastado diante de uma prova plena do ilícito e dentro do devido processo legal; 2) como regra de julgamento em caso de dúvida acerca de fato relevante para a sentença, confundindo-se com o *in dubio pro reo*; e 3) regra de tratamento do acusado durante o processo impedindo que seja tratado como se culpado fosse. Não se quer afastar o controle de constitucionalidade próprio do STF. Afinal, a discussão ora em análise travou-se no contexto de ações declaratórias de constitucionalidade. O que se pretende questionar é se a Suprema Corte pode, a tal pretexto, se imiscuir nos próprios direitos fundamentais e, notadamente, aqueles oriundos do Poder Constituinte.

Ainda que se admita a possibilidade de um Controle de Constitucionalidade Forte, o Tribunal poderia deixar de aplicar uma lei em determinado processo, porém não poderia deixar de aplicar a própria Constituição. Nos dizeres de Jeremy Waldron (2010, pág. 100):

Em um sistema de controle de constitucionalidade forte, os tribunais têm autoridade para deixar de aplicar uma lei em um processo (mesmo que a lei em seus próprios termos se aplicasse claramente a tal processo) ou para modificar o efeito de uma lei para deixar sua aplicação em conformidade com direitos individuais (de modo que a lei por si não vislumbra). Além disso, os tribunais nesse sistema têm autoridade para instituir como matéria de direito que uma dada lei ou disposição legislativa não será aplicada, de modo que, em consequência da força vinculante dos precedentes e da preclusão da questão, uma lei cuja aplicação foi recusada pelos tribunais torna-se para todos os efeitos letra morta. Uma forma ainda mais forte de controle de constitucionalidade consistiria em dar poderes aos tribunais para excluir totalmente uma lei de uma vez por todas. Alguns tribunais europeus têm essa autoridade. Parece que os tribunais norte-americanos não a têm, mas o verdadeiro efeito de sua autoridade não está muito aquém daquela.

O primeiro aspecto que merece realce é que o estado de inocência é, sobremaneira, uma garantia política do cidadão, indissociavelmente vinculada à dignidade humana, disposto na Constituição Federal da República de 1988 por meio de cláusula pétrea.

Não há culpa sem que a decisão penal condenatória tenha sofrido os efeitos do trânsito em julgado. Não há sentença penal condenatória sem que se tenha prova plena do ato ilícito, o que somente pode ocorrer após escoarem todos os recursos e meio inerentes para o exercício da ampla defesa e contraditório. Todos esses são preceitos constitucionais.

Sobre este tema Cardella (2002, pág. 95) relata que:

No tocante ao campo processual, duas regras fundamentais emergem do princípio da presunção de inocência.

No campo das provas, a verificação da existência de fatos imputados, é de responsabilidade do acusador, e deve ser feita através de princípios, como o do contraditório e da ampla defesa, além da impossibilidade de obrigar o acusado a colaborar na apuração dos fatos através do direito constitucional do silêncio.

Por outro lado, a presunção de inocência, reafirma o valor da dignidade da pessoa humana como ponto fundamental da atividade repressiva do Estado, e assim, antes de uma condenação definitiva, é intolerável qualquer punição antecipada, salvo em casos de absoluta necessidade, que a própria Constituição admite, como modalidade anterior à condenação como a prisão em flagrante, e a que resulta de ordem escrita e fundamentada de autoridade Judiciária competente. Neste sentido, elas devem ter caráter cautelar para realização do processo ou para garantia de seus resultados. Não é outro o entendimento de Lopes Jr. (2013, pág. 105) para quem:

No Brasil, a presunção de inocência está expressamente consagrada no art. 5°, LVII, da Constituição, sendo o princípio reitor do processo penal. Em última análise, podemos verificar a qualidade de um sistema processual pelo sue nível de observância (eficácia). É fruto da evolução civilizatória do processo penal. Parafraseando GOLDSCHIMDT, se o processo penalé termômetro dos elementos autoritários ou democráticos de uma constituição, a presunção de inocência é o ponto de maior tensão entre eles. É princípio fundamental de civilidade, fruto de uma opção protetora do indivíduo, ainda que para isso tenha-se de pagar o preço da impunidade de algum culpável, pois sem dúvida o maior interesse é que todos os inocentes, sem exceção, estejam protegidos. Essa opção ideológica (pois eleição de valor), em se tratando de prisões cautelares, é da maior relevância, visto que decorre da consciência de que o preço a ser pago pela prisão prematura e desnecessária de alguém inocente (pois ainda não existe sentença definitiva) é altíssimo, ainda mais no medieval sistema carcerário brasileiro.

Em suma, a presunção de inocência impõe um verdadeiro dever de tratamento (na medida em que exige que o réu seja tratado como inocente), que atua em duas dimensões: interna ao processo e exterior a ele.

Na dimensão interna, é um dever de tratamento imposto-primeiramente ao juiz, determinando que a carga da prova seja inteiramente do acusador (pois, se o réu é inocente, não precisa provar nada) e que a dúvida conduza inexoravelmente à absolvição; ainda na dimensão interna, implica severas restrições ao (ab)uso das prisões cautelares (como prender alguém que não foi definitivamente condenado?).

Externamente ao processo, a presunção de inocência exige uma proteção contra publicidade abusiva e a estigmatização (precoce) do réu. Significa dizer que a presunção de inocência (e também as garantias constitucionais da imagem, dignidade e privacidade) deve ser utilizada como verdadeiro limite democrático à abusiva exploração midiática em torno do fato criminoso e do próprio processo judicial. O bizarro espetáculo montado pelo julgamento midiático deve ser coibido pela eficácia da presunção de inocência.

Este é outro ponto que precisa ser devidamente enfrentado no voto vencido emanado da Suprema Corte.

Naquela decisão do STF, a Suprema Corte ocupou-se em examinar o art. 283 do Código de Processo Penal que, a bem da verdade, encontra-se posicionado no mencionado código no título atinente à prisões processuais, o que, sob o ponto de vista dogmático, é um equívoco.

Entende-se, portanto, que se quer seria necessário fazer uma análise sob esta ótica.

Isso porque, falar-se em cumprimento antecipado de decisão penal condenatória envolve execução de uma pena fruto de decisão de mérito e não prisão processual, a qual alude o mencionado dispositivo legal.

O que se pretende afirmar é que a reflexão gira em torno de formação de culpa, matéria afeta ao Direito Constitucional e Direito Penal e não dos requisitos para deferimento de eventual prisão processual, matéria própria da matéria processual.

Tendo-se como conclusão inicial que a Constituição Federal da República de 1988 assegura a formação da culpa apenas depois de esgotados os meios recursais que desafiam uma decisão penal condenatória, é necessário compreender o papel do próprio Supremo Tribunal Federal no que diz respeito às interpretações de dispositivos constitucionais, de modo a resguardar o direito à ampla defesa, contraditório e a própria presunção de inocência e, ainda, se esta Corte tem o poder de afastar os próprios preceitos constitucionais, promovendo um *judicial review*.

O SUPREMO TRIBUNAL FEDERAL COMO GUARDIÃO DE GARANTIAS MATERIAIS E PROCESSUAIS PENAIS.

Um outro ponto que ganha necessária discussão acerca da decisão do STF: a precípua função do Supremo Tribunal Federal.

Não se cogitou neste trabalho aventar eventual função de "Terceira Instância" examinadora da Excelsa Corte.

Se tem como premissa fundamental que este Órgão Judicial se ocupa de outras funções, especialmente a de preservar preceitos constitucionais, imprescindíveis para manutenção de um Estado Democrático de Direito.

Diferentemente do que ocorre com o Poder Legislativo, composto, essencialmente, por meio de eleição, voto popular, o Poder Judiciário forma-se a partir de outros critérios (ainda que se admita que seja por indicação do Poder Executivo, trata-se de pessoas de notório saber jurídico, a princípio).

Significa dizer que o dever do Poder Judiciário é vinculado aos postulados constitucionais, ainda que suas decisões estejam em desacordo com a maioria do que deseja a população. Portanto, exerce um papel contra majoritário. Mais uma vez, Jeremy Waldron (2010, pág. 109) esclarece que:

Tomo como pressuposto que, diferentemente das instituições mencionadas na seção anterior, os tribunais são, em sua grande maioria, instituições não eleitorais ou representativas. Quero dizer com isso não apenas que a função judicial não é (na maioria das vezes) uma função eletiva, mas também que o judiciário não é permeado por um *ethos* de eleições, representação e responsabilidade eleitoral da maneira que o legislativo o é. Muitos defensores do *judicial review* consideram isso uma imensa vantagem, porque significa que os tribunais podem deliberar sobre princípios sem serem distraídos por pressões populares e permanecerem invulneráveis ao clamor público. Às vezes, contudo, quando se considera necessário refutar a argumentação contra o judicial review, os defensores dessa prática apontam orgulhosamente os Estados em que os juízes são eleitos. Isso acontece em alguns Estados dos Estados Unidos. Mas mesmos quando os juízes são eleitos, as funções dos tribunais não são normalmente desempenhadas, como o são as do legislativo.

Não se pretende posicionar o Direito Penal como matéria hierarquicamente superior aos demais ramos do direito. É inegável, contudo, que as questões que envolvem a presunção de inocência têm guarida constitucional. Portanto, o Supremo Tribunal Federal sempre será convocado a intervir quando os preceitos constitucionais afetos à matéria forem vulnerados.

Ao também criticar a decisão proferida pelo STF, Ritter (2016, pág. 11) aduziu que:

Em apertada síntese, portanto, é essa a configuração do princípio da presunção de inocência sem sua amplitude (ou tríplice função delimitadora: in dubio pro reo, ônus da prova e regra de tratamento). Incontestavelmente, se está diante de um princípio-garantia, que muito mais que preservar um status de não culpabilidade antes de uma decisão condenatória definitiva, preserva a dignidade (!) do cidadão frente ao Estado. No contexto atual, que inicialmente se referiu e agora conta com o aval do STF, a dúvida que se coloca é: se é aceitável que tal princípio seja violado (ou, no mínimo, relativizado) como fez a Suprema Corte. Acaso a resposta seja afirmativa, resta apenas alertar que será altíssimo o preço a ser pago.

A este respeito, valioso o posicionamento de Bottini (2012, pág. 190):

A restrição à execução provisória da pena que se operava no STF foi criticada por alguns como contraproducente sob a perspectiva da política- criminal. Alegavam que a morosidade do processo penal e o elevado número de recursos disponíveis, somados à condição de trânsito em julgado para a imposição de pena, confeririam uma sensação de impunidade, pois deixavam livres agentes já condenados em duas instâncias. Sobre o tema, manifestou- se o ministro Eros Grau, em trecho relevante e digno de nota de seu voto no HC já indicado: "a prevalecer o entendimento de que só pode executar a pena após o trânsito e julgado das decisões do RE e do Resp, consagrar-se-á, em definitivo, a impunidade. Isso – eis o fecho do outro argumento - porque os advogados usam e abusam de recursos e de reiterados habeas corpus, ora pedindo a liberdade, ora a nulidade da ação penal. Ora – digo eu agora – a prevalecerem essas razões contra o texto da Constituição, melhor será abandonarmos o recinto e sairmos por aí, cada qual com o seu porrete, arrebentando a espinha e a cabeça de quem nos contrariar. Cada qual com o seu porrete! Não recuso significação ao argumento, mas ele não será relevante, no plano normativo, anteriormente a uma possível reforma processual, evidentemente adequada ao que dispuser a Constituição. Antes disso, se prevalecer, melhor recuperarmos nossos porretes..."

Em que pese se concorde com os argumentos lançados pelo ministro Eros Grau, na parte em que entende não ser possível o cumprimento antecipado da pena, entende-se que uma reforma processual não seria suficiente para que se legitime a execução da pena após decisão proferida em Segunda Instância.

Como já dito, a questão para ser dirimida demanda uma análise de norma constitucional e não do exame de normas infraconstitucionais. E mais: exasperam, ainda, os imites de atuação do próprio STF, que não pode negar um princípio derivado do poder constituinte.

É consabido que as normas constitucionais podem ser de eficácia plena, contida e limitada.

O art. 5°, inciso LVII da CF/88 trata-se de norma de eficácia plena. Com as devidas licenças, mas em todas as suas disposições a Carta Magna foi tão clara e precisa ao assegurar que "ninguém será considerado culpado até o trânsito em julgado de sentença penal condenatória".

Não há margem para interpretação diversa: se a decisão não foi atingida pela imutabilidade, não há formação de culpa.

A razão da correta compreensão da função do Supremo Tribunal Federal é justamente para que se garanta que este preceito fundamental seja respeitado.

Sobre o tema Karam (2003, pág. 170) alertava que:

Como quaisquer outras prisões não impostas por condenação emanada de pronunciamento jurisdicional não mais sujeito a qualquer recurso, a prisão decorrente de sentença ou acórdão condenatórios recorríveis não têm – como não poderia ter – a natureza jurídica de pena.

A razão de ser e o sentido da garantia da presunção de inocência ou de não-culpabilidade - "ninguém será considerado culpado até o trânsito em julgado de sentença penal condenatória" – conduzem a que a situação de inocência construída pela norma constitucional só se desfaça se, ao término do processo de conhecimento, prevalecer a condenação.

Por óbvio, este processo de conhecimento não termina com a sentença do juiz de 1° grau, dela sendo possível recorrer para os tribunais que ocupam o 2° grau de jurisdição. Tampouco termina este processo com o acórdão ali proferido, deste ainda sendo possível recorrer, especial ou extraordinariamente, para o Superior Tribunal de Justiça e o Supremo Tribunal Federal.

Não terminado o processo de conhecimento, o réu "não será considerado culpado", não podendo, pois, sofrer pena. A prisão, que eventualmente sofra, será uma daquelas excepcionalmente autorizadas prisões provisórias ou processuais, estando, portanto, submetidas aos requisitos da cautelaridade de que se revestem tais modalidades de privação de liberdade, por isso, se condicionando à demonstração de fatos reveladores de sua necessidade, no individualizado caso concreto, para assegurar que aquele processo ainda em curso chegue normalmente a seu final, eventualmente permitindo a realização ou satisfação da pretensão punitiva a ele veiculada.

O Supremo Tribunal Federal, de fato, não está a servir como instância revisora de fatos e provas produzidas em determinado processo.

Porém, a Excelsa Corte tem o dever de promover a estabilização e pacificação em todas as oportunidades em que decisões judiciais malferirem seus assentos fundamentais. E, para tanto, só há um caminho que se preserve este papel do Supremo Tribunal Federal: promover-se, sempre, uma interpretação que seja conforme à Constituição.

A este respeito, saliente-se que interpretar a Constituição não significa reescrever o que nela consta e nem ir para além do que quis o legislador. Não se quer negar, como já dito, a possibilidade do Estado-Juiz valer-se do controle de constitucionalidade, o que não se confunde, por sua vez, com negar a própria vigência da Constituição.

A não formação da culpa até que ocorra o trânsito em julgado da ação penal condenatória é direito disposto pelo legislador constituinte. Decidir de modo contrário seria se contrapor à vontade do legislador.

Ao abordar este tema sobre a interpretação em conforme com a Constituição e os limites que devem ser impostos ao próprio julgador, Brust (2009, pág. 511) assinalou que:

De todos os modos, uma coisa é certa: com a interpretação conforme a Constituição tomada em seu sentido estrito ou originário, o tribunal não adiciona sentido ao texto legal. Limita-se a escolher as opções constitucionais entre as interpretações alternativas emergentes do texto legal, dando origem à sentença interpretativa de improcedência (no Brasil, de constitucionalidade). Quando o Tribunal, com base na Constituição, adiciona sentido ao texto legal (ou o reduz ou o substitui) está em realidade ditando uma sentença manipulativa. Essa sentença também parte da interpretação conforme (lato sensu), mas vai mais além, porque modifica o próprio conteúdo normativo complexo do preceito. E isso pode-se refletir, eventualmente, numa indevida invasão da competência de outro órgão, mais especificamente, do Poder Legislativo. Não é por outro motivo que Canotilho (2002:1293) alerta que "a alteração da lei através da interpretação pode levar a uma usurpação de funções, transformando os juízes em legisladores activos. Se a interpretação conforme a Constituição quiser continuar a ser interpretação deve respeitar o texto da norma interpretanda e os fins prosseguidos através do acto normativo sujeito a controlo".

O entendimento acima entabulado retrata, fielmente, o fenômeno jurídico advindo com o debate em torno da decisão proveniente do Supremo Tribunal Federal.

Isso porque, malgrado tenha o desígnio de promover a própria interpretação constitucional, o STF, na decisão liminar – agora sufragada pela decisão de mérito - teria usurpado a sua função originária.

Se prevalente fosse o entendimento de que seria possível o cumprimento de decisão penal condenatória a partir de acórdão em segunda instância, estar-se-ia a emprestar ao art. 5°, inciso LVII da CF/88 uma interpretação desconforme com a Carta Magna, notadamente porque se modificaria o conteúdo normativo do preceito constitucional que, como já visto, trouxe em seu bojo um entendimento muito claro, autoaplicável e caracterizado como norma constitucional de eficácia plena.

Decidir sobre a possibilidade de iniciar-se o cumprimento da pena após decisão de segunda instância é discussão que guarda assento no âmbito do Poder legislativo, pois, como reiteradamente asseverado, foi opção do legislador constituinte dispor desta forma. Nos dizeres de Jeremy Waldron (2010, pág. 157):

A discordância sobre direitos não é irracional e as pessoas podem discordar sobre direitos e ainda levá-los a sério. Nessas circunstâncias, elas precisam, para resolver suas discordâncias, adotar procedimentos que respeitem as vozes e as opiniões das pessoas — milhões delas — cujos direitos estão em jogo nessas discordâncias e tratá-las como iguais nesse processo. Ao mesmo tempo, eles devem assegurar que esses procedimentos enfrentam, de maneira responsável e deliberativa, as questões difíceis e complexas que as discordâncias sobre direitos levantam. Os procedimentos legislativos ordinários podem fazer isso, tenho argumentado, e uma camada adicional de revisão final pelos tribunais acrescenta pouco ao processo, a não ser uma forma bastante insultuosa de cerceamento e uma ofuscação legalista das questões morais em jogo em nossas discordâncias sobre direitos.

O Poder Legislativo quando regulamentou a matéria sobre o início de cumprimento da pena o fez em representação à vontade popular. Os limites que o Poder Judiciário tem para conhecer e deliberar sobre esta questão, propondo-se um *judicial review,* está inserto na própria Constituição Federal da República cujos direitos fundamentais servem como baliza para as decisões judiciais.

CONSIDERAÇÕES FINAIS

a. A decisão do Supremo Tribunal Federal que julgou as Ações Declaratórias de Constitucionalidade nº 43 e 44, consolidou entendimento de que o art. 283 do Código de Processo Penal impede que uma decisão condenatória proferida em segundo grau de jurisdição já possa ser imediatamente executada, firmando jurisprudência no sentido de, portanto, não ser possível uma execução provisória da pena ou o cumprimento antecipado desta, que seria o termo juridicamente mais adequado;

b. A Excelsa Corte não se atentou para a circunstância de que a reflexão gira em torno de formação de culpa, matéria afeta ao Direito Constitucional e Penal e não dos requisitos para deferimento de eventual prisão processual, matéria própria da matéria processual;

c. As questões que envolvem a presunção de inocência têm guarida constitucional. Portanto, o Supremo Tribunal Federal sempre será convocado a intervir quando os preceitos constitucionais afetos à matéria forem vulnerados, limitando-se aos seus princípios e àquilo que decidiu o legislador constituinte;

d. O Supremo Tribunal Federal tem o dever de promover a estabilização e pacificação em todas as oportunidades em que decisões judiciais malferirem seus assentos fundamentais. E, para tanto, só há um caminho que se preserve este papel do Supremo Tribunal Federal: promover-se, sempre, uma interpretação que seja conforme à Constituição. A interpretação, no entanto, não se confunde com negar o próprio conteúdo de uma norma constitucional.

e. O Poder Legislativo quando regulamentou a matéria sobre o início de cumprimento da pena o fez em representação à vontade popular. Os limites que o Poder Judiciário tem para conhecer e deliberar sobre esta questão, propondo-se um *judicial review*, está inserto na própria Constituição Federal da República cujos direitos fundamentais servem como baliza para as decisões judiciais.

REFERÊNCIAS BIBLIOGRÁFICAS

AMARAL, Augusto Jobim do. A pré-ocupação de inocência e o julgamento do HC 126.292/SP pelo STF. **Boletim IBCCRIM,** São Paulo, v. 24, nº 281, págs. 03-05, abr. 2016.

ARANTES FILHO, Marcio Geraldo Britto. Notas sobre a tutela jurisdicional da presunção de inocência e sua repercussão na conformação de normas processuais penais à constituição brasileira. **Revista Liberdades,** São Paulo, nº 4, págs. 24-43, mai./ago. 2010.

ARAÚJO, Marcelo Cunha de. A presunção da inocência como geradora de impunidade. **Boletim do Instituto de Ciências Penais,** Belo Horizonte, v. 7, nº 89, pág. 3, jul./ago. 2008.

BATISTA, Weber Martins. O princípio constitucional de inocência. **Jus:** Revista jurídica do Ministério Público, Belo Horizonte, v. 21, nº 10, págs. 67-81, 1990.

BELO, Warley. A prisão preventiva e a presunção de inocência. **Del Rey Juridica,** Belo Horizonte, v. 9, nº 18, págs. 52-53., ago./dez. 2007.

BOTTINI, Pierpaolo Cruz. Deixem em paz a presunção de inocência. **Revista do Advogado,** São Paulo, v. 32, nº 117, págs. 184-194, out. 2012.

BRANDÃO, João Pedro Pereira. A execução antecipada da pena nos tribunais superiores brasileiros: os limites da garantia constitucional da presunção de não-culpabilidade. **Revista Brasileira de Ciências Criminais,** São Paulo, v. 17, nº 80, págs. 150-207, set./out. 2009.

BRUST, Léo. A interpretação conforme a Constituição e as sentenças manipulativas. **Revista Direito GV,** São Paulo, v. 5, nº. 2, págs. 507-526, jul./dez. 2009.

CABETTE, Eduardo Luiz Santos. **Lei 12.403 comentada:** medidas cautelares, prisões provisórias e liberdade provisória. Rio de Janeiro: Freitas Bastos, 2013. pág. 580.

CARDELLA, Haroldo F. Paranhos. As prisões cautelares diante do princípio da presunção de inocência. **Revista do Curso de Direito,** Espírito Santo do Pinhal, v. 2, nº 2, págs. 93-114, jan./dez. 2002.

CARNEIRO, Reynaldo Ximenes. Breve estudo sobre o instituto da prisão provisória e o princípio da presunção de inocência no direito brasileiro. In: RESENDE, Sérgio Antônio de; PINTO, Felipe Martins; ESTEVES, Heloísa Monteiro de Moura. **Análise de precedentes criminais do Superior Tribunal de Justiça:** estudos em homenagem à Desembargadora Jane Ribeiro Silva. Belo Horizonte: Atualizar, 2009. págs. 247-261.

CERNICCHIARO, Luiz Vicente; COSTA JÚNIOR, Paulo José da. **Direito penal na Constituição.** 3ª ed. rev. e ampl. São Paulo: Revista dos Tribunais, 1995. pág. 286.

COLARES, Samuel Miranda. **O direito de não produzir prova contra si mesmo 2012**. Disponível em: <http://www.ibccrim.org.br/artigo/10659-O-direito-de-nao-produzir-prova- contra-si-mesmo>. Acesso em: 12 de mar. de 2017.

COSTA, Domingos Barroso da; EGG, Geraldo Felisberto. **Entre a presunção de inocência e a não-culpabilidade**: uma proposta de adequação terminológica para melhor expressão do princípio previsto no art. 5º, LVII, da CF, 2011. Disponível em: <http://www.ibccrim.org.br/artigo/10533-Entre-a-presuncao--de-inocencia-e-a-nao- culpabilidade-uma-proposta-de-adequacao-terminologica-para-melhor-expressao-do-principio-

-previsto-no-art-5o-LVII-da-CF>. Acesso em: 12 de mar. de 2017.

COSTA, Eduardo Maia. A presunção de inocência do arguido na fase de inquérito. **Revista do Ministério Público.** págs. 65-79.

DELMANTO JUNIOR, Roberto. Desconsideração prévia de culpabilidade e presunção de inocência. **Boletim IBCCRIM,** São Paulo, 70 ed. Esp. págs. 18-19, set. 1998.

DIAS TEIXEIRA, Francisco. Indiciamento e presunção de inocência. **Boletim IBCCRIM,** São Paulo, nº 71, pág. 14, out. 1998.

FLEURY, Pedro Augusto de Padua. A criminalização do enriquecimento ilícito dos agentes públicos sugerida pelo Ministério Público Federal e o princípio da presunção de inocência. **Boletim IBCCRIM,** São Paulo, v. 24, nº 283, págs. 14-15, jun. 2016.

GAMA, Guilherme Calmon Nogueira da. A magnitude da lesão causada ao sistema financeiro nacional e o princípio da não-culpabilidade: exegese dos artigos 30 e 31, da lei nº. 7.492/1986. **Revista de Jurisprudência da Justiça Federal Seção Judiciária do Rio de Janeiro,** Rio de Janeiro, nº 6, p. 40-49, 1999.

GIACOMOLLI, Nereu José. **O devido processo penal:** abordagem conforme a Constituição Federal e o Pacto de São José da Costa Rica. São Paulo: Atlas, 2014. pág. 406.

GOMES, Magno Federici; TRINDADE, Hugo Vidal. A compatibilidade entre a presunção da inocência e a prisão preventiva. **Revista IOB de Direito Penal e Processual Penal,** Porto Alegre, v. 9, nº 53, págs. 18-33, dez./jan. 2009.

HORTA, Frederico Gomes de Almeida. Do ônus da prova dos elementos de valoração global do fato: análise crítica de precedente do Superior Tribunal de Justiça (STJ, HC

194.225). **Revista Brasileira de Ciências Criminais,** São Paulo, v. 21, nº 104, págs. 173-202, set./out. 2013.

IBCCRIM. INSTITUTO BRASILEIRO DE CIÊNCIAS CRIMINAIS. Editorial - O pêndulo

do Supremo. **Boletim IBCCRIM,** São Paulo, v. 24, nº 281, pág. 01, abr. 2016.

JAÉN VALLEJO, Manuel. La presunción de inocencia. **Revista de derecho penal y procesal penal,** Buenos Aires, nº 2, págs. 355-370, out. 2004.

JORIO, Israel Domingos. In dubio, pobre do réu. **Boletim IBCCRIM,** São Paulo, v. 22, nº 257, págs. 14-15, abr. 2014.

KARAM, Maria Lúcia. Garantia do estado de inocência e prisão decorrente de sentença ou acórdão penais condenatórios recorríveis. **Revista de Estudos Criminais,** Porto Alegre, v. 3, nº 11, págs. 166-175, 2003.

KNOPFELMACHER, Marcelo. Atentado ao direito de defesa. **Letrado,** São Paulo, nº 106, págs. 46-47, set./out. 2013.

LAZZAROTTO, Cezar Paulo. A prisão cautelar como antecipação da pena. **Revista de Ciências Jurídicas e Sociais da Unipar,** Toledo, v. 9, nº 2, págs. 297-312, jul./dez. 2006.

LIMA, Wanderson Marcello Moreira de. Apelação em liberdade: o princípio da presunção de inocência e as prisões provisórias. **Revista Síntese de direito penal e processual penal,** Porto Alegre, v. 3, nº 14, págs. 39-47, jun./jul. 2002.

LOPES JÚNIOR, Aury. **Direito processual penal.** 12. ed. São Paulo: Saraiva, 2015. pág. 1.148.

MAIA NETO, Cândido Furtado. O ministério público e o princípio da presunção de inocência: justiça penal democrática e respeito às garantias fundamentais da cidadania. **Revista de Estudos Criminais,** Porto Alegre, v. 4, nº 15, págs. 87-93, 2004.

MORAIS, Paulo José Iasz de; NASCIMENTO, Felipe Pinheiros. A efetividade do princípio da presunção de inocência diante da nova Lei de Prisão e Medidas Cautelares nº 12.403, de 04.05.2011. **Revista Síntese de direito penal e processual penal,** Porto Alegre, v. 11, nº 69, págs. 9-16, ago./set. 2011.

NETTO, Alamiro Velludo Salvador; NEISSER, Fernando Gaspar. Lei da ficha limpa e direito penal: a corrosão dos princípios da legalidade e da presunção de inocência. **Boletim IBCCRIM,** São Paulo, v. 20, nº 233, págs. 3-4, abr. 2012.

OLIVIERA, Rafael Niebuhr Maia de; COELHO, Alaide Maria. A influência do in dubio pro societate no procedimento do tribunal do júri e a ofensa à presunção de inocência. **Revista Síntese de direito penal e processual penal,** Porto Alegre, v. 15, nº 90, págs. 95-114, fev./mar. 2015.

PATRÍCIO, Rui. O direito fundamental à pesunção de inocência: revisitado, a propósito do novo código de processo penal de Cabo Verde. **Direito e Cidadania,** Praia, Cabo Verde, v. 7, nº 22, págs. 9-25, 2005.

PEDROSA, Ronaldo Leite. Medidas cautelares e presunção de inocência: a resposta do Projeto. In: COUTINHO, Jacinto Nelson de Miranda; CARVALHO, Luis Gustavo Grandinetti Castanho de. **O novo processo penal à luz da constituição:** análise crítica do projeto de Lei nº 156/2009, do Senado Federal. Rio de Janeiro: Lumen Juris, 2010. págs. 289- 298.

PEREIRA, Geraldo Lopes. Conformação da prisão preventiva com o estado de inocência e a Lei de Execução Penal, 2011. Disponível em: <http://www.ibccrim.org.br/artigo/10484 - Conformacao-da-prisao-preventiva-com-o-estado-de-inocencia--e-a-lei-de-execucao-penal>. Acesso em: 12 de mar. de 2017.

PINHEIRO, Rui; MAURÍCIO, Artur. **A constituição e o processo penal.** Coimbra: Coimbra Editora, 2007. pág. 123.

PRADO, Geraldo. Execução provisória da pena. **Boletim IBCCRIM,** São Paulo, v. 24, nº 281, págs. 07-09, abr. 2016.

PRZYBYSKI, Patrícia Ubal. A presunção de inculpabilidade e a execução provisória das penas restritivas de direitos.

Boletim dos Procuradores da República, São Paulo, v. 5, nº 62, págs. 28-31, jun. 2003.

RITTER, Ruiz. Definitivamente, é preciso falar mais sobre a presunção de inocência. **Boletim IBCCRIM,** São Paulo, v. 24, nº 288, págs. 10-12, nov. 2016.

ROCHA, Fernando Luiz Ximenes. Art. 594 do CPP e o princípio da presunção de inocência. **Boletim IBCCRIM,** São Paulo, nº 55, págs. 10-12, jun. 1997.

RODRÍGUEZ RAIMÚNDEZ, Antonio. Notas sobre presunción de inocencia. **Revista del Poder Judicial,** Madrid, nº 39, págs. 287-333, set. 1995.

SANTOS, Weliton Militão dos. Lei 7.492/1986; os artigos 30 e 31 da lei 7.492/1986 e o princípio da inocência; confronto com artigo 312 do CPP. **Revista da AJUFE,** Brasília, v. 18, nº 60, págs. 81-118, jan./mar. 1999.

SOUZA, José Barcelos de. Execução provisória de pena privativa de liberdade. **Revista Magister de Direito Penal e Processual Penal,** Porto Alegre, v. 4, nº. 19, págs. 42-54, ago./set. 2007.

STRECK, Lenio Luiz. A presunção da inocência e a impossibilidade de inversão do ônus da prova em matéria criminal: os tribunais estaduais contra o STF. **Revista jurídica do Ministério Público do estado do Paraná,** Curitiba, v. 2, nº 3, págs. 201-219, dez. 2015.

VIDAL, Luis Fernando Camargo de Barros. Efeitos suspensivos dos recursos constitucionais (jurisprudência comentada). **Revista Brasileira de Ciências Criminais,** São Paulo, v. 1, nº 3, págs. 180-183, jul./set. 1993.

VILELA, Alexandra. **Considerações acerca da presunção de inocência em direito processual penal.** Coimbra: Coimbra Editora, 2000. pág.138.

WALDRON, Jeremy. A essência da oposição ao judicial review. In: **Legitimidade da Jurisdição Constitucional**. Rio de Janeiro: Lumen Juris. 2010.

WEDY, Gabriel Tedesco; LINHARES, Raul Marques. O juiz e a gestão da prova no processo penal: entre a imparcialidade, a presunção de inocência e a busca pela verdade. **Revista Brasileira de Ciências Criminais,** São Paulo, v. 24, nº 119, págs. 201-240, mar./abr. 2016.

ZILLI, Marcos. Ainda que tardia, que venha a liberdade: breve panorama sobre a prisão cautelar no direito brasileiro. **Revista Brasileira de Ciências Criminais,** São Paulo, v. 18, nº 85, págs. 447-494, jul./ago. 2010.

VIOLÊNCIA DOMÉSTICA E FAMILIAR CONTRA A MULHER E O CRIME DE DENUNCIAÇÃO CALUNIOSA: UMA ANÁLISE DA EFETIVIDADE DA LEI "MARIA DA PENHA" FACE A QUATRO CASOS DE FALSAS ACUSAÇÕES DE VIOLÊNCIA

DOMESTIC AND FAMILY VIOLENCE AGAINST WOMEN AND THE MALICIOUS PROSECUTION CRIME: AN ANALYSIS OF THE EFFECTIVENESS OF THE "MARIA DA PENHA" LAW FACING FOUR CASES OF FALSE ACCUSATIONS OF VIOLENCE

Luís Cláudio Aguiar Gonçalves[1]

Maria da Conceição Fonseca-Silva[2]

Natanael Oliveira do Carmo[3]

RESUMO

Este artigo pretende discutir, da perspectiva multidisciplinar, o crime de denunciação caluniosa em casos de falsas acusações de violência doméstica e familiar contra a mulher. Para tanto, partimos da análise de um *corpus* constituído de quatro imputações falaciosas, buscando demonstrar os motivos predominantes que levaram a alegada vítima a atribuir ao suposto agressor a prática de delito configurador de violência doméstica contra a mulher. Na análise do *corpus*, mobilizamos postulados teóricos da Análise de Discurso Francesa e de autores do Campo do Direito que discutem a questão da eficácia das normas. As análises e discussões realizadas

1. Pós-Doutorando, Doutor e Mestre pelo Programa de Pós-Graduação em Memória: Linguagem e Sociedade da Universidade Estadual do Sudoeste da Bahia (PPGMLS-Uesb). Membro do Grupo de Pesquisa em Análise de Discurso (GPADis/CNPq) e da Asociacón Lationamericana de Estudios del Discurso - ALED, da Associação Brasileira de Linguística - ABRALIN, do Grupo de Estudo Linguístico do Estado de São Paulo - GEL, do Grupo de Estudos Linguísticos do Nordeste - GELNE. Ex-Juiz Leigo e Conciliador Judicial no Tribunal de Justiça do Estado da Bahia (TJBA). Advogado. E-mail: lcaguiar.goncalves@gmail.com. ORCID: https://orcid.org/0000-0001-7965-4610.

2. Pós-doutora em Linguística pela Universidade Estadual de Campinas (Unicamp). Professora Titular/Pleno do Departamento de Estudos Linguísticos e Literários, da Universidade Estadual do Sudoeste da Bahia (DELL-UESB). Professora pesquisadora do quadro permanente do Programa de Pós-Graduação em Linguística (PPGLin-Uesb) e do quadro permanente do Programa de Pós-Graduação em Memória: Linguagem e Sociedade (PPGMLS-Uesb). Coordenadora do Grupo de Pesquisa em Análise de Discurso (GPADis/CNPq) e do Laboratório de Pesquisa em Análise de Discurso (LAPADis-Uesb). Bolsista produtividade PQ2 CNPq. E-mail: con.fonseca@gmail.com. ORCID: https://orcid.org/0000-0001-6540-3810.

3. Mestre pelo Programa de Pós-Graduação em Memória: Linguagem e Sociedade da Universidade Estadual do Sudoeste da Bahia (PPGMLS-Uesb). Membro do Grupo de Pesquisa em Análise de Discurso (GPADis/CNPq). Advogado. E-mail: natan_oc@yahoo.com.br.

permitem concluir que a ocorrência de falsas acusações de violência doméstica e familiar contra a mulher não comprometem a efetividade da Lei "Maria da Penha", na medida em que o próprio ordenamento jurídico dispõe sobre a possibilidade de o autor da falsa acusação de violência responder por seus atos, com a previsão de tipo penal que se amolda ao caso.

Palavras-chave: 1. Violência Doméstica. 2. Lei "Maria da Penha". 3. Denunciação Caluniosa. 4. Efetividade normativa.

ABSTRACT

This article intends to analyze, from a multidisciplinary perspective, the crime of malicious prosecution in cases of false accusations of violence against woman. To do so, we start with the analysis of a corpus of four fallacious imputations, seeking to demonstrate the predominant reasons that led the alleged victim to attribute to the alleged perpetrator the practice of offense that configures domestic violence against women. In the analysis of the *corpus*, we mobilize theoretical postulates of French Discourse Analysis and of authors of the Field of Law that discuss the effectiveness of the norms. The analyzes and discussions carried out allow us to conclude that the occurrence of false accusations of domestic and family violence against women does not compromise the effectiveness of the "Maria da Penha" Law, insofar as the legal system itself establishes the possibility of the author of the false accusation of violence to be held accountable for their acts, with the provision of a penal type that fits the case.

Key-words: 1. Domestic Violence. 2. Maria da Penha Law. 3. Malicious Prosecution. 4. Normative effectiveness.

INTRODUÇÃO

O presente trabalho está inserido no âmbito dos estudos desenvolvidos pelo Grupo de Pesquisa em Análise de Discurso (GPADis), cadastrado no CNPq e autorizado pela UESB, e se encontra vinculado à linha de pesquisa "Memória, Discursos e Narrativas", do Programa de Pós-Graduação em Memória: Linguagem e Sociedade (PPGMLS), da UESB. Nele, temos como objetivos: (i) discutir o mau uso da Lei nº 11.340, de 7 de agosto de 2006, conhecida como Lei Maria da Penha, por uma parcela de mulheres e os motivos que as levam a fazer falsas denúncias de terem sido vítimas de violência doméstica e familiar; e (ii) analisar o comprometimento ou não da eficácia social (efetividade)[1] da aludida lei em decorrência desse apontado mau uso e a resposta dada pelo aparato jurídico estatal.

1. Consoante os postulados teóricos de Barroso (2000), a eficácia de uma norma pode ser compreendida a partir de dois sentidos que estão intimamente imbricados: (i) a eficácia social ou efetividade; e (ii) a eficácia jurídica. Pela primeira, compreende-se a aptidão que a norma tem para se concretizar no plano fático, mediante o reconhecimento pelos jurisdicionados do regramento jurídico (do comando legal). Já a segunda se relaciona à compulsoriedade ou observância obrigatória da norma, cujo descumprimento implicará na imposição pelos órgãos estatais de uma sanção prevista na lei, de modo a garantir o cumprimento desta no caso concreto. Para Reale (2002), a eficácia social ou efetividade da norma se confunde com o seu cumprimento espontâneo pela coletividade ou com a adesão voluntária de seus destinatários a seu conteúdo/teor.

Como forma de responder, provisoriamente, as questões levantadas, partimos das seguintes hipóteses: (i) a de que, conquanto, em regra, sejam muitos os motivos que levam a mulher a acusar falsamente o suposto agressor ou a suposta agressora, há sempre (ou quase sempre) um motivo preponderante; e (ii) a de que não há um comprometimento da eficácia social da Lei Maria da Penha, na medida em que o próprio ordenamento jurídico cria mecanismos para coibir e punir eventual mau uso da lei, a exemplo da tipificação do crime de denunciação caluniosa, no qual incidem as mulheres que fazem falsas acusações.

Para desenvolver nossos objetivos, analisamos quatro casos de falsa comunicação de crime que configura prática de violência doméstica e familiar contra a mulher, e que está, portanto, albergado no âmbito de incidência da Lei Maria da Penha, verificando, em todos eles, a existência de uma conjugação de diversos motivos que impulsionaram as supostas vítimas a formularem a falsa denúncia de prática de violência doméstica contra si, dentre os quais, em regra, sobressai um, que desencadeia todo o processo de denunciação falsa.

Como se trata de um trabalho multidisciplinar, que busca discutir o fenômeno sociojurídico da violência doméstica e familiar contra a mulher como uma questão também mnemônica e discursiva, a partir de casos concretos nos quais a acusação de cometimento de crime configurador desse tipo de violência era falsa, foram mobilizados, nas análises e discussões realizadas, postulados teóricos e conceitos operacionais tanto do campo das ciências jurídicas e sociais, quanto do campo da memória e dos estudos do discurso.

Antes, contudo, de adentrar na questão central que constitui o problema de pesquisa do presente trabalho, e que se relaciona a casos de falsas acusações de crimes envolvendo violência doméstica e familiar contra a mulher, é importante conhecer o processo (movimento histórico) a partir do qual a violência sofrida pelas mulheres, no ambiente familiar e doméstico, passou a ser percebido como um problema e quais foram os acontecimentos que impulsionaram, num primeiro momento, a constituição, no âmbito internacional, de um arcabouço jurídico protetivo da mulher vítima de violência doméstica e familiar, e, num segundo momento, a incorporação de elementos desse sistema protetivo na ordem jurídica interna de alguns países, a exemplo do Brasil, com a criação da Lei Maria da Penha.

A violência doméstica e familiar contra a mulher é uma questão histórico-cultural que foi secularmente ritualizada, praticada e silenciada em todas as sociedades. E, por não ter cessado de causar dor, permanece na memória da sociedade contemporânea como um dos mais graves problemas sociais a serem enfrentados.

O século XX assistiu, de maneira mais consistente e efetiva, a um fenômeno que se tornou conhecido como "emancipação da mulher", marcado pela conquista de direitos anteriormente reservados com exclusividade aos homens, sobretudo na cultura ocidental. A conformação política contemporânea tem conferido atenção à questão da desigualdade de gênero e das variadas formas de violência que continuam a ser praticadas contra as mulheres. Em algumas sociedades, a situação chega a ser alarmante, dada a omissão dos governos e até mesmo a aceitação desse tipo de violência por parte da população, com fundamento em princípios religiosos, culturais e até mesmo legais.

A repetição sistemática e a gravidade da violência contra as mulheres levaram a comunidade internacional a aprofundar as discussões sobre o tema e a adotar medidas que visam combater o problema com a máxima efetividade. Para tanto, organismos internacionais, a exemplo da Organização das Nações Unidas (ONU) e da Organização dos Estados Americanos (OEA), cuidaram de aprimorar e adequar o Direito Internacional, instituindo normas internacionais que têm força vinculante para os países-membros da Organização das Nações Unidas e para os países signatários dos Tratados de Direitos Humanos de alcance mundial ou regional. Isso trouxe para o aparato legal internacional não apenas o reconhecimento da existência preocupante de uma prática expressiva de violência contra a mulher, mas, principalmente, a adoção de medidas preventivas e punitivas com o fim de combater tais práticas, e sua consequente inclusão em documentos de organismos internacionais, o que ocorreu com a ONU, e, depois, com a OEA, dos quais o Brasil faz parte.

Os organismos internacionais são organizações formadas por Estados nacionais, que aderem a seus estatutos e delas fazem parte. Podem ser governamentais e também não governamentais. As governamentais são as organizações internacionais por excelência, já que são compostas, via de regra, por Estados soberanos. O mais perfeito exemplo de organização internacional é a ONU, assim como a Organização Mundial do Comércio (OMC) e a Organização para a Cooperação e Desenvolvimento Econômico (OCDE), dentre outras. Por vezes, tem sido adotado para esse tipo de organização o termo organização intergovernamental, sem que isso implique qualquer alteração nas suas características e finalidade, que é de direcionar a agenda internacional, mediar as negociações políticas e definir questões que determinam a prioridade dos governos e a constituição de acordos governamentais, além de exercer a fiscalização do cumprimento dos acordos e determinações que delas emanam.

Os principais documentos produzidos pelas organizações internacionais são as Cartas, as Declarações, as Convenções e as Conferências. Dentre estes, os mais importantes voltados para a promoção dos direitos das mulheres e da igualdade de gênero são: a Carta das Nações Unidas (1945); a Declaração Universal dos Direitos Humanos (1948); a Convenção Interamericana Sobre a Concessão dos Direitos Civis à Mulher (1948); a Convenção sobre os Direitos Políticos da Mulher (1953); a Convenção da OIT nº 100 (1951), nº 103 (1952), nº 111 (1958), nº 156 (1981) e nº 171 (1990); a Convenção sobre a Eliminação de Todas as Formas de Discriminação Racial – CERD (1966); a Convenção Americana de Direitos Humanos, também conhecida como Pacto de São José da Costa Rica (1969); a I Conferência Mundial sobre a Mulher (Cidade do México, 1975); a Convenção para Eliminar Todas as Formas de Discriminação Contra a Mulher – CEDAW (1979); a II Conferência Mundial sobre a Mulher (Copenhague, 1980); a III Conferência Mundial Sobre a Mulher (Nairóbi, 1985); a Conferência das Nações Unidas sobre Meio Ambiente e Desenvolvimento (Rio, 1992); a II Conferência Mundial de Direitos Humanos (Viena, 1993); a III Conferência Internacional sobre População e Desenvolvimento (Cairo, 1994); a Convenção Interamericana para Prevenir, Punir e Erradicar a Violência Contra a Mulher – Convenção de Belém do Pará (1994); a IV Conferência Mundial sobre a Mulher (Beijing, 1995); a II Conferência das Nações Unidas sobre Assentamentos Humanos – Habitat II'96 (Istambul, 1996); a Declaração do Milênio (2000); a III Conferência Mundial contra o Racismo, a Discriminação Racial, a Xenofobia e Formas Conexas de Intolerância (Durban, 2001); e a Convenção e Recomendação da OIT sobre Trabalho Decente para as Trabalhadoras e os Trabalhadores Domésticos (Genebra, 2011).

No Brasil, o caso de Maria da Penha Maia Fernandes, vítima de disparo de arma de fogo desferido por seu cônjuge, que a deixou com paraplegia irreversível – a mesma mulher que, após ser desamparada pelo Judiciário brasileiro, denunciou o caso à Comissão Interamericana de Direitos Humanos da OEA –, levou a situação de violência doméstica e familiar contra a mulher no país a uma ampla discussão internacional.

Em decorrência desse episódio, o país recebeu recomendações específicas do Comitê CEDAW/ONU e da Comissão Interamericana de Direitos Humanos/OEA, que culminaram na edição daquela que ficou conhecida como Lei Maria da Penha, marcando uma conquista importante e fundamental na afirmação dos direitos humanos das mulheres, posto que foi editada com a finalidade precípua de proporcionar maior proteção às mulheres agredidas, no âmbito doméstico e familiar. Para tanto, a indigitada lei alterou o Código Penal brasileiro para possibilitar que agressores de mulheres no âmbito doméstico ou familiar pudessem ter sua prisão preventiva decretada; elevou, no crime de lesão corporal leve, quando a violência for doméstica, a pena máxima de um para três anos de detenção, dando nova redação ao § 9º, do art. 129, do Código Penal; previu medidas que envolvem o afastamento do agressor do lar e a proibição de que este se aproxime da mulher agredida. Além disso, inovou ao estabelecer que não só o marido poderá ser punido, mas também qualquer pessoa que esteja em convívio familiar com a agredida, independentemente de sexo e parentesco.

Em vigor desde 22 de setembro de 2006, a Lei Maria da Penha tem implicações políticas, jurídicas e sociais. No que tange às primeiras implicações, a fim de garantir sua eficácia e a dignidade e integridade das mulheres vítimas de violência, essa lei obriga o Estado a implantar políticas públicas (art. 9º) e a autoridade policial, no atendimento à mulher em situação de violência doméstica e familiar, a (i) garantir proteção policial à mulher, quando necessário, comunicando de imediato ao Ministério Público e ao Poder Judiciário; (ii) encaminhá-la até hospital, posto de saúde ou instituto médico legal; e (iii) fornecer transporte para ela e seus filhos até local seguro, se houver risco de vida (art. 11, *caput* e incisos I, II e III). Também prevê que os entes da Federação poderão criar e promover, no limites das respectivas competências, (i) centros de atendimento integral e multidisciplinar para a mulher em situação de violência doméstica e familiar e seus dependentes; (ii) casas-abrigos para mulheres em situação de violência doméstica e familiar e seus dependentes menores; (iii) delegacias, núcleos de defensoria pública, serviços de saúde e centros de perícia médico-legal especializados no atendimento de mulheres vítimas de violência doméstica; (iv) programas e campanhas de enfrentamento da violência doméstica e familiar; e (v) centros de educação e reabilitação para os agressores (art. 35, *caput* e incisos I, II, III, IV e V).

Em se tratando das implicações jurídicas, entre as medidas previstas, destaca-se a criação, em todos os Estados e no Distrito Federal, de Juizados de Violência Doméstica e Familiar contra as Mulheres, órgãos da Justiça Ordinária com competência cível e criminal, que contarão com pessoal de apoio especializado, tais como médicos, psicólogos, psicanalistas, assistentes sociais etc., objetivando, com isso, sanar a omissão do Estado Brasileiro, evidenciada no caso "Maria da Penha", omissão esta que ia de encontro à Convenção para Eliminar Todas as Formas de Discriminação Contra as Mulheres (1979).

Já no que respeita ao terceiro conjunto de implicações, as sociais, a Lei Maria da Penha propõem mudanças não só nos modelos de proteção à integridade e à dignidade da pessoa da mulher brasileira, mas também nas respostas a serem dadas pelo Estado. Até 2006, geralmente, a punição para os agressores era, no máximo, pagamento de cestas básicas a instituições de caridade, o que facilitava a continuidade e repetição da violência por parte do agressor. A Lei Maria da Penha vetou a aplicação, nos casos de violência doméstica e familiar contra a mulher, de penas de cesta básica ou outras de prestação pecuniária (art. 17). Antes da Lei Maria da Penha, também não havia nenhum instrumento legal específico para reger os casos que envolviam violência doméstica e familiar contra a mulher, restando apenas o Código Penal, que alcançava tais fatos apenas de modo geral.

Após a edição da Lei nº 11.340/2006, verifica-se ainda que houve um aumento de denúncias de mulheres vítimas de maus-tratos, praticados, na maioria das vezes, por companheiros e maridos, sendo que, nesses casos, a denúncia da ofendida às autoridades policiais é suficiente para que se dê início ao procedimento de investigação do crime, pois, afastando a aplicação da Lei nº 9.099/1995 aos casos que envolvam violência doméstica e familiar contra a mulher, a Lei nº. 11.340/2006 tornou o crime de lesão corporal, inclusive leve, nos casos por ela alcançados, um crime de ação pública incondicionada.

A Lei Maria da Penha se constitui, nessa medida, como o mais importante instrumento para que a mulher em situação de violência doméstica ou familiar, no Brasil, possa ter os seus direitos respeitados e consiga obter, junto aos agentes do Estado, a orientação e a proteção necessárias para impedir ou fazer cessar agressões de qualquer natureza contra sua pessoa.

Salientamos, entretanto, que, apesar da fundamental importância dessa lei e dos bons resultados alcançados com a sua aplicação, algumas mulheres têm dela feito um uso inadequado, para, por exemplo, prejudicar ex-companheiros e/ou obter vantagens indevidas, a partir de comunicações/acusações inverídicas de violência doméstica e familiar.

Essas falsas denúncias, quando comprovada a má-fé da suposta vítima, configuram a prática do crime de denunciação caluniosa, que, se levada ao conhecimento da autoridade policial competente, poderá dar causa à abertura de um Termo Circunstanciado de Ocorrência (TCO) contra a falsa vítima, que, inicialmente investigada, poderá ser processada, respondendo pelo cometimento do ilícito penal.

A Cartilha Maria da Penha e Direitos da Mulher, organizada pelo Ministério Público Federal (MPF) e pela Procuradoria Federal dos Direitos do Cidadão (PFDC), determina que, no enfretamento de práticas de violência doméstica e familiar contra a mulher, deva haver envolvimento de especialistas das áreas de psicologia, assistência social, medicina, enfermagem, dentre outras, em equipes multidisciplinares; salienta também que existem, embora ainda insuficientes, políticas públicas preventivas e repressivas implementadas pelos entes estatais; busca a capacitação de todos os agentes públicos e a melhoria da prestação dos serviços pelo Poder Judiciário (magistrados), pelo Executivo (policiais e defensores) e pelo Ministério Público, todos encarregados de atuar, em conformidade com a lei; e alerta sobre eventual prática do crime de denunciação caluniosa e suas consequências para a falsa vítima:

> Em caso de a denúncia não existir e a vítima buscar amparo na Lei com o objetivo de ameaçar seu companheiro, a mulher poderá ser indiciada como incursa nas penas do art. 340 do Código Penal (Falsa comunicação de crime ou contravenção), ocasião em que será instaurado Termo Circunstanciado, a ser encaminhado a Juizado Especial Criminal competente para análise (MPF/PFDC, 2013, pág. 16).

Esse enunciado da Cartilha Maria da Penha e Direitos da Mulher mostra que existe um funcionamento de busca de amparo na lei para outros fins que não são os por ela previstos (de proteção à mulher em situação real de violência doméstica e familiar), precisamente por meio da realização de falsas acusações de crimes que configuram violência doméstica e familiar, e que essa busca (leviana e ilegal) pode/deve implicar na imposição de penalidades.

No tópico seguinte, tratamos, precisamente, das principais inovações produzidas pela Lei Maria da Penha no ordenamento jurídico brasileiro, notadamente nos microssistemas do Direito Penal e do Direito Processual Penal, com vistas à criação de mecanismos para coibir a violência doméstica e familiar contra a mulher, para, em seguida, discutir os resultados a que chegamos: (i) o de que, em relação aos motivos determinantes que levam certas mulheres a acusarem falsamente alguém de contra elas ter praticado crime configurador de violência doméstica e familiar, em regra, há sempre um motivo que predomina sobre outros; e (ii) o de não há um comprometimento da efetividade da lei em razão desse mau uso que dela é feito.

A LEI MARIA DA PENHA E SUAS INOVAÇÕES

Compreendemos, da perspectiva da Análise de Discurso (AD), com Fonseca-Nunes e Fonseca-Silva (2011, pág. 13), que a negligência dos acontecimentos históricos é resultado de um gesto de interpretação. Um acontecimento histórico singular é pontual e pode tanto ser resultado de discursividades anteriores quanto resultar de múltiplas discursividades.

Dessa perspectiva, destacamos que a materialização de uma lei como um acontecimento discursivo ocorre por meio de um enunciado coletivo que instaura a ruptura e, ao mesmo tempo, provoca o confronto discursivo. Conforme Pêcheux ([1983]1990, pág. 19), um acontecimento discursivo desestabiliza o que está posto e provoca um novo vir a ser, reorganizando "o espaço da memória que ele convoca e que já começa a reorganizar", indicando ruptura e emergência, provocando mudanças socias com o estabelecimento de novas "verdades", modificando as perspectivas de observação da realidade.

É em um contexto histórico-discursivo que se observam, no Brasil, as conquistas sociais das mulheres, marcadas inicialmente pela aquisição do direito de votar, cujo marco histórico foi o exercício do voto pela mulher potiguar Celina Guimarães Viana, em 1928, e que vem se consolidando e definindo sua permanência mediante a progressiva adequação do ordenamento jurídico ao novel modelo social e político de inclusão das mulheres no âmbito de direitos antes reconhecidos apenas aos homens.

A resistência aos avanços das conquistas impulsionadas pela luta dos movimentos feministas, ao reconhecimento dos direitos de igualdade entre homens e mulheres e à própria implementação desses direitos é, entretanto, inegável, e não se trata de casos isolados, mas se espalha nos diversos setores e camadas da sociedade, só sendo vencida lenta e gradualmente. Garcia e Lazari (2014) ressaltam que a aceitação do voto feminino no Brasil só ocorreu quatro anos depois do primeiro voto de uma mulher – dado, como já foi dito, por Celina Guimarães Viana, no Rio Grande do Norte –, e que, só em 2002, a figura do pátrio poder foi finalmente retirada do mundo jurídico:

Como exemplo, **no plano nacional**, o voto feminino no Brasil somente passou a ser aceito a partir do Decreto nº 21.076, de 24 de fevereiro de 1932 (Código Eleitoral

Brasileiro); enquanto a figura do pátrio poder somente deixou o ordenamento jurídico brasileiro, sendo substituída pelo poder familiar, a partir do Código Civil de 10 de janeiro de 2002 (GARCIA; LAZARI, 2014, pág. 177) (Destaque no original).

As Constituições brasileiras, desde a Constituição Imperial de 1824, já anunciavam o princípio da igualdade entre as pessoas, mas de forma genérica, sem tratar especificamente da condição da mulher.

A primeira referência no Brasil aos direitos humanos da mulher e à igualdade entre homens e mulheres se deu na Constituição Federal de 1988, que funciona aqui como um acontecimento discursivo, em que, no sentido de Pêcheux ([1983] 1990), é possível encontrar proposições aparentemente estáveis, suscetíveis de resposta unívoca, mas também proposições equívocas, marcadas por diferentes possibilidades de interpretação.

Além de o Brasil ter assinado os tratados e convenções já mencionados na Introdução, que determinavam aos países signatários a incorporação em seus ordenamentos jurídicos internos de disposições e mecanismos de eliminação de qualquer forma de discriminação da mulher, movimentos, grupos e organizações não governamentais (ONGs) de mulheres, em articulação com o Conselho Nacional dos Direitos da Mulher (CNDM), desenvolveram a campanha intitulada "Constituinte pra Valer Tem que ter Direitos da Mulher" e atuaram diretamente junto à Constituinte em um movimento conhecido como Lobby do Batom.

A Constituição Federal de 1988 enuncia e normatiza ainda a questão da violência intrafamiliar, incumbindo o Estado da responsabilidade de coibi-la. Constam de seu texto, como direitos fundamentais, as garantias à igualdade de direitos e obrigações entre homens e mulheres (art. 5°, inc. I), à proteção do mercado de trabalho da mulher (art. 5°, inc. XX), à igualdade no exercício dos direitos e deveres referentes à sociedade conjugal (art. 226, § 5°) e à criação de mecanismos para coibir a violência no âmbito familiar (art. 226, § 8°).

Destacamos que o livro "Sobrevivi, posso contar"[2] constituiu, em âmbito internacional, prova de negligência e omissão do Estado brasileiro diante dos graves casos de violência contra a mulher. Trata o livro, especificamente, do caso de violência doméstica envolvendo Maria da Penha, que, em maio de 1983, foi vítima de tentativa de homicídio, praticada por seu marido à época, que, desferindo um tiro de espingarda, atingiu seu dorso, enquanto ela dormia. Em razão do acontecimento, Maria da Penha ficou paraplégica. Após ter saído do hospital, quando ainda se recuperava do trauma, seu marido cometeu novas agressões, incluindo cárcere privado, além de ter tentado eletrocutá-la no banheiro e de tê-la obrigado a fazer seguro de vida em seu favor. Em 1984, Maria da Penha iniciou sua luta por justiça junto a órgãos judiciais brasileiros, e, somente 7 anos depois, seu agressor foi a julgamento, sendo condenado a 15 anos de prisão. Com apelação da defesa, a sentença foi anulada em 1992, e, apenas em 1996, foi novamente julgado, sendo condenado a 10 anos de prisão, mas, devido a recursos impetrados por seus advogados, continuou em liberdade.

---

2. O livro *Sobrevivi, posso contar* foi publicado em 1994 e reeditado em 2010, pelo Armazém da Cultura. Nele, Maria da Penha narrou toda a sua história, mostrando os pontos falhos da Justiça e do processo brasileiros.

Esse livro tem efeito de acontecimento discursivo, na medida em que marca o encontro de uma atualidade (a violência vivida com Maria da Penha) e uma memória (a da violência sofrida desde sempre pelas mulheres). Segundo Possenti (2009), um acontecimento é considerado como tal na medida em que enseja sua retomada ou repetição.

Só 15 anos após a tragédia vivida por Maria da Penha, é que o Centro para a Justiça e o Direito Internacional (CEJIL), uma organização não-governamental criada em 1991 como um consórcio de organizações de direitos humanos da América Latina e do Caribe, cujo objetivo principal é alcançar a plena implementação das normas internacionais de direitos humanos, tomou conhecimento do caso, por meio do livro publicado pela vítima. Disto resultou que o CEJIL e o Comitê Latino-Americano de Defesa dos Direitos da Mulher (CLADEM), em conjunto com Maria da Penha, formalizaram denúncia à OEA, especificamente à Comissão Interamericana de Direitos Humanos (CIDH), que elaborou o Relatório nº 54/2001, admitindo a denúncia como justificada (procedente), além de aceitar como legítima a culpabilidade do Brasil por negligência e omissão em relação à violência doméstica e por violação dos direitos às garantias judiciais e à proteção judicial.

O efeito do acontecimento histórico relacionado à vida e às agressões sofridas por Maria da Penha Maia Fernandes, relatado no livro "Sobrevivi, posso contar", levou à revisão das políticas públicas atinentes à violência contra a mulher, no Brasil, e, por consequência, à emergência da Lei nº 11.340/2006, batizada com seu nome.

Os objetivos da Lei Maria da Penha são delineados em seus primeiros artigos. Destaca como principal o de criar mecanismos para coibir e prevenir a violência contra a mulher, atendendo, assim, a exigências contidas em tratados internacionais, assinados e ratificados pelo Brasil, bem como no § 8°, do art. 226, da Constituição Federal de 1988. Outros objetivos dizem respeito à criação de órgãos específicos de proteção à mulher, bem como ao estabelecimento de medidas protetivas para as mulheres em situação de violência doméstica e familiar. As disposições preliminares, contidas nos artigos 1° ao 4°, indicam as razões de sua origem e sua finalidade precípua:

> Art. 1°. Esta Lei cria mecanismos para coibir e prevenir a violência doméstica e familiar contra a mulher, nos termos do § 8° do art. 226 da Constituição Federal, da Convenção sobre a Eliminação de Todas as Formas de Violência contra a Mulher, da Convenção Interamericana para Prevenir, Punir e Erradicar a Violência contra a Mulher e de outros tratados internacionais ratificados pela República Federativa do Brasil; dispõe sobre a criação dos Juizados de Violência Doméstica e Familiar contra a Mulher; e estabelece medidas de assistência e proteção às mulheres em situação de violência doméstica e familiar.
>
> Art. 2°. Toda mulher, independentemente de classe, raça, etnia, orientação sexual, renda, cultura, nível educacional, idade e religião, goza dos direitos fundamentais inerentes à pessoa humana, sendo-lhe asseguradas as oportunidades e facilidades para viver sem violência, preservar sua saúde física e mental e seu aperfeiçoamento moral, intelectual e social.

> Art. 3º. Serão asseguradas às mulheres as condições para o exercício efetivo dos direitos à vida, à segurança, à saúde, à alimentação, à educação, à cultura, à moradia, ao acesso à justiça, ao esporte, ao lazer, ao trabalho, à cidadania, à liberdade, à dignidade, ao respeito e à convivência familiar e comunitária.
>
> § 1º. O poder público desenvolverá políticas que visem garantir os direitos humanos das mulheres no âmbito das relações domésticas e familiares no sentido de resguardá-las de toda forma de negligência, discriminação, exploração, violência, crueldade e opressão.
>
> § 2º. Cabe à família, à sociedade e ao poder público criar as condições necessárias para o efetivo exercício dos direitos enunciados no *caput*.
>
> Art. 4º. Na interpretação desta Lei, serão considerados os fins sociais a que ela se destina e, especialmente, as condições peculiares das mulheres em situação de violência doméstica e familiar.

No campo jurídico, a Lei nº 11.340/2006 configura, portanto, um marco histórico na implementação, concretização e garantia dos direitos da mulher no Brasil, estabelecendo, precipuamente, parâmetros de atuação policial e judicial para defesa e proteção específicas das mulheres que se encontram em situação de violência doméstica e familiar.

Reconhecida pela ONU como uma das três melhores legislações do mundo no enfrentamento da violência contra as mulheres, a Lei nº 11.340/2006 é um acontecimento discursivo que estabeleceu uma série de mecanismos de caráter social, preventivo, protetivo e repressivo para coibir a violência doméstica e familiar contra a mulher.

A lei dispõe: i) sobre a criação dos Juizados de Violência Doméstica e Familiar contra a Mulher com competência cível e criminal, o que implicou em alterações do Código de Processo Penal, do Código Penal e da Lei de Execução Penal, e no estabelecimento de uma série de medidas protetivas de urgência para as vítimas de violência doméstica e familiar; e ii) a respeito de diretrizes das políticas públicas e ações integradas para a prevenção e erradicação da violência doméstica contra as mulheres, por meio de implementação de redes de serviços interinstitucionais, promoção de estudos e estatísticas, avaliação dos resultados, implementação de centros de atendimento multidisciplinar, criação de delegacias especializadas e casas-abrigos, realização de campanhas educativas, capacitação permanente dos integrantes dos órgãos envolvidos na questão, celebração de convênios e parcerias e inclusão de conteúdos de equidade de gênero nos currículos escolares.

Dentre as principais alterações produzidas pela Lei Maria da Penha no ordenamento jurídico brasileiro, as de maior impacto se situam no Código de Processo Penal e no Código Penal, com modificações profundas em alguns institutos. Vejamos a redação dos dispositivos legais que trazem as principais inovações produzidas pela Lei Maria da Penha e os dispositivos por ela modificados nos referidos diplomas (Códigos Penal e de Processo Penal):

Art. 20. Em qualquer fase do inquérito policial ou da instrução criminal, caberá a prisão preventiva do agressor, decretada pelo juiz, de ofício, a requerimento do Ministério Público ou mediante representação da autoridade policial (Lei n° 11.340/2006)[3].

Ainda a respeito da prisão preventiva do acusado de prática de crime configurador de violência doméstica e familiar contra a mulher, a Lei n° 11.340/2006 aumentou o rol de possibilidades de decretação da prisão preventiva com o acréscimo do inciso IV ao art. 313, do Código de Processo Penal, posteriormente, revogado pela Lei n° 12.403/2011, que deu nova redação ao inciso III, do referido art. 313, *in verbis*:

Art. 313. Nos termos do art. 312 deste Código, será admitida a decretação da prisão preventiva:

[...]

III - se o crime envolver **violência doméstica e familiar contra a mulher**, criança, adolescente, idoso, enfermo ou pessoa com deficiência, para garantir a execução

---

3. Posteriormente, a Lei n° 12.403/2011 deu nova redação ao art. 311, do Código de Processo Penal, que passou a viger da seguinte forma: "em qualquer fase da investigação policial ou do processo penal, caberá a prisão preventiva decretada pelo juiz, de ofício, se no curso da ação penal, ou a requerimento do Ministério Público, do querelante ou do assistente, ou por representação da autoridade policial". Mais recentemente, o aludido art. 311, do Código de Processo Penal, recebeu outra nova redação, que lhe foi dada pela Lei n° 13.964/2019, e que citamos *in verbis:* "em qualquer fase da investigação policial ou do processo penal, caberá a prisão preventiva decretada pelo juiz, a requerimento do Ministério Público, do querelante ou do assistente, ou por representação da autoridade policial". Como se depreende da leitura da mais recente redação dada ao dispositivo em análise, ora em vigor, foi retirada a possibilidade de o juiz decretar, de ofício, no curso da ação penal, a prisão preventiva do acusado de violência doméstica e familiar contra a mulher.

das medidas protetivas de urgência (Código de Processo Penal) (grifo nosso).

Além disso, a Lei Maria da Penha introduziu o § 9° ao art. 129, do Código Penal, que tipifica o crime de lesão corporal, aumentando a pena máxima cominada, quando a lesão for praticada no âmbito doméstico e familiar. Perscrutemos:

Art. 129. Ofender a integridade corporal ou a saúde de outrem:

Pena - detenção, de três meses a um ano.

[...]

§ 9º Se a lesão for praticada contra ascendente, descendente, irmão, cônjuge ou companheiro, ou com quem conviva ou tenha convivido, ou, ainda, prevalecendo-se o agente das relações domésticas, de coabitação ou de hospitalidade: (Redação dada pela Lei n° 11.340, de 2006).

Pena - detenção, de 3 (três) meses a 3 (três) anos. (Redação dada pela Lei n° 11.340, de 2006) (Código de Processo Penal).

Também a constatação de prática de violência doméstica e familiar contra a mulher pode dar ensejo à aplicação ao agressor de medidas protetivas, cujo rol exemplificativo está previsto no art. 22, da Lei Maria da Penha:

Art. 22. Constatada a prática de violência doméstica e familiar contra a mulher, nos termos desta Lei, o juiz poderá aplicar, de imediato, ao agressor, em conjunto ou separadamente, as seguintes medidas protetivas de urgência, entre outras:

I - suspensão da posse ou restrição do porte de armas, com comunicação ao órgão competente, nos termos da Lei nº 10.826, de 22 de dezembro de 2003;

II - afastamento do lar, domicílio ou local de convivência com a ofendida;

III - proibição de determinadas condutas, entre as quais:

a) aproximação da ofendida, de seus familiares e das testemunhas, fixando o limite mínimo de distância entre estes e o agressor;

b) contato com a ofendida, seus familiares e testemunhas por qualquer meio de comunicação;

c) frequentação de determinados lugares a fim de preservar a integridade física e psicológica da ofendida;

IV – restrição ou suspensão de visitas aos dependentes menores, ouvida a equipe de atendimento multidisciplinar ou serviço similar;

V - prestação de alimentos provisionais ou provisórios.

A redação acima é a original do art. 22, da Lei nº 11.340/2006. Bem pouco tempo atrás, a Lei nº 13.984, de 3 de abril de 2020, alterou o art. 22 da Lei nº 11.340/2006, para estabelecer como medidas protetivas de urgência frequência do agressor a centro de educação e reabilitação e acompanhamento psicossocial, o que fez acrescentando os incisos VI e VII[4].

---

4. Lei nº 11.340/2006: "Art. 22. Constatada a prática de violência doméstica e familiar contra a mulher, nos termos desta Lei, o juiz poderá aplicar, de

Destacamos que a Lei Maria da Penha, nos primeiros anos de vigência, encontrou muita resistência. Foi contestada por suposto vício de inconstitucionalidade. Mas, em fevereiro de 2012, no julgamento da Ação Declaratória de Constitucionalidade (ADC) nº. 19, ajuizada pela Presidência da República, e que pedia que fosse confirmada a legalidade de alguns dispositivos da lei em questão, os Ministros do Supremo Tribunal Federal (STF) acompanharam o voto do relator e concluíram, por unanimidade, pela procedência do pedido a fim de declarar constitucionais os artigos 1º, 33 e 41, da Lei Maria da Penha.

O STF também apreciou a Ação Direta de Inconstitucionalidade (ADI) nº 4.424, ajuizada pela Procuradoria-Geral da República (PGR), que questionava a constitucionalidade dos artigos 12, inc. I; 16; e 41, da Lei Maria da Penha, julgando, por maioria de votos, improcedente a ação por considerar que todos os artigos da lei que foram questionados e que tiveram interpretações divergentes tanto na primeira quanto na segunda instâncias estavam de acordo com o princípio fundamental de respeito à dignidade humana, sendo instrumento de mitigação de uma realidade de discriminação social e cultural.

Onze anos após a edição da Lei Maria da Penha, estudos apontam que os índices de violência contra as

---

imediato, ao agressor, em conjunto ou separadamente, as seguintes medidas protetivas de urgência, entre outras:
[...]
VI – comparecimento do agressor a programas de recuperação e reeducação; e
VII – acompanhamento psicossocial do agressor, por meio de atendimento individual e/ou em grupo de apoio".

mulheres ainda são alarmantes. O relatório da pesquisa nacional "Visível e Invisível: a Vitimização de Mulheres no Brasil", feito pelo Datafolha, em fevereiro de 2017, com 2.073 pessoas, entre homens e mulheres de diferentes faixas etárias, regiões e classe econômica de todo Brasil, a pedido do Fórum Brasileiro de Segurança Pública (FBSP), mostra, por exemplo, que: i) 28,6% das mulheres entrevistadas, com 16 anos ou mais, disseram ter sofrido algum tipo de violência – verbal, física ou psicológica. Isso implica que ao menos 16,1 milhões de brasileiras sofreram algum tipo de violência no período de 12 meses anteriores à entrevista; ii) ao menos 12 mil mulheres foram vítimas de agressão física por dia no Brasil, sendo que desse total, 39,2% foram vítimas dos namorados, cônjuges, ou ex-namorados e ex-cônjuges; iii) 45% das adolescentes e jovens de 16 a 24 anos sofreram algum tipo de violência no período de um ano; iv) a cada três brasileiros (homens e mulheres), dois presenciaram uma mulher sendo agredida física ou verbalmente no último ano.

Esses dados indicam e reafirmam que a Lei nº 11.340/2006 é necessária. Mas indicam, principalmente, que 11 anos da vigência de uma lei não são suficientes para romper com um constructo cultural e, no caso, com séculos de desrespeito impingido às mulheres. Contudo, seu efeito de caráter pedagógico e repressivo já está em funcionamento na sociedade, pois os índices da pesquisa apresentados acima revelam sua eficácia social: aparentemente, a violência aumentou, mas, junto com ela, aumentou a percepção do fenômeno da violência contra a mulher na sociedade. Ressaltamos, portanto, que o êxito total do combate à violência ocorrerá pela aplicação da lei em sua totalidade e, simultaneamente, pela transformação das práticas cotidianas de desigualdade no país, pela mudança cultural que deve começar na educação daqueles que serão as mulheres e os homens de amanhã.

É preciso considerar, outrossim, que, no Brasil, a sociedade, normalmente, ausenta-se dos debates das questões mais importantes. De modo geral, há uma desatenção no que diz respeito às diferenças que existem entre os atores sociais. Sob o aspecto histórico, de sua formação, de sua gestação até sua promulgação, percebe-se um avanço da Lei nº 11.340/2006 em relação a tratados internacionais, leis e constituições anteriores, mas é preciso compreender que a referida lei é, antes de tudo, fruto da luta das mulheres, de um movimento de âmbito internacional, um processo longo, doloroso e que custou caro a muitas mulheres.

Ocorre que a Lei Maria da Penha, como já registrado na Introdução, tem sido colocada em questão, principalmente, quando se verifica a existência de falsas acusações de crimes configuradores de violência doméstica e familiar e acontece de alguns mecanismos que deveriam ser aplicados a casos de risco à integridade da mulher serem usados para fins diversos dos pretendidos pela lei. Enfrentamos essa questão com a finalidade de demonstrar que, embora as falsas acusações sejam um fenômeno real e, segundo alguns, coloque em risco a aplicação e a efetividade da Lei Maria da Penha, o ordenamento jurídico dispõe de aparelhamento apto a superar esse desvio e garantir, de certo modo, a eficácia social da lei.

No próximo tópico, analisamos casos em que houve mau uso de institutos da Lei Maria da Penha, notadamente das medidas protetivas que obrigam o agressor, sendo que, na maioria deles, foi constatada a prática do crime de denunciação caluniosa, quando ficou demonstrado que a acusação de violência doméstica e familiar contra a mulher era falsa.

CASOS DE FALSAS ACUSAÇÕES DE VIOLÊNCIA DOMÉSTICA: DENUNCIAÇÕES CALUNIOSAS

Em regra, a utilização indevida da Lei Maria da Penha pela suposta vítima ou por outra pessoa a ela ligada, já que nem sempre quem toma a iniciativa de fazer a acusação é aquela que se diz ter sido vítima de violência doméstica e familiar, só resta verificada quando a punição ao suposto agressor já foi consumada, encontra-se em curso ou em vias de se consumar, ou quando já lhe foi imposta alguma medida protetiva, como o afastamento do lar.

Quando se descobre que a acusação de prática de violência era falsa, em significativa parcela dos casos, a responsável pela falsa acusação é indiciada e processada pelo crime de "denunciação caluniosa", tipificado no art. 339, do Código Penal, que citamos *in litteris*:

Art. 339. Dar causa à instauração de investigação policial, de processo judicial, instauração de investigação administrativa, inquérito civil ou ação de improbidade administrativa contra alguém, imputando-lhe crime de que o sabe inocente.

Pena - reclusão, de dois a oito anos, e multa.

Greco (2012, págs. 1026-1027) interpreta o núcleo

do citado tipo penal[5] e aduz que:

> *Dar causa à instauração* é fazer com que seja iniciado, inaugurado. A conduta praticada pelo agente leva, portanto, à instauração de investigação policial [...], processo judicial [...]. Finalmente, o agente deve saber que imputa um delito inexistente, ou mesmo aquele que efetivamente ocorreu, a alguém que *sabe ser inocente*.

Nesse mesmo sentido, firmou-se a jurisprudência, uníssona em apontar como elementos configuradores do crime de denunciação caluniosa (i) a causação, pelo agente, da abertura de procedimento investigativo ou processo judicial por prática de crime; e (ii) ciência do agente quanto à inocência da pessoa a quem atribui a prática do delito. Vejamos:

> Se o agente deu causa à investigação policial, sabedor de que a pessoa a quem imputava crime era inocente, pratica o delito de denunciação caluniosa. Recurso desprovido (MINAS GERAIS, 2008).

Quanto à qualidade do sujeito ativo, o crime de denunciação caluniosa é classificado pelos processualistas penais como um crime comum, ou seja, que pode ser praticado por qualquer pessoa, não se exigindo nenhuma condição especial para praticá-lo. De igual modo, qualquer pessoa também pode ser vítima desse crime, sendo que, além da pessoa que foi prejudicada pela denúncia, também o Estado é considerado vítima, pois seus aparatos policial e jurisdicional são movimentados desnecessariamente.

---

5. Núcleo do tipo penal é o verbo que descreve a conduta proibida pela lei penal.

O bem jurídico protegido é a Administração Pública, mais especificamente a administração da justiça. Greco (2012, pág. 1.029) assevera que, nesse crime, "o objeto material é a pessoa que foi vítima da imputação falsa de crime", mas o que se visa tutelar com a tipificação do delito é a administração da justiça. Trata-se, nesse sentido, de um crime mono-ofensivo, ou seja, que ofende um único bem jurídico.

Já quanto ao *modus operandi*, a denunciação caluniosa é um crime plurissubsistente, vez que a ação necessária para a prática do ato é representada por vários atos, ou seja, a conduta do agente pode ser fracionada, não sendo o delito praticado mediante ato único. Assim, admite a tentativa (a forma tentada).

A denunciação caluniosa é ainda classificada, quanto ao resultado, como crime de natureza formal, que se consuma tão logo o agente dê causa à instauração do procedimento investigativo ou do processo penal, não sendo exigível qualquer resultado material, como, por exemplo, que o falsamente acusado seja preso de forma cautelar ou mesmo condenado.

Nesse sentido, citamos o seguinte aresto:

> [...] Crime formal que se consuma no momento em que o agente motiva, desnecessariamente, a instauração de algum dos procedimentos previstos no art. 339 do Código Penal [...] (SANTA CATARINA, 2010).

Por fim, quanto ao elemento subjetivo, a literatura jurídica especializada classifica a denunciação caluniosa como um crime doloso. Greco (2012), nesse aspecto, afirma que:

O dolo é o elemento subjetivo exigido pelo tipo penal em estudo, não havendo previsão para a modalidade de natureza culposa. Na verdade, o delito somente poderá ser praticado com *dolo direto*, conforme se extrai da expressão *de que o sabe inocente* (GRECO, 2012, pág. 1.029).

Assim, a partir dessa classificação teórica, pode-se também dizer que a denunciação caluniosa é um crime que exige o dolo, isto é, que exige para a sua configuração que o agente (sabedor de que imputa à vítima da denunciação a prática de um crime do qual sabe ser ela inocente) tenha a vontade, a intenção, o desejo de dar causa à instauração de procedimento investigatório e/ou de processo judicial para apuração do suposto delito.

Há uma divisão teórica do dolo em "dolo direto" e "dolo eventual" ou "dolo indireto". O "dolo direto", que caracteriza o crime de denunciação caluniosa, ocorre quando o agente, autor do crime, deseja o resultado específico, quer atingir aquele determinado fim. Já no "dolo eventual", o agente, embora não deseje o resultado, o prevê e assume deliberadamente o risco de produzi-lo. Essa é a diferença fundamental entre as duas espécies de dolo.

Pode, outrossim, o crime de denunciação caluniosa ser cometido mediante ação ou omissão do agente – pode ser, portanto, quanto à forma como é praticado, comissivo ou omissivo –, e a ação penal mediante a qual é instaurado o processo criminal é de iniciativa pública incondicionada, quer dizer, o Ministério Público, tomando conhecimento do fato, pode/deve intentar a ação penal, independentemente de representação do ofendido, cuja aquiescência para a instauração da persecução penal pouco importa.

É oportuno esclarecer ainda o que seja o crime de calúnia, que difere da denunciação caluniosa. A calúnia é crime tipificado no art. 138, do Código Penal, e consiste em atribuir a alguém um fato concreto definido em lei como crime. Para a configuração de tal infração penal, é necessário também que a pessoa que faz a imputação esteja ciente de que a acusação é falsa. Eis a definição apresentada pelo Código Penal, *in verbis*:

> Art. 138 - Caluniar alguém, imputando-lhe falsamente fato definido como crime:
>
> Pena - detenção, de seis meses a dois anos, e multa.

A partir dessa definição, inferimos que, para a configuração do crime de calúnia, são necessárias três condições, a saber: 1) a imputação de um fato determinado; 2) que esse fato seja tipificado como crime; 3) e que essa imputação seja falsa, devendo o agente ter conhecimento dessa circunstância.

Vê-se, portanto, que, para que reste caracterizado o crime de calúnia, diferentemente da denunciação caluniosa, não é necessário que o agente tenha dado causa à instauração de qualquer procedimento de investigação policial ou a um processo judicial, bastando que o agente impute a alguém um fato definido na lei como crime, e que essa imputação seja falsa.

Os dois tipos penais são, assim, autônomos: o crime de calúnia independe do crime de denunciação caluniosa, pois pode ser cometido sem que o agente pratique também a denunciação caluniosa, que é a figura penal criada para punir a denúncia falsa, quando o Estado é induzido a erro e levado a agir também com erro por quem denuncia falsamente.

Contudo, o inverso não é verdadeiro, na medida em que, invariavelmente, aquele que dá causa à instauração de investigação policial ou de processo judicial, imputando a alguém um crime de que o sabe ser inocente, acaba por também caluniá-lo; e, nesse caso, o crime de calúnia fica subsumido pelo crime de denunciação caluniosa, isto é, é por ele absorvido, em virtude de o ato de caluniar (imputar um crime falso) ser elemento essencial do crime de denunciação caluniosa.

A seguir analisamos 4 casos de falsas acusações de violência doméstica e familiar contra a mulher, com motivações distintas para a suposta vítima imputar falsamente a seu parceiro a prática de violência, cometendo, consequentemente, a denunciação caluniosa. São casos reais. Omitimos dados como número do inquérito/processo e local de ocorrência dos fatos e trocamos os nomes dos envolvidos para preservação de suas intimidades/privacidades.

Caso 1: Denunciação caluniosa motivada por vingança e sentimento de ciúmes

Os casos de denunciação caluniosa, como dito, são motivados por grande variedade de sentimentos. Todavia, a partir da análise de casos concretos, sempre se observa a existência de um motivo preponderante, uma causa principal que se sobrepõe às demais e que leva a suposta vítima a pôr em prática o seu intento de prejudicar a pessoa com quem tinha ou tem algum tipo de envolvimento – em regra, um (ex)parceiro –, imputando-lhe falsamente um fato tipificado na lei como crime e configurador de violência doméstica, e, com isso, dando causa à instauração de uma investigação policial ou de um processo judicial.

No caso apurado por meio do Inquérito Policial n°. XXX1/2013, instaurado pela DEAM – Delegacia Especial de Atendimento à Mulher do Município Y, e mediante o qual **José**, de 54 anos, foi indiciado em razão de comunicação de prática de suposto crime configurador de violência doméstica e familiar contra sua ex-companheira **Maria**, de 51 anos. **Maria** informou que estava separada de seu ex-companheiro havia 07 (sete) meses e descreveu com detalhes a "agressão" física que dizia ter sofrido. Após a conclusão das investigações policiais, corroboradas pela confissão de **Maria**, restou demonstrado que a própria denunciante havia se arranhado no pescoço com "a chave do carro" para simular uma lesão corporal e, com isso, prejudicar o até então companheiro, por ter ele se separado dela e reatado com a ex-esposa. Nesse caso específico, fica evidente que a denunciante caluniadora foi movida, principalmente, pelo sentimento de ciúme e/ou por vingança, quando acusou falsamente seu ex-companheiro da prática do crime de lesão corporal (violência física), tendo sido, ao final do Inquérito Policial, indiciada pela prática do crime de denunciação caluniosa.

Caso 2: Denunciação caluniosa motivada por vingança e sentimento de rejeição

O sentimento de rejeição também aparece como motivo determinante para falsas denúncias envolvendo acusações de prática de violência doméstica e familiar contra a mulher, o que atrai a aplicação da Lei Maria da Penha. No caso exposto e discutido neste subtópico, a denunciante caluniadora desejava um relacionamento íntimo com a vítima da denunciação caluniosa e, por não ter sido correspondida, inventou uma falsa história de tentativa de estupro (violência sexual), que utilizou para tentar prejudicar o denunciado.

O Inquérito Policial nº XXX2/2016, que também tramitou na DEAM – Delegacia Especial de Atendimento à Mulher do Município de Y, instaurado em razão de registro de comunicação feita por **Yria**, de 79 anos, investigou a alegação da comunicante, **Yria**, de que teria sofrido agressão física e uma tentativa de estupro supostamente praticadas por **Wallas**, de 55 anos, funcionário do hotel em que a **Yria** estava hospedada há 03 meses. Na comunicação do suposto crime, **Yria** informou que **Wallas** teria adentrado em seu quarto e, apertando seu braço a ponto de lhe causar lesão corporal, tê-la-ia jogado sobre a cama e a agarrado, de modo que **Yria** não teria podido se defender. 16 dias depois, **Yria** compareceu à Delegacia de Polícia, onde confirmou o teor da comunicação do delito e representou criminalmente contra **Wallas**, ocasião em que foi encaminhada à Rede de Enfrentamento à Violência Contra a Mulher e também para exame pericial em virtude das lesões alegadas. As investigações, contudo, revelaram que a denúncia era falsa, o que resultou no indiciamento da falsa acusadora pela prática do crime de denunciação caluniosa.

Caso 3: Denunciação caluniosa motivada por vingança e para obtenção de vantagem financeira indevida

O processo nº XXXX1/2014, que tramita na __ Vara Criminal da Comarca de Y, versa sobre a acusação que pesa contra **Thúlio**, de 40 anos, de prática de atos configuradores de violência doméstica e familiar, feita por **Sílvia**, também de 40 anos. Na notícia-crime registrada na DEAM do Município Y, **Sílvia** informa que **Thúlio**, seu ex-marido, de quem estava separada de corpos havia 5 anos e com quem teve um filho já maior de idade, tê-la-ia agredido física e verbalmente no interior do estabelecimento comercial de propriedade de ambos, que era conjugado à residência da família, aplicando-lhe um tapa no rosto, xingando-a de "puta" e jogando um pouco de cerveja em suas costas (agressões físicas e morais, portanto[6]). **Sílvia** informou também que o casal continuava morando na mesma casa. Após representar criminalmente contra **Thúlio**, **Sílvia** foi encaminhada aos órgãos assistenciais para acompanhamento e requereu medidas protetivas de urgência, dentre as quais o afastamento de **Thúlio** do lar. **Thúlio** foi intimado a comparecer à Delegacia de Polícia para ser interrogado. As medidas protetivas foram deferidas. Em seu parecer, o Ministério Público opinou pelo deferimento, "apesar da prova precária". Ao final, as investigações demonstraram que **Sílvia** é que havia agredido **Thúlio** com tapas no rosto e xingamentos e as provas trazidas aos autos (que demonstraram a prática de denunciação caluniosa) levaram o juiz a determinar o afastamento do **Sílvia** do citado estabelecimento.

Dentre os motivos que levaram **Sílvia** a acusar **Thúlio** de praticar contra ela atos de violência doméstica e

---

6. De acordo com a inteligência do art. 7º, *caput* e incisos de I a V, da Lei nº 11.340/2006, a violência doméstica e familiar contra a mulher pode se dar das seguintes formas: (i) violência física; (ii) violência psicológica; (iii) violência sexual; (iv) violência patrimonial; e (v) violência moral.

familiar, transparece nos autos do processo judicial instaurado em razão da denunciação o grande interesse de **Sílvia** em afastar **Thúlio** do estabelecimento comercial a eles pertencente para se apropriar, com exclusividade, do negócio. Isso fica ainda mais evidente, quando se observa que **Sílvia** continuou indo até o estabelecimento comercial, mesmo após o juiz ter revogado parcialmente a medida protetiva que proibia **Thúlio** de frequentar o local, e mesmo "vigorando" uma determinação judicial que, em tese, protegia-a do suposto agressor, que dela não poderia se aproximar a menos de 500 metros.

A situação chegou a tal ponto que **Thúlio** precisou recorrer à Polícia Militar para que esta retirasse **Sílvia** do estabelecimento comercial. Consta dos autos a informação de que **Thúlio** já possuía o estabelecimento desde antes de iniciar o relacionamento com **Sílvia**. Provavelmente, em razão disso, **Sílvia** se utilizou do estratagema de afastar **Thúlio** para se apossar, com exclusividade, do bem que, a princípio, sequer seria um bem comum, servindo, nesse caso, a denunciação caluniosa como meio para a obtenção de vantagem indevida.

Caso 4: Denunciação caluniosa motivada por vingança após separação

Como já dito, nos casos de acusações falsas de violência doméstica e familiar contra a mulher, pode-se verificar a ocorrência de variados motivos que levam a suposta vítima a praticar a denunciação caluniosa, embora alguns sejam mais determinantes para a ação ilícita da caluniadora. No presente caso, o motivo principal da falsa acusação de prática de violência doméstica contra a mulher foi a separação do casal, que, em princípio, não teria sido aceita por **Xarla**, a qual decidiu denunciar falsamente **Zélio** pela prática do crime de estupro, na forma tentada, o que fez para se vingar do ex-parceiro pela separação. **Zélio** chegou a ser preso preventivamente, sendo encarcerado no presídio da cidade Y.

No Processo nº XXXX2/2010, que tramitou na __ Vara Criminal da Comarca de Y, **Zélio** foi denunciado sob a acusação de haver tentado estuprar sua ex-esposa **Xarla**, fato que, segundo **Xarla**, teria ocorrido no interior de sua residência, num momento em que se encontrava ela sozinha. Informou ainda **Xarla** que estava separada de **Zélio** havia 02 meses, e que, num determinado dia, por volta das 10:00 horas, estava dormindo em seu quarto quando acordou com **Zélio** em cima de si, com o zíper da calça aberto, tentando manter com ela relações sexuais à força, mediante ameaças, o que só não teria ocorrido porque ela gritou, fazendo com que **Zélio** desistisse, indo embora por medo de que aparecesse alguém.

Xarla afirmou ainda não ter testemunhas e representou criminalmente contra **Zélio**. Intimado e interrogado, **Zélio** negou ter ido à casa de **Xarla** ou ter tentado estuprá-la, e arrolou a empregada doméstica de **Xarla** como testemunha, mas depois informou à autoridade que a família da dita empregada lhe dissera que ela havia ido embora para São Paulo. A Delegada de Polícia representou ao Judiciário pela decretação da prisão preventiva de **Zélio**. A Juíza impôs a **Zélio** medidas protetivas, afastando-o do lar e o proibindo de se aproximar a menos de 100 metros de **Xarla**, além de proibi-lo de manter comunicação com **Xarla** por qualquer meio.

Xarla foi encaminhada para exame de corpo de delito, constando do laudo médico que ela compareceu, mas se recusou a ser examinada. No relatório do inquérito policial, a Delegada de Polícia indiciou **Zélio** pelo crime de estupro tentado. **Zélio** foi preso e, posteriormente, posto em liberdade. Antes do julgamento do processo, **Xarla** foi morar no exterior e de lá enviou aos autos uma declaração na qual afirmava não ter interesse em prosseguir com a ação penal contra **Zélio**, pois, segundo ela, o que havia ocorrido foi tão-somente "problemas familiares ocorridos na época da separação litigiosa". A Juíza abriu vistas para o Ministério Público se manifestar "acerca da retratação da ofendida" e o Ministério Público opinou pela continuidade do processo, visto que, oferecida a denúncia, a representação se torna irretratável. Assim, a denúncia foi recebida e, negada a absolvição sumária à **Zélio**, foi marcada audiência, à qual ele compareceu. Após quase 5 anos respondendo por um crime que não cometeu, **Zélio** foi finalmente absolvido por falta de provas. **Xarla** foi denunciada pelo Ministério Público pela prática de denunciação caluniosa.

Os casos apresentados são exemplificativos e mostram que, mesmo quando é feito um mau uso da Lei Maria da Penha, restando demonstrado que a acusação de violência doméstica e familiar contra a mulher é falsa, quando então terá a suposta vítima cometido o crime de denunciação caluniosa, em regra, é a autora desse fato processada e – é o que se espera – punida por sua prática delitiva, o que assegura, em certa medida, a efetividade da lei nesse aspecto. A eficácia social plena da Lei Maria da Penha, no entanto, somente será garantida, entre outros fatores, mediante a transformação das práticas cotidianas de desigualdade no país, inclusive de desigualdade de gênero, e pela mudança cultural que deve começar na educação daqueles que serão as mulheres e os homens de amanhã, como observado acima.

CONCLUSÃO

O *corpus* analisado nos permitiu verificar que, além de serem vários os motivos que podem levar uma mulher a acusar falsamente alguém de contra ela ter praticado algum ato configurador de violência doméstica e família, mesmo nesses casos, em que a comunicação de suposta prática de delito, que é feita com amparo na Lei Maria da Penha, é inverídica, quando se descobre que a acusação de violência era falsa, restando configurado o cometimento do crime de denunciação caluniosa, o mesmo aparato judicial (aparelho punitivo-repressor do Estado) mobilizado para finalidade distinta da lei (vingança, *v.g.*) reage contra a pessoa (via de regra, a mulher) que cometeu o crime de denunciação caluniosa.

Fica preservada, assim, a finalidade precípua da Lei Maria da Penha, que é a de garantir a integridade física, sexual, moral e psicológica da mulher em situação ou risco de violência doméstica e familiar, ainda que, eventualmente, ocorram desvios de conduta por parte de alguns sujeitos protegidos pela lei, que, por meio de comunicações falsas de violência, movimentam de forma desnecessária e indevida o aparelho policial-judicial do Estado contra uma pessoa, que se descobre, depois, ter sido vítima de uma armação.

Isto posto, concluímos que, embora ocorram casos de denúncias falsas, que apresentam diversas motivações (ciúmes, sentimento de vingança, de rejeição, ou finalidade de obtenção de vantagem indevida), havendo, em regra, um motivo determinante que prepondera, e, eventualmente, pessoas inocentes possam ser acusadas da prática de violência doméstica e familiar contra a mulher, ou mesmo punidas, tais casos são previstos e enfrentados pelo próprio aparato jurídico do Estado, a exemplo da Cartilha Maria da Penha e Direitos da Mulher do MPF, que, lembrando que há previsão de punição para a falsa vítima (a sanção do crime de denunciação caluniosa), garante maior efetividade à Lei Maria da Penha.

Por certo, verifica-se um gradativo aumento no número de casos de mau uso da Lei Maria da Penha por parte de mulheres que fazem falsas comunicações de crimes configuradores de violência doméstica e familiar contra a mulher, mobilizando, assim, indevidamente, o aparato jurídico do Estado, o qual, aplicando de forma injusta e desnecessária medidas de cunho civil e criminal, pensando que está a assegurar a integridade da suposta vítima, acaba por auxiliá-la na consecução de seu intento criminoso. Entretanto, embora haja esse uso indevido da lei por parte de algumas pessoas e, em decorrência disso, uma atuação equivocada do Estado, observamos que o próprio ordenamento jurídico resolve satisfatoriamente essa questão, na medida em que prevê, como já dissemos, a possibilidade de ocorrência desse abuso da lei e busca equacionar o problema através da utilização de institutos penais pertinentes, a exemplo da tipificação do crime de denunciação caluniosa.

REFERÊNCIAS

BARROSO, L. R. **O Direito Constitucional e a Efetividade de suas Normas**: Limites e possibilidades da Constituição Brasileira. Rio de Janeiro: Renovar, 2000.

BRASIL. **Constituição**. República Federativa do Brasil de 1988. Brasília, DF: Senado Federal, 05 out. 1988.

BRASIL. Decreto-lei nº 2.848, de 7 de dezembro de 1940. Código Penal. **Diário Oficial da União**: Rio de Janeiro, 31 dez. 1940. Disponível em: http://www.planalto.gov.br/ccivil_03/decreto-lei/Del2848compilado.htm. Acesso em: 22 de fev. de 2017.

BRASIL. Decreto-lei nº 3.689, de 3 de outubro de 1941. Código de Processo Penal. **Diário Oficial da União**, 13 out. 1941. Disponível em: http://www.planalto.gov.br/ccivil_03/decreto-lei/Del3689.htm. Acesso em: 22 de fev. de 2017.

BRASIL. Lei nº 12.403, de 4 de maio de 2011. Altera dispositivos do Decreto-Lei nº 3.689, de 3 de outubro de 1941 - Código de Processo Penal, relativos à prisão processual, fiança, liberdade provisória, demais medidas cautelares, e dá outras providências. **Diário Oficial da República Federativa do Brasil**: Brasília, DF, 05 mai. 2011. Disponível em: http://www.planalto.gov.br/ccivil_03/_Ato2011-2014/2011/Lei/L12403.htm. Acesso em: 01 de nov. de 2018.

BRASIL. Lei nº. 11.340, de 7 de agosto de 2006. Cria mecanismos para coibir a violência doméstica e familiar contra a mulher, nos termos do § 8º do art. 226 da Constituição Federal, da Convenção sobre a Eliminação de Todas as Formas de Discriminação contra as Mulheres e da Convenção Interamericana para Prevenir, Punir e Erradicar a Violência contra a Mulher; dispõe sobre a criação dos Juizados de Violência Doméstica e Familiar contra a Mulher; altera o Código de Processo Penal, o Código Penal e a Lei de Execução Penal; e dá outras providências. **Diário Oficial da República Federativa do Brasil**: Brasília, DF, 08 ago. 2006. Disponível em: http://www.

planalto.gov.br/ccivil_03/_ato2004-2006/2006/lei/l11340.htm. Acesso em: 22 de fev. de 2017.

BRASIL. Lei nº 13.964, de 24 de dezembro de 2019. Aperfeiçoa a legislação penal e processual penal. **Diário Oficial da República Federativa do Brasil**: Brasília, DF, 30 abr. 2021. Disponível em: < http://www.planalto.gov.br/ccivil_03/_ato2019-2022/2019/lei/L13964.htm>. Acesso em: 25 de maio de 2021.

BRASIL. Lei nº 13.984, de 3 de abril de 2020. Altera o art. 22 da Lei nº 11.340, de 7 de agosto de 2006 (Lei Maria da Penha), para estabelecer como medidas protetivas de urgência frequência do agressor a centro de educação e de reabilitação e acompanhamento psicossocial. **Diário Oficial da República Federativa do Brasil**: Brasília, DF, 3 abr. 2020. Disponível em: < http://www.planalto.gov.br/ccivil_03/_Ato2019-2022/2020/Lei/L13984.htm#art2>. Acesso em: 25 de maio de 2021.

FONSECA-NUNES, V.; FONSECA-SILVA, M. C. **O gesto de interpretação em acontecimentos históricos e acontecimentos discursivos**. Texto inédito, 2011.

FÓRUM BRASILEIRO DE SEGURANÇA PÚBLICA (FBSP); INSTITUTO DATAFOLHA. **Visível e Invisível:** a Vitimização de Mulheres no Brasil. Disponível em: http://www.forumseguranca.org.br/wp-content/uploads/2017/03/relatorio-pesquisa-vs4.pdf. Acesso em: 20 de maio de 2017.

GARCIA, B. P.; LAZARI, R. **Manual de direitos humanos**. Salvador: JusPodivm, 2014.

GRECO, R. **Código penal:** comentado. 6ª ed. Niterói: Impetus, 2012. pág. 1.168 MINAS GERAIS. Tribunal de Justiça de Minas Gerais. **Apelação criminal nº 1.0720.04.018357-9/001[1]**. Relator: Antônio Armando dos Anjos. Belo Horizonte, 22 jan. 2008. Disponível em: https://tj-mg.jusbrasil.com.br/jurisprudencia/5947305/107200401835790011-mg-1072004018357-9-001-1/inteiro--teor-12082879. Acesso em: 01 de nov. de 2018.

MINISTÉRIO PÚBLICO FEDERAL (MPF); PROCURADORIA FEDERAL DOS DIREITOS DO CIDADÃO (PFDC). **Cartilha Lei Maria da Penha & Direitos da Mulher**. Disponível em: http://pfdc.pgr.mpf.mp.br/atuacao-e-conteudos-de-apoio/publicacoes/mulher/cartilha-maria-da-penha-e-direitos-da-mulher-pfdc-mpf. Acesso em: 22 de fev. de 2017.

PÊCHEUX, M. **O discurso:** estrutura ou acontecimento. Trad. de Eni Puccinelli Orlandi. Campinas: Pontes, 1990. Edição original: 1983.

POSSENTI. S. **Questões para analistas do discurso**. São Paulo: Parábola, 2009.

REALE, M. **Lições Preliminares do Direito.** São Paulo: Saraiva, 2002.

SANTA CATARINA. Tribunal de Justiça de Santa Catarina. **Apelação criminal nº 2010.026597-5**. Relator: Des. Substituto Roberto Lucas Pacheco. Florianópolis, 06 ago. 2010. Disponível em: https://tj-sc.jusbrasil.com.br/jurisprudencia/18056088/apelacao-criminal-acr-265975-sc-2010026597-5/inteiro-teor-18056089?ref=juris-tabs. Acesso em: 01. de nov. de 2018.

OS ATOS INFRACIONAIS E AS CONSEQUÊNCIAS DO RETROCESSO À IMPUTABILIDADE PENAL DO MENOR

Alcir Rocha dos Santos[1]

Poliana de Oliveira de Brito[2]

RESUMO

O presente estudo busca analisar os atos infracionais cometidos por menores, bem como as consequências do retrocesso à imputabilidade penal, com base na Lei de nº 8.069/1990, conhecida popularmente

1. Doutorando em Memória (UESB). Mestre em Direito (UNESA). Professor Efetivo da UESPI.

2. Especialista em Direito Ambiental (FAVENI). Bacharela em Direito (UNI-FG).

como Estatuto da Criança e do Adolescente (ECA). Fazendo alusão ainda entre existência da relação Estado e sociedade civil, que é imprescindível para a resolução de conflitos. Seja na garantia de direitos, fiscalizando e aplicando medidas repreensivas ou no fundamental papel de adequar as políticas sociais básicas à realidade. Sendo tudo em conformidade com o Direito. Foram empregados, para melhor entendimento a respeito do assunto, pesquisa bibliográfica em artigos científicos, livros, disposições normativas relacionadas ao tema na legislação brasileira, e principalmente o ECA, que está diretamente relacionado ao presente estudo.

PALAVRAS-CHAVE: Adolescente. Ato Infracional. Sociedade. Estado.

ABSTRACT

The present study seeks to analyze the crimes committed by minors and the consequences of retribution to criminal imputability based on Law nº. 8.069/90, popularly known as the Child and Adolescent Statute (ECA). Also referring to the existence of the relationship between state and civil society, essential for conflict resolution. Whether it is the guarantee of rights, the supervision and enforcement of reprehensible measures or the fundamental role of adapting basic social policies to reality. Be all in accordance with the law. For better understanding on the subject, we used bibliographic searches in scientific articles, books, normative provisions related to the subject in Brazilian legislation, and especially the ECA, which is directly related to the present study.

KEYWORDS: Teen. Infractional Act. Society. State.

INTRODUÇÃO

No campo sociopolítico do Brasil se tratando do assunto infância e adolescência, a Lei de nº 8.069/1990, conhecida popularmente como Estatuto da Criança e do Adolescente (ECA), vêm sendo constantemente atualizada na tentativa de acompanhar a evolução social. Sua aplicabilidade garante direitos inerentes à criança e ao adolescente, estando na peculiar posição de pessoa em desenvolvimento, merecem atenção e proteção integral. Os estudos de Volpi (2011) indicam a inexistência de uma harmonia no tocante aos adolescentes que praticam atos infracionais. Os meios de comunicação social, em geral têm preferido usar formas estigmatizantes, referindo-se a eles como infratores, delinquentes, "pivetes" dentre outros (VOLPI, 2011, pág. 7).

Outro questionamento é o conceito de ato infracional definido no Estatuto da Criança e do Adolescente, como: "a conduta descrita como crime ou contravenção penal", na prática de juízes da infância e de promotores ganha uma dimensão ampla que chega a incluir antigas categorias como: "vadiagem", "perambulação" e outros que não encontram tipificação no Código Penal, mas que são apresentados como razão inclusive para a privação da liberdade. Prática originada no já revogado Código de Menores onde apresentava o adolescente como autor de ato infracional como uma "vaga categoria sociológica" (VOLPI, 2011, pág. 8).

O Estatuto foi uma reposta de movimentos da sociedade que pedia uma nova política de atendimento às crianças e adolescentes que não se baseasse no assistencialismo nem na repressão herdada na época da Funabem e ratificada pelo antigo Código de Menores (Lei nº 6.697/79) (JESUS, 2006, pág. 13). Torna-se complexo a aplicabilidade do Estatuto para a defesa do direito do menor, pois na condição de terem praticado um ato infracional, são desqualificados como adolescentes (VOLPI, 2011, pág. 09).

O Estatuto da Criança e do Adolescente determina que menor é uma pessoa incapaz de compreender e distinguir acerca da ilicitude do fato, por não possuir capacidade suficiente para compreender a dimensão, gravidade e o caráter criminoso de determinada ação. Segundo o ECA, entende-se como criança a pessoa até 12 anos e adolescente aquela entre os 12 e os 18 anos de idade.

Apesar do conceito de menoridade distinguir o indivíduo criança do indivíduo adolescente, para os efeitos da lei, essa distinção não condiz com a realidade da aplicabilidade das medidas socioeducativas. O ato infracional é definido no Estatuto em seu artigo 103 taxativamente como aquela conduta prevista em lei como contravenção ou crime, sendo essa responsabilidade iniciada aos 12 anos de idade.

É indiscutível a prática de atos infracionais cometidos por adolescentes, apesar do número reduzido em comparação aos adultos. Diante disso, o presente trabalho é pautado no seguinte questionamento: como identificar os menores individualizando criança de adolescente atrelado com a maneira que são tratados seus direitos, reconhecendo suas singularidades, baseando-se inclusive o tratamento na faixa etária desses infratores. Sendo assim, qual é o papel exercido pela atual legislação, na prática da real aplicação dessa punição, e como acontece a recepção e a inclusão social dos menores infratores ao final do cumprimento das medidas socioeducativas?

A existência da relação Estado e sociedade civil é imprescindível para a resolução de conflitos. O Estado atua como garantidor de direitos e fiscalizador da aplicabilidade repreensiva, e a sociedade tem papel fundamental na adequação das políticas sociais básicas à realidade do país operando em conformidade com o Direito.

O objetivo da organização de políticas públicas tem como fim garantir, com primazia absoluta, os direitos infanto-juvenis. Dessa maneira, só será possível averiguar uma mudança se a convivência familiar e comunitária, direitos inerentes a todo ser humano como saúde, educação, cultura, esporte e lazer estiverem unidos a fim de diminuir consideravelmente a incidência de atos infracionais cometidos por crianças e adolescentes.

Destarte, a intervenção estatal não se concentra na admoestação da conduta, exteriorizada através da determinação de medidas socioeducativas, mas exige conteúdo capaz de oportunizar aos jovens, condições práticas permitindo-lhes encarar os desafios habituais sem a necessidade de utilizar meios que infrinjam os direitos de outrem.

A aplicação das medidas socioeducativas é suficiente e deve refletir os escritos da lei. Contudo, na prática ainda não se pode observar uma diferenciação de ato infracional e crime, e de medida socioeducativa e pena. A execução dessas medidas não pode ocorrer de forma isolada do contexto social, político e econômico no qual se encontra inserido o menor.

Crianças e adolescentes formam o centro da preocupação constitucional. Desta forma, fazem-se relevantes estudos que venham a destacar as mais variadas facetas que influenciam a vida destes. No caso em tela, com o crescimento da violência, vem causando grandes preocupações ao poder Público, sendo que os jovens e adolescentes são parte essencial para a estruturação do País.

Desta forma, o presente estudo, tem o intuito de informar e alertar a respeito deste assunto de inteira relevância social e pouco abordado com a atenção devida. Busca-se então, o aprofundamento no tema informando a aplicabilidade das medidas socioeducativas, trazendo indagações e críticas a respeito da imputabilidade penal relacionada a criança e ao adolescente.

A elaboração deste texto se deu através do método científico dedutivo, onde considera que as premissas sendo verdadeiras, faz com que a conclusão por consequência, seja também verdadeira, então, a conclusão está subentendida nas premissas. Segundo Lakatos e Marconi (2003, pág. 105) considera-se método dedutivo, na maioria das vezes pode-se predizer a ocorrência dos fenômenos particulares, partindo das teorias e leis.

A metodologia utilizada para este trabalho quanto aos objetivos e procedimentos caracteriza-se como pesquisa bibliográfica que, segundo Trujillo (1982, pág. 230), “oferece meios para definir, resolver, não somente problemas já conhecidos, como também, explorar novas áreas onde os problemas não se cristalizaram suficientemente”.

Para o desenvolver do trabalho de pesquisa, foi necessário um levantamento teórico acerca do tema baseando-se de revisões bibliográficas, documentos, revistas jurídicas e artigos qualificados, obras de autores renomados do Direito do Penal, juntamente com as legislações existentes que remetem ao tema determinado. Tais materiais são de suma importância para o trabalho, no qual, conforme com Lakatos e Marconi (2003, pág. 183) baseia-se em catalogar toda bibliografia do referido tema já publicada, em revistas, livros, monografias, artigos, entre outros, para que assim o pesquisador possa estar por dentro de todo material que há acerca do tema pretendido.

Por conseguinte, foi feita a identificação dos menores infratores e determinação do tratamento adequado dos seus direitos. Foi utilizado o Estatuto da Criança e do Adolescente, obras bibliográficas, e métodos científicos concordante com Lakatos e Marconi (2003, pág. 83) os métodos científicos não são exclusivamente da ciência, mas não é possível haver ciência sem o emprego de métodos científicos.

No que se refere ao método de estudo, foi utilizado o exploratório, que visa uma descoberta do esclarecimento de acontecimentos referentes às medidas socioeducativas. Em conformidade com Cervo e Silva (2006, pág. 187), o método exploratório estabelece critérios e técnicas para a elaboração de uma pesquisa e visou oferecer informações sobre o objeto desta auxiliando na formulação de hipóteses.

A abordagem do trabalho ocorreu de forma qualitativa, com aprofundamento do estudo a partir de definições e análises de especialistas, atingindo assim, o objetivo de lapidar um grande volume de informações devidamente embasadas e assim foi possível interpretar de maneira correta o tema em questão, trazendo à tona a realidade vivida atualmente na sociedade, em especial tratando-se do menor infrator.

A CRIANÇA, O ADOLESCENTE E A IMPUTABILIDADE PENAL

A criança é contextualizada no artigo 2° do Estatuto da Criança e do Adolescente (ECA) como: a pessoa até doze anos de idade incompletos.

Dentre os estudiosos da infância do século XVIII podemos citar Rousseau com uma grande contribuição. Rousseau através da obra *Emílio, ou, Da Educação* ressaltando que a criança deve ser vista em seu próprio mundo e não como uma mera projeção do adulto. Essa visão, conquista o mérito da construção de um conceito moderno de infância, despedindo dessa maneira de velhos conceitos, e abrindo um novo olhar sobre a criança, considerando suas criatividades e capacidades imaginativas como manifestações próprias. Rousseau refere-se à infância como um tempo agradável em que a criança tem atitudes espontâneas, é feliz e inocente. Para ele a infância é uma fase com características próprias às quais devem ser cultivadas de forma a contribuir para o desenvolvimento da inteligência da criança. Nesta mesma vertente, o Referencial Curricular Nacional para a Educação Infantil – RCNEI destaca que:

> A criança, como todo ser humano, é um sujeito social e histórico e faz parte de uma organização familiar que está inserida em uma sociedade, com uma determinada cultura, em um determinado momento histórico. [...] As crianças possuem uma natureza singular, que as caracteriza como seres que sentem e pensam o mundo de um jeito muito próprio. Nas interações que estabelecem desde cedo com as pessoas que lhe são próximas e com o meio que as circunda, as crianças revelam seu esforço para compreender o mundo em que vivem as relações contraditórias que presenciam e, por meio das brincadeiras, explicitam as condições de vida a que estão submetidas e seus anseios e desejos (BRASIL, 1998, pág. 21).

Entende-se por adolescente a pessoa entre doze e dezoito anos de idade (Art. 2º ECA) que passa pelo período de transição entre a infância e a vida adulta, caracterizado pelos impulsos do desenvolvimento físico, mental, emocional, sexual e social, além dos esforços do indivíduo em alcançar os objetivos relacionados às expectativas culturais que a sociedade impõe. A definição de adolescente do antigo código e da "Política de bem-estar do menor" se resumia em tratar um "delinquente" e não uma pessoa menor de idade que transgrediu uma norma. Dessa forma, Foucault (1996) em sua obra "Vigiar e Punir", usa a denominação infrator para referir-se àquele que infringiu as normas jurídicas estabelecidas, enquanto delinquente é a condição a que o sistema submete o indivíduo, estigmatizando e controlando-o formalmente, inclusive após ter cumprido sua pena. Diante da atmosfera social para Aberastury e Knobel (1981):

> Toda adolescência tem, além de sua característica individual, as características do meio cultural, social e histórico desde o qual se manifesta, e o mundo em que vivemos nos exige mais do que nuca a busca do exercício de liberdade sem recorrer à violência para restringi-la (ABERASTURY E KNOBEL, 1981).

Esse conceito se amplia ainda na visão de cada autor que estuda essa temática, pois à medida em que surgem as transformações, manifestações da busca de identidade, autonomia emocional e comportamental, surge o afastamento dos adultos, em especial dos pais. Nessa fase a aproximação com os colegas aumenta, proporcionando dessa maneira um envolvimento com a esfera social cada vez maior.

Portanto, essa relação de coleguismo acompanhado de más influências pode acabar influenciando o menor a praticar atos infracionais, estando estes, definido no artigo 103 do Estatuto da Criança e do Adolescente da seguinte forma "Considera-se ato infracional a conduta descrita como crime ou contravenção penal". (Lei de nº 8.069/1990 - ECA). Ao instituir o Estatuto da Criança e do Adolescente, o legislador concedeu diversos direitos aos menores infratores, no qual, estão assim elencados nos artigos 106 a 109, sempre visando o princípio da proteção integral, conforme segue:

> Art. 106. Nenhum adolescente será privado de sua liberdade senão em flagrante de ato infracional ou por ordem escrita e fundamentada da autoridade judiciária competente.

Parágrafo único. O adolescente tem direito à identificação dos responsáveis pela sua apreensão, devendo ser informado acerca de seus direitos.

Art. 107. A apreensão de qualquer adolescente e o local onde se encontra recolhido serão incontinenti comunicados à autoridade judiciária competente e à família do apreendido ou à pessoa por ele indicada.

Parágrafo único. Examinar-se-á, desde logo e sob pena de responsabilidade, a possibilidade de liberação imediata.

Art. 108. A internação, antes da sentença, pode ser determinada pelo prazo máximo de quarenta e cinco dias.

Parágrafo único. A decisão deverá ser fundamentada e basear-se em indícios suficientes de autoria e materialidade, demonstrada a necessidade imperiosa da medida.

Art. 109. O adolescente civilmente identificado não será submetido a identificação compulsória pelos órgãos policiais, de proteção e judiciais, salvo para efeito de confrontação, havendo dúvida fundada (Lei de n° 8.069/1990).

Segundo Jesus (2006), quando um adolescente pratica um ato infracional, ou seja, comete uma conduta ilícita tipificada na legislação penal, passa a existir o direito de ser reeducado pelo Estado. Porém, ao mesmo tempo em que o Estado tem esse dever de reeducar um adolescente infrator, nasce a confrontação com o direito conferido pela Constituição Federal e pelo Estatuto Menorista, do direito à liberdade. Partindo dessa ideia, ilustra o ensinamento de Ishida (2011):

> Portanto, ao mesmo tempo que existe um direito subjetivo do Estado de reeducar através da medida socioeducativa, existe em contrapartida, um direito subjetivo de liberdade compatível em Estado Democrático de Direito. Assim, para ser tecnicamente custodiado, a lei exige duas situações: (1) flagrante do ato infracional; (2) através de, mandado judicial (ISHIDA, 2011, pág. 230).

A relação do direito com a imputabilidade penal não se confunde com a responsabilidade penal, que corresponde às consequências jurídicas oriundas da prática de uma infração, conforme ensinava Noronha:

> É a obrigação que alguém tem de arcar com as consequências jurídicas do crime. É o dever que tem a pessoa de prestar contas de seu ato. Ele depende da imputabilidade do indivíduo, pois não pode sofrer as consequências do fato criminoso (ser responsabilizado) senão o que tem a consciência de sua antijuridicidade e quer executá-lo (JESUS, 1995, pág. 419).

Na Constituição Federal foi inserida em seu artigo 228, onde estabelece que "são penalmente inimputáveis os menores de 18 anos, sujeitos às normas estabelecidas na legislação especial". A menoridade penal também constitui causa de exclusão da imputabilidade, encontrando-se abrangida pela expressão "desenvolvimento mental incompleto". Segundo afirma Nucci (2010), a imputabilidade penal:

> É o conjunto das condições pessoais, envolvendo

inteligência e vontade, que permite ao agente ter entendimento do caráter ilícito do fato, comportando-se de acordo com esse entendimento. O binômio necessário para a formação das condições pessoais do imputável consiste em sanidade mental e maturidade (NUCCI, 2010).

Dessa forma, o agente que cometeu a conduta ilícita tem as sanções cabíveis, e deve responder por seus atos e aprender com os seus erros. O Código Penal - Decreto-Lei n° 2.848, de 7 de dezembro de 1940 dispôs sobre a IMPUTABILIDADE PENAL, e no artigo 27 dispõe sobre a inimputabilidade do menor de 18 anos, ficando sujeitos às normas estabelecidas pela legislação especial. Sendo assim, segundo o Estatuto da Criança e do Adolescente, a criança fica sujeita à medidas protetivas, enquanto o adolescente à medidas socioeducativas.

CONTEXTUALIZAÇÃO DOS ATOS INFRACIONAIS

O Estatuto da Criança e do Adolescente dispõe sobre ato infracional em seu artigo 103, "Considera-se ato infracional a conduta descrita como crime ou contravenção penal". Para ser considerado ato infracional a conduta praticada pelo menor tem que estar prevista em lei, com sanções ao autor.

Seguindo a mesma linha, devemos entender que crime é a ação, ou omissão típica, antijurídica e culpável. Já a contravenção, é o ilícito que só acarreta prisão simples ou multa ao autor. Dessa forma, a Lei de Introdução ao Código Penal (Dec. Lei n° 3.914/1941) em seu artigo 1° dispõe que:

Considera-se crime a infração penal que a lei comina pena de reclusão ou de detenção, quer isoladamente, quer alternativa ou cumulativamente com a pena de multa; contravenção, a infração penal a que a lei comina, isoladamente, pena de prisão simples ou de multa, ou ambas, alternativa ou cumulativamente.

Toda criança e adolescente faz jus a tratamento especial e individual, mesmo praticando atos que são tipificados no Código Penal. A conduta ilícita, quando parte de uma criança ou adolescente não é crime, nem contravenção penal, mas sim um ato infracional, devido inexistir culpabilidade e punibilidade. São asseguradas todas as garantias processuais: ampla defesa; devido processo legal; defesa técnica de advogado, dentre outras. E caso não haja o respeito à essas garantias, ocorrerá a nulidade processual.

Art. 110. Nenhum adolescente será privado de sua liberdade sem o devido processo legal. Art. 111. São asseguradas ao adolescente, entre outras, as seguintes garantias: I - pleno e formal conhecimento da atribuição de ato infracional, mediante citação ou meio equivalente; II - igualdade na relação processual, podendo confrontar-se com vítimas e testemunhas e produzir todas as provas necessárias à sua defesa; III - defesa técnica por advogado; IV - assistência judiciária gratuita e integral aos necessitados, na forma da lei; V - direito de ser ouvido pessoalmente pela autoridade competente; VI - direito de solicitar a presença de seus pais ou responsável em qualquer fase do procedimento (ANGHER, 2015).

Conforme estipulado na Lei nº 12.594/2012, o adolescente acusado de praticar ato infracional tem direito a um atendimento especializado que seja eficaz na redução de fatores decisivos da conduta infracional e que, ao mesmo tempo, venha proporcionar um apoio externo a família do adolescente. Dessa forma, o Plano Individual de Atendimento – PIA se faz necessário nas seguintes áreas:

Jurídica, verificando a situação processual e tomar providências necessárias; Saúde, física e mental proposta; Psicológica, em relação à parte afetiva, em dificuldades, necessidades, potencialidades, avanços e retrocessos; Social, com o estudo de suas relações sociais, familiares e comunitárias, os aspectos que dificultam e que facilitam a inclusão social e a necessidades, avanços e retrocessos; Pedagógica, estabelecendo metas relativas à escolarização, profissionalização, lazer e esportes, cultura, oficina e autocuidado. Focalizando nos interesses, nas potencialidades, dificuldades e necessidades, nos avanços e nos retrocessos, registrando alterações que sirvam de orientação na elaboração de novas metas (CONANDA, 2006, pág. 52).

Dessa maneira, ao adolescente autor de ato infracional, deve-se aplicar medidas socioeducativas, que desempenharão um papel de influência positiva na vida dos menores, cooperando para a construção de sua identidade e de seu plano de vida, favorecendo o meio social e respeitando as variedades culturais, de gênero, étnico-racial, e até mesmo a orientação sexual:

Ao menor infrator é aplicada uma sanção diversa da que é aplicada a um adulto que cometa o mesmo crime, visto que são eles inimputáveis, essa sanção vem prevista no Estatuto da Criança e do Adolescente como medida socioeducativa, a qual visa a regeneração deste menor, a fim de que não cometa mais nenhum outro delito (BARROSO FILHO, 2011).

Sendo assim, a aplicação de medidas socioeducativas deve acontecer de forma simultânea ao contexto social, político e econômico em que está envolvido o adolescente. E ante a isso tudo é imprescindível a atuação do Estado com organizações de políticas públicas, para que dessa maneira assegure os direitos infanto-juvenis com prioridade absoluta.

AS POLÍTICAS PÚBLICAS E OS ATOS INFRACIONAIS

Conforme Jesus (2006) é impossível pensar em políticas públicas sociais para a área da infância e juventude ignorando a prevenção dos atos infracionais. Atribuir os comportamentos antissociais de crianças e adolescentes somente às desigualdades sociais - até porque adolescentes das classes média e alta também delinquem. Dessa forma, nesse vácuo operacional entre as desigualdades sociais e a necessidade de atitudes imediatas cresce o discurso de Lei e Ordem, que se opõe a manifestações em defesa do menor delinquente, tais falas ressoam como uma espécie de cumplicidade com a criminalidade.

Políticas públicas que tragam maior protagonismo aos jovens, precisam ser aplicadas, como, por exemplo, a utilização dos meios de comunicação e mídia, como rádios comunitárias, jornais de bairro, canais na internet. Um exemplo disso é "A voz da Comunidade", jornal criado por Rene Silva, um jovem, morador do Complexo do Alemão, no Rio de Janeiro, que ficou mundialmente conhecido, sendo, inclusive, convidado a palestrar em

Havard, por ter narrado, em tempo real, pelo twitter, a ocupação da favela pelos policiais.

Outra experiência são as políticas públicas voltadas à música, e não somente à cultura de maneira geral (cinema, literatura, pintura), envolvendo dança, canto, musicalidade, com shows culturais, realização de festivais.

Para alcançar o adolescente a melhor maneira é falar sua língua, conhecer seus interesses e necessidades. Tudo que o jovem quer é sair da situação de invisibilidade. Se não consegue isso pelo trabalho, pela escolarização, pela participação cidadã, buscará através do envolvimento com a criminalidade. Nas palavras de Tejadas (2007):

> A vivência do não-pertencimento, contraditoriamente, produz o desejo de pertencer, fazer parte de algo. Nesse contexto, a prática do crime e a vinculação aos grupos com ele identificados colocam-se como meio de pertencer, repercutindo na reincidência. (TEJADAS, SILVA, 2007, pág. 222)

Como complemento às políticas sociais básicas, cabe aos serviços de assistência social garantir proteção aos mais vulneráveis e vitimizados, através de programas de proteção como: apoio socioeducativo em meio aberto, abrigo, apoio sócio familiar e demais programas previstos no ECA (JESUS. pág. 42).

Segundo dispõe o Estatuto sobre o conceito de *rede,* é necessário que as medidas socioeducativas estejam articuladas nela, com políticas de atendimento governamentais e não-governamentais da União, Estado e do Município.

Nos casos em que há políticas públicas, normalmente, são voltadas ao trabalho ou ao esporte, com uma visão sempre repressiva, para retirá-lo da rua, como nos antigos Códigos de Menores. A falta de efetividade das políticas públicas existentes, em regra, se dá pela falta de participação e protagonismo do adolescente nas decisões. Os projetos são, em maioria, elaborados de forma verticalizada, sem a participação dos principais interessados. Trata-se mais de uma imposição do Estado do que uma proposta de colaboração e cooperação entre os atores.

Por outro lado, quando falamos em prevenção da criminalidade, é de vital importância a participação efetiva do adolescente, inclusive, na criação e implementação dos projetos, a fim de que lhe despertem interesse, já que será o destinatário das medidas, e é nesse contexto, de protagonismo do jovem, que as políticas públicas devem ser desenvolvidas e implementadas, observando a realidade local, as características do jovem daquela comunidade, sua cultura, habilidades e interesses. Nessa linha, Tejadas (2007) destaca:

Considerando que a experiência da juventude caracteriza-se por intensas trocas sociais dos jovens entre si e com os adultos, em busca de elementos que se agreguem em seu processo de construção da identidade, da auto-estima, de habilidades pessoais e sociais, é impensável e lastimável a ausência de políticas potencialmente favorecedoras da construção de laços sociais, descoberta de potencialidades e investimento na capacidade de resiliência (TEJADAS, 2007, pág. 178).

CONSIDERAÇÕES FINAIS

O estudo realizado, pode-se analisar o tratamento, em face dos menores infratores dentro de seus direitos, demonstrando uma maneira de diminuir a distância da prática e da teoria das medidas socioeducativas, além de ter sido possível contribuir relevantemente para discursões sobre o tema que tem total relevância social e legislativa.

Assim sendo, a proposta foi de destacar não só dentro do ordenamento jurídico, como também integrar o tema proposto na sociedade como todo, aproximando o Direito da realidade social, demonstrando as necessidades de ajustes diante do contraste da realidade prática, com a teoria aplicada.

Restou claro um problema social de dimensões incalculáveis, e de complexa resolução. Desta forma, o presente texto alcança a proposta de provocar para estudos mais aprofundados sobre a temática.

Sem embargos a entendimentos contrários, considerando-se as peculiaridades dos menores no Brasil, da estrutura do sistema prisional, a ineficácia da prisão como instrumento ressocializador, à redução da maior idade penal, revela um retrocesso a estrutura apresentada pelo ECA e CF.

REFERÊNCIAS

ABERASTURY, Arminda; KNOBEL, Maurício. **Adolescência Normal**: Um enfoque psicanalítico. Porto Alegre: Artes Médicas, 1981.

ANGHER, Anne Joyce. **Vade Mecum universitário de direito Rideel.** 18. ed. São Paulo: Rideel, 2015. pág. 1590.

BANDEIRA, Marcos António Santos. **Atos infracionais e medidas socioeducativas**: uma leitura dogmática, crítica e constitucional. 1ª ed. Ilhéus: Editus, 2006.

BRASIL. Estatuto da Criança e do Adolescente, Câmara dos Deputados, Lei nº 8.069, de 13 de julho de 1990. DOU de 16 jul. 1990 – ECA. Brasília, DF.

BRASIL. Lei nº 8.242, de 12 de outubro de 1991. Cria o Conselho Nacional dos Direitos da criança e do Adolescente-CONANDA e dá outras providências. DOU de 16/10/1991. Disponível em: <www.senado.gov.br>. Acesso em: 25 de mar. de 2019.

BRASIL. Ministério da Educação. Câmara de Educação Básica do Conselho Nacional de Educação. Parecer CEB 022/98. Brasília: MEC, 1998.

EISENSTEIN, Evelyn. Adolescência: definições, conceitos e critérios. **Revista Oficial do Núcleo de Estudos da Saúde do Adolescente** – UERJ. Adolesc Saúde. 2005; 2 (2): 6-7.

ISHIDA, Valter Kenji. **Estatuto da criança e do adolescente**: Doutrina e Jurisprudência. 5ª ed. São Paulo: Atlas, 2004.

_______. Lei nº 12.594, de 18 de janeiro de 2012. Sistema Nacional de Atendimento Socioeducativo – SINASE. Brasília. 2012. D.O.U de 19/01/2012. Retificado em 20/01/2012. Disponível em: <www.planalto.gov.br>. Acesso em: 23 de fev. de 2019.

BARROSO FILHO, José. Do ato infracional. **Jus Navegandi**, Teresina, ano 6, nº 52, 1 nov. 2011.

______. Resolução nº 113, de 19 de abril de 2006, dispõe sobre os parâmetros para a institucionalização e fortalecimento do Sistema de Garantia dos Direitos da Criança e do Adolescente, Brasília, SEDH/CONANDA, 2006.

JESUS, Maurício Neves. **Adolescente em conflito com a lei: prevenção e proteção integral**. Campinas, SP: Servanda. 2006.

LAKATOS, E. M.; MARCONI, M. A. **Metodologia do trabalho científico**. 5ª ed. São Paulo: Atlas, 2003.

NUCCI, Guilherme de Souza. **Código penal Comentado**. 10ª ed. São Paulo: Revista dos Tribunais, 2010.

OLIVEIRA, Simone. ATO INFRACIONAL E POLÍTICAS PÚBLICAS: incursões críticas em torno dos mecanismos de prevenção da delinquência juvenil. **Revista do Ministério Público do RS**, Porto Alegre, nº 78, set. 2015 – dez. 2015.

ROUSSEAU, Jean-Jacques. Emílio, ou, Da educação. Tradução: Roberto Leal Ferreira. 2ª ed. São Paulo: Martins Fontes, 1999.

TEJADAS, Silvia da Silva. **Juventude e ato infracional**: as múltiplas determinações da reincidência. Porto Alegre: EDIPUCRS, 2007.

TRUJILLO, A. F. **Metodologia da Pesquisa Científica**. São Paulo: McGraw-Hill do Brasil, 1982.

VOLPI, Mario. O **O adolescente e o ato infracional**. 9ª ed. São Paulo: Cortez, 2011.

IDEOLOGIA E PUNITIVISMO

Felipe Ribeiro Cazelli[1]

RESUMO

O presente artigo expõe o conceito de ideologia desde uma perspectiva crítica, que evita a afirmação de que seja qualquer conjunto de ideias, mas sim um falseamento deliberado da realidade, produzido pelas classes dominantes e incorporado na consciência das classes dominadas. Em seguida demonstra como o punitivismo, ou seja, o discurso que cobra punição aos que são considerados "criminosos", é um discurso ideológico, porque oculta a realidade dos fatores criminogênicos, legitima violências ilegais do Estado e contribui para a manutenção de um sistema opressor.

1. Bacharel em Filosofia pela UFES, Mestre em Ciências das Religiões pela FUV, Professor de Filosofia do Direito e Metodologia da Pesquisa no CESV.

Palavras-chave: Ideologia. Punitivismo. Criminologia crítica.

ABSTRACT

This paper sets out the concept of ideology from a critical perspective, which avoids to state that it may be any group of ideas, but instead a deliberate falsification of reality, produced by the ruling classes and incorporated in the conscience of the dominated classes. In sequence, it demonstrates how the punitivism, that is, the discourse that demands punishment to those considered "criminals" is, in fact, an ideological discourse, because it hides the reality of the criminogenic factors, legitimates illegal violences from the State and contributes to the maintenance of an oppressive system.

Keywords: Ideology. Punitivism. Critical Criminology.

INTRODUÇÃO

O presente artigo foi elaborado com o objetivo primordial de explicitar o caráter ideológico do discurso punitivista. A intenção foi revelar que o punitivismo, discurso utilizado para lidar com o problema da criminalidade, não encontra fundamentos na realidade material concreta para sua sustentação. Parte-se dos pressupostos da Teoria Crítica e do Materialismo Histórico-Dialético, que pensam a sociedade a partir das contradições do sistema capitalista de produção e consumo, tendo como pano de fundo a dinâmica da luta de classes.

Para atingir o objetivo principal buscou-se, num primeiro momento, compreender os sentidos possíveis, num contexto de crítica, para o conceito de *ideologia*, fundamentando uma visão capaz de demonstrar a distância entre aquilo que se diz da realidade brasileira e aquilo que pode ser diretamente observado sobre ela, seja nas decisões e atitudes dos cidadãos, seja nas condutas e práticas dos agentes públicos, em especial os responsáveis pela segurança pública.

Num segundo momento, buscou-se demonstrar, a partir do evidente descompasso percebido, quais são as principais contradições que inviabilizam a realização dos objetivos que o punitivismo afirma ter, no nível do discurso, ou seja, fazer valer a norma penal com a consequente redução de criminalidade. Fica evidenciado pelo trabalho que o que o punitivismo produz, na prática, não é sequer a correta aplicação da norma penal, muito menos qualquer impacto positivo no sentido de reduzir os crimes relacionados à violência urbana.

IDEOLOGIA

O termo "ideologia", sem dúvida, recebe vários significados diferentes desde o momento em que surgiu na Filosofia, no início do século XIX, até o momento em que ganha contornos críticos, algumas décadas depois. Faz parte do imaginário popular, por exemplo, o sentido de que "ideologia" é qualquer conjunto de conceitos, verdades, valores que estruturam a visão de mundo de um indivíduo ou de um grupo de indivíduos. A partir dessa visão, as mais diferentes ideologias estariam convivendo em sociedade, de forma mais ou menos harmônica, uma vez que cada um teria o direito de acreditar no que quiser e viver da forma como quiser. Essa versão do conceito de ideologia, porém, é estranha ao pensamento filosófico, não encontrando ressonância em autores de grande relevância.

Duas das concepções mais relevantes de ideologia, desde uma perspectiva não-crítica, são as dos positivistas Auguste Comte e Émile Durkheim. Para o primeiro, "ideologia é sinônimo de teoria, esta sendo entendida como a organização sistemática de todos os conhecimentos científicos"[2], ou seja, o uso do termo refere-se

---

2. CHAUÍ, Marilena. *O que é ideologia?* 9ª ed. São Paulo: Brasiliense, 1988. pág. 26.

ao conjunto acumulado dos conhecimentos científicos aos quais chegou à humanidade. Para o segundo, no entanto, é o exato oposto, isto é, "o ideológico é um resto, uma sobra de ideias antigas, pré-científicas"[3]. Isso significa dizer que, para Durkheim, "ideologia" envolve ideias ultrapassadas e obsoletas, que não servem mais à sociedade, porque foram superadas por novas evidências científicas.

É importante perceber que, a despeito da dicotomia nas definições, o cerne da doutrina do positivismo traz uma concepção de "verdade" como algo que exista à revelia dos sujeitos, aos quais cabe apenas descobri-la ao percebê-la ou encontrá-la no mundo. Ou seja, as concepções subjetivas, os pensamentos e ações dos homens pouco influenciariam naquilo que se pode chamar de "verdade", que se encontraria no mundo aí fora. A filosofia iluminista, pelo menos até Immanuel Kant, tende a crer que a posse dessa verdade garante acesso à realidade "tal como ela é". Em sua vertente política, essa ideia vai se apresentar como Liberalismo, partindo de filósofos como John Locke e os contratualistas.

Dentro do pensamento liberal, que condiciona e molda o surgimento e o processo de legitimação do Estado moderno, existe sempre uma noção de "natureza humana", como um conjunto de características fundantes de todos os sujeitos humanos, que cada um de nós realiza em maior ou menor grau. Se ela é universal e intrínseca à constituição de todas as pessoas, isso significa que ela é a-histórica, ou seja, é eterna e imutável. O Estado se justifica e se legitima, a partir daí, como a forma mais adequada de conciliar a natureza humana

---

3. CHAUÍ, 1988, pág. 30.

com os benefícios de viver em sociedade. Em John Locke, por exemplo, encontramos a defesa da propriedade privada como algo que deriva diretamente da "natureza humana", de forma a torná-la um dado objetivo e inquestionável[4]. Entretanto, como ensina Marilena Chauí, o mundo real é um processo, um movimento temporal de constituição dos seres e de suas significações, e esse processo depende fundamentalmente do modo como os homens se relacionam entre si e com a natureza. Essas relações entre os homens e deles com a natureza constituem as relações sociais como algo produzido pelos próprios homens, ainda que estes não tenham consciência de serem seus únicos autores.[5]

A realidade humana, assim, pouco tem de "objetiva", isto é, não se pode dizer que exista uma verdade que possa ser encontrada no objeto "em si mesmo", sem que as estruturas cognitivas humanas e suas redes simbólicas não estejam envolvidas no processo de significação disso que se pode chamar de realidade. Sobre os dados da realidade e os objetos que percebemos no mundo, diz Chauí:

> São formas de nossas relações com a natureza mediadas por nossas relações sociais, são seres culturais, campos de significação variados no tempo e no espaço, dependentes de nossa sociedade, de nossa classe social, de nossa posição na divisão social do trabalho, dos investimentos simbólicos que cada cultura imprime a si mesma através das coisas e dos homens.[6]

---

4. CAZELLI, Felipe R. (2015) John Locke e o problema da tutela dos direitos dos pobres. In: **Revista JurES**, v. 7, nº 14. Vitória: Estácio de Sá, jun. 2015, p. 20-37. pág. 24.

5. CHAUÍ, 1988, pág. 19.

6. CHAUÍ, 1988, pág. 18.

Ou seja, a realidade que se nos apresenta é apreendida por nós sempre a partir do contexto no qual estamos inseridos, partícipes que somos de uma condição específica de existência: a humana. A compreensão contemporânea de homem busca superar as noções de "natureza humana" professadas na idade moderna pelos filósofos iluministas, propondo que o homem não vive num mundo "natural"; assim, a ideia de "natureza humana" vai sendo substituída pela de "condição humana". Tal condição implica estar inserido, necessariamente, em um contexto social específico Bernard Charlot explicita esse pensamento da seguinte maneira:

O ser humano é construído, quer seja como espécie, quer seja como indivíduo membro dessa espécie. Não é construído a partir de nada, claro está, ele dispõe de um equipamento genético, biológico, mas os efeitos desse equipamento dependeram do que aconteceu na aventura de longo prazo da espécie humana, bem como resultam, na escala de tempo individual, da história de vida do sujeito. Trate-se da espécie ou do indivíduo, essa história é, ao mesmo tempo e indissociavelmente, uma história social: não há ser humano que não seja social.[7]

Dessa maneira, qualquer conjunto de afirmações que pleiteiem o *status* de "conhecimento" e que tenha por objetivo "universalizar" uma determinada visão da realidade encontra-se descolado da própria realidade, por não estar ciente das condições materiais impostas aos sujeitos ao longo de sua história. O próprio pensar acerca da história humana precisa compreendê-la de forma diferente. É necessário entender que:

---

7. CHARLOT, Bernard. **A mistificação pedagógica**: realidades sociais e processos ideológicos na teoria da educação. São Paulo: Cortez, 2013. pág. 38.

A história não é sucessão de fatos no tempo, não é progresso das ideias, mas o modo como homens determinados em condições determinadas criam os meios e as formas de sua existência social, reproduzem ou transformam essa existência social que é econômica, política e cultural.[8]

Pode-se apresentar, a partir daí, o conceito de ideologia em sua versão crítica, compreendendo-a como um conjunto de afirmações que se propõem universais, mas que representam não apenas uma visão específica, que surge a partir de condições específicas, mas também se encontram descoladas dessas condições a partir das quais surge, justamente por causa de sua intenção de receber o rótulo de "verdade absoluta". Ideologia, assim definida, passa a designar essas explicações acerca da realidade humana desde uma perspectiva universal, ocultando o fato de que o próprio surgimento dessas explicações não é nunca universal, mas sempre historicamente condicionado. Ou, nas palavras de Chauí:

Um dos traços fundamentais da ideologia consiste, justamente, em tornar as ideias como independentes da realidade histórica e social, de modo a fazer com que tais ideias expliquem aquela realidade, quando na verdade é essa realidade que torna compreensíveis ideias elaboradas.[9]

Tomemos, por exemplo, a ideia de Liberdade. Dentro da perspectiva da democracia liberal burguesa, a Liberdade é um valor que deve ser buscado por todos. Pertence, inclusive, ao rol de direitos naturais previstos por John Locke[10]. Foi garantido no ordenamento jurídico brasilei-

---

8. CHAUÍ, 1988, pág. 20.

9. CHAUÍ, 1988, págs. 10-11.

10. CAZELLI, 2015, pág. 24.

ro como direito inviolável, incluído no artigo 5º da Constituição Federal. Não há aquele que não concorde com a proposta do liberalismo de que todos sejamos livres, pois é um valor que nos agrada e ao qual, nos parece, vale a pena aspirar. Quando, no entanto, incorporamos a ideia de Liberdade que nos é proposta como valor absoluto, perdemos de vista as efetivas condições materiais de realização da Liberdade. Nas palavras de Charlot:

> Assim, a ideia de liberdade não é falsa, mas sua teorização burguesa, que impregna a ideia tal como é difundida na sociedade, atribuiu-lhe um significado que permite que se faça dela um uso ideológico. O homem é, de fato, mais ou menos livre em seu trabalho, em suas relações com o outro, em sua vida cotidiana etc. Mas esta liberdade apresenta sempre uma forma determinada, em condições sociais determinadas. Por exemplo: o indivíduo é teoricamente livre para escolher a profissão que deseja exercer. Mas, de fato, ele se encontra submetido ao mercado de trabalho regido pelas leis do sistema capitalista, leis que exprimem a opressão de uma classe social por outra e que contradizem, assim, o conteúdo teórico da ideia de liberdade. O uso ideológico da ideia de liberdade consiste em tratar a Liberdade como uma ideia autônoma e em justificar, pela ideia de Liberdade, a ausência de liberdade efetiva nas condições concretas de existência.[11]

A ideologia, compreendida dessa forma, funciona então como um *falseamento* da realidade ao inverter causa e efeito. Ou seja, em vez de nos ajudar a perceber o quanto nossa visão de mundo é produzida pelas condições concretas nas quais vivemos, a ideologia se apresenta como uma explicação universal, descolada

11. CHARLOT, 2013, pág. 61.

da realidade material, mas cuja intenção é explicar essa mesma realidade. Ao fazer isso, a ideologia trabalha pela reafirmação de alguns elementos selecionados, por um lado, e pela ocultação de outros elementos, por outro lado. Quando seleciona quais conteúdos vai evidenciar e quais ocultará, a ideologia o faz com uma pretensão pré-definida. E essa é justamente a de dissimular as condições a partir das quais os homens produzem suas próprias vivências. Que condições seriam essas?

Sabe-se, pelo menos desde Marx, que a sociedade capitalista se encontra dividida entre aqueles que detêm os meios de produção e os que possuem apenas a força de trabalho. Mais do que isso, também sabemos que não é possível acumulação de capital sem exploração do trabalho, o que significa que a classe trabalhadora é explorada e, óbvio, não deve se revoltar contra tal exploração, sob o risco de fazer ruir os pilares de sustentação da sociedade capitalista. O principal objetivo da ideologia, dessa maneira, é invisibilizar a dominação e a exploração exercida pela classe dona do capital, chamada de *burguesia*, naturalizando-as. O propósito da ausência de historicidade na ideologia é promover um entendimento de que "sempre foi assim e, portanto, é assim que é". Chauí assim resume essa visão:

Além de procurar fixar seu modo de sociabilidade através de instituições determinadas, os homens produzem ideias e representações pelas quais procuram explicar e compreender sua própria vida individual, social, suas relações com a natureza e com o sobrenatural. Essas ideias ou representações, no entanto, tenderão a esconder dos homens o modo real como suas relações sociais foram produzidas e a origem das formas sociais de exploração econômica e de dominação política. Esse ocultamento da realidade social chama-se ideologia. Por seu intermédio, os homens legitimam as condições sociais de exploração e de dominação, fazendo com que pareçam verdadeiras e justas.[12]

O que se está a falar, portanto, é sobre legitimação de um dado arranjo social que se dá, primordialmente, de forma unilateral. Afinal de contas, a ideologia que se estabelece como a "explicação oficial" de todas as coisas atende apenas aos interesses burgueses, ou seja, das classes dominantes. Resta-nos avaliar de que maneira essa incorporação da ideologia por parte de toda a sociedade, inclusive as classes ditas "subalternas", impacta as políticas de segurança pública ao produzir o punitivismo como ideologia hegemônica.

PUNITIVISMO

Acompanhamos em nosso país, já há algumas décadas, a intensa proliferação de um discurso punitivista com relação à criminalidade, em especial aquela que produz violência urbana. Por punitivismo entende-se aqui a cobrança por punição para os indivíduos considerados criminosos. Essa cobrança geralmente é feita ao Estado, mas não somente. Entretanto, quando é feita ao Estado, legitima o intenso uso de violência contra cidadãos *suspeitos* de cometerem crimes.

Essa situação ocorre porque a violência urbana, a despeito de produzir um impacto menor na vida do indi-

---

12. CHAUÍ, 1988, pág. 21.

víduo se comparada a outros tipos de crime, é aquela que pode ser experienciada mais diretamente, ou seja, é mais “visível”. É extremamente mais difícil ao cidadão comum, por exemplo, associar um crime de peculato ou de sonegação fiscal a seus possíveis impactos diretos, como a falta de recursos na saúde ou na educação. O tipo de crime que atinge a coletividade provoca, proporcionalmente, danos muito maiores aos cidadãos, mas são invisíveis, uma vez que cometidos “longe dos olhos”. A violência urbana, por outro lado, é um tipo de crime imediatamente percebido, de maneira que ficar sem o celular, por vezes, produz muito mais revolta do que ficar sem leito no hospital ou sem vaga na creche do filho.

Tal situação facilita a propagação da ideologia burguesa por dois motivos: primeiro que contribui para a manutenção do *status* econômico e social burguês, considerando que, geralmente, quem comete crimes contra a coletividade ou pertence à classe burguesa ou se encontra a ela associada; em segundo lugar, contribui também para a construção de um discurso que legitime o abuso de poder e a total discricionariedade dos agentes do Estado.

O domínio ideológico é bastante claro quando se tem a aceitação e mesmo a conivência por parte da população em geral, mesmo entre aquelas pessoas que fazem parte dos grupos mais culpabilizados, vitimizados e criminalizados da sociedade. Isso porque a ideologia, ao ser imposta como verdade única a ser recebida e adotada por todos, transforma a consciência do cidadão em consciência alienada. Ele não percebe o quanto sua realidade está condicionada pelo contexto social no qual ele se encontra, tampouco compreende o quanto é prejudicado por adotar ideias, valores e modelos sociais que não favorecem sua classe.

E é assim que as elites conseguem dividir aquilo que consideram a "classe subalterna" em dois tipos de indivíduos: os submissos, que passaram pelos aparelhos ideológicos do Estado com louvor, incutiram bem a ideologia da classe dominante e estão prontos para cumprir sua função, que é servir; e os "desviantes", que precisam ser "recepcionados" pelos aparelhos repressivos do Estado, sendo, para isso, rotulados de "criminosos" e vistos como "o inimigo". É preciso descortinar esse processo para compreender seus meandros.

Antes de nos aprofundarmos nas consequências da adoção dessa ideologia, é mister explicitar o papel das instituições nesse jogo de poder. Conforme dito anteriormente a perspectiva liberal está historicamente ligada ao positivismo, cuja versão jurídica é o juspositivismo, uma visão do Estado e do Direito que se encontram profundamente relacionados com a ideologia que aqui se intenciona evidenciar. Isso porque, a partir da mesma perspectiva liberal burguesa, também o juspositivismo pensa o Estado e o Direito a partir de uma visão de fora da História. Alysson Mascaro ensina:

Nos termos formalmente postos, o juspositivismo é o instrumento excelente de tal explicação conservadora: o Estado é o que juridicamente se chama por tal. Via reversa, para o juspositivismo, o direito é o que o Estado chamar por tal. Nos termos das ciências sociais e da ciência política, erigem-se então o esquadrinhamento e a quantificação do já dado. Nessa chegada ao chão da explicação analítica sem horizonte histórico e social, o Estado deve ser presumido como entidade perene, sem tomá-lo como resultante de um devir histórico nem considerá-lo enredado em estruturas sociais específicas, dinâmicas e contraditórias.[13]

Quando Mascaro afirma que "o direito é o que o Estado chamar por tal", não é possível esquivar de aplicar essa ideia ao Direito Penal. Isso porque o que se afirma sobre sua finalidade é que ela consiste em "proteger os bens mais importantes e necessários para a própria sobrevivência da sociedade", sendo a pena "simplesmente o instrumento de coerção de que se vale o Direito Penal para a proteção dos bens, valores e interesses mais significativos da sociedade"[14]. Porém, segundo afirma Borges:

> Os sistemas punitivos [...] não são alheios aos sistemas políticos e morais, são fenômenos sociais que não se prendem apenas ao campo jurídico, pelo contrário, têm um papel no ordenamento social e têm, em sua constituição, uma ideologia hegemônica e absolutamente ligada à sustentação de determinados grupos sociais em detrimento de outros.[15]

Isso significa dizer que existem dois dados que ficam de fora dessa definição apresentada acima por Greco e que, por isso, nos faz percebê-la como absolutamente ideológica: primeiro, o fato de que ela deixa transparecer que o lugar onde o Direito pode ser encontrado é na letra da lei, e não em sua aplicação prática; ou seja, mais importante do que as consequências materiais na vida cotidiana de indivíduos reais é aquilo que está escrito

13. MASCARO, Alysson L. **Estado e forma política.** São Paulo: Boitempo, 2013. pág. 10.

14. GRECO, Rogério. **Curso de direito penal:** parte geral. v. 1. 17 ed. Rio de Janeiro: Impetus, 2015. pág. 2.

15. BORGES, Juliana. **Encarceramento em massa**. São Paulo: Sueli Carneiro; Pólen, 2017. pág. 44.

no papel. Em segundo lugar, ao dar essa prioridade e importância ao que está escrito, tal definição acaba por invisibilizar as formas como a lei é aplicada, para ocultar as contradições do discurso estritamente legalista. Assim afirma Matheus Boni Bittencourt:

> A aplicação da lei é a parte mais substancial, é a maneira como se realiza na prática, muitas vezes entrelaçada com ilegalidades e discricionariedade, ainda que em nome da legalidade. Ou seja, é na administração da justiça no cotidiano, do "guarda da esquina" ao juiz togado, do promotor ao agente penitenciário, que se manifestam as conflitualidades sociais que trespassam o controle da criminalidade.[16]

Essa aplicação da lei, sua materialização, não se dá de forma neutra, como se o Direito brotasse a partir do nada e fosse operacionalizado por robôs sem consciência. Tampouco se dá de forma pacífica. Sabe-se que não apenas a elaboração, mas também a aplicação da norma jurídica se dá através da atuação de indivíduos inseridos num determinado contexto social, a partir de seus condicionantes morais, religiosos, de classe, de raça, de gênero etc. Pode-se identificar que existe, então, uma enorme distância entre o discurso construído acerca das finalidades do Direito Penal e sua aplicação prática, ou, em termos mais próprios, Bittencourt nos apresenta a existência de uma criminalização "formal" e uma "material":

> A criminalização formal é o discurso oficial da norma universal e abstrata, orientada pelos interesses

16. BITTENCOURT, Matheus B. **A gestão punitiva da insegurança:** do esquadrão da morte às masmorras high tech. Curitiba: Prismas, 2017. pág. 19.

gerais e pela responsabilidade individual. A criminalização material corresponde à imposição desigual de punições judiciais e extrajudiciais por agências repressoras, como a polícia, os tribunais e as prisões (e às vezes forças militares, serviços secretos, manicômios, campos de concentração etc.). Por essa razão, a discriminação policial e judiciária entre delinquentes socialmente desiguais entre si pode ser vista como uma contradição da igualdade jurídica e responsabilidade individual que são princípios do direito penal iluminista. No entanto, é essa mesma legalidade penal que legitima o exercício da coerção interna pelo Estado capitalista moderno: há, então, uma contradição entre os princípios legitimadores e as práticas legitimadas que constituem as duas faces do processo de criminalização.[17]

A contradição entre princípios e práticas traz a questão da legitimidade do monopólio da violência por parte do Estado. No nível do discurso, o Estado é um terceiro imparcial cuja função, dentre outras, é dirimir os conflitos que possam surgir na sociedade, partindo do princípio de que os particulares não devem compor seus próprios conflitos, uma vez que é pouco provável que alguém seja imparcial e justo quando está julgando em causa própria. Entretanto, a forma como os agentes do Estado (que é através de quem ele se materializa) fazem uso da violência não condiz com os princípios que o próprio Direito diz defender. Ainda assim, mesmo a violência que é operada na prática precisa de uma certa legitimidade; caso contrário, o resultado pode ser a revolta e a revolução. Entretanto, como bem coloca Albuquerque, dificilmente essa legitimidade parte de quem sofre a violência:

---

17. BITTENCOURT, 2017, pág. 33.

Falar de violência é falar de violação, geralmente entendida como uso da força contra o corpo de uma pessoa. [...]. Portanto, na violação, o que está em jogo é o uso ilegítimo da pessoa e de seus prolongamentos *naturais*. Essa ilegitimidade, evidentemente, só pode ser definida do ponto de vista de quem é violado.[18]

A violência do Estado, assim, só pode encontrar legitimidade quando essa legitimidade é produzida na consciência dos próprios violados. E isso só é possível através da ideologia que retira dos violados a possibilidade de reconhecer sua própria condição dentro do jogo de forças que rege a sociedade. Como a ideologia se implanta na consciência coletiva? Quais são as estratégias que ela utiliza para alienar a consciência das camadas mais vulneráveis da sociedade?

A primeira é a exacerbação do sentimento de insegurança através do discurso que intenciona produzir medo. A segunda é o foco punitivo maior em crimes que sejam mais tipicamente cometidos por indivíduos de uma certa camada social, combinado com um discurso de responsabilização exclusivamente individual. Juntas, essas duas estratégias produzem um "inimigo" que todos podem odiar – aquele que é reconhecido pelas alcunhas de "criminoso", "bandido", "vagabundo", dentre outras – além de oferecer uma promessa vazia de solução do problema a partir do enfrentamento desse inimigo.

Sobre a primeira estratégia, é interessante ler o que escreve Borges, quando fala a respeito dos crimes relacionados ao tráfico de drogas:

---

18. ALBUQUERQUE, José Augusto G. **Metáforas do poder.** Rio de Janeiro: Achiamé, 1980. págs. 68-69.

O discurso de epidemia e de amedrontamento da população em relação às substâncias ilícitas cria o caldo necessário para a militarização de territórios periféricos sob o verniz de enfrentamento a esse “problema” social. Sendo assim, o sistema mantém o funcionamento de sua engrenagem pela criminalização, pelo controle e pela vigilância ostensiva desses territórios e por extermínio que se justifica e tem sustentação social de jovens supostamente envolvidos no pequeno tráfico.[19]

A militarização do espaço público é um terrível sintoma desse projeto punitivista do liberalismo brasileiro, visto que é ainda herança de tempos sombrios da nossa história. Bittencourt chega a afirmar que “como regime pós-autoritário, a República brasileira herdou mais legislação, ideologia e pessoal de ‘segurança’ dos Anos de Chumbo do que seria tolerável para a construção de uma democracia”. A verdade é que nada justifica que se tenha soldados patrulhando as ruas a não ser que se afirme um estado de guerra.

Para fazer uma curiosa alusão a um produto da cultura pop – numa clara demonstração de que os melhores conhecimento podem vir dos lugares mais inusitados – as palavras do personagem Comandante Adama, do seriado estadunidense “Battlestar Galactica”, podem muito bem nos instruir acerca do quão perigosa é a organização de nossa segurança pública. Segundo ele, “há uma razão para separar os militares e a polícia. Uns combatem os inimigos do Estado, a outra serve e protege o povo. Quando os militares se tornam ambos, então os inimigos do Estado tendem a se tornar o povo”[20].

---

19. BORGES, 2017, pág. 24.

20. ***Battlestar Galactica, Season 1 Quotes.*** (nº d.). *Quotes.net*. Disponível em: <https://www.quotes.net/show-quote/7877>. Acesso em: 06 de mar. de 2021.

Essa é a realidade brasileira, e é esse suposto estado de guerra constante, com o foco da segurança pública toda voltada para a perspectiva do "combate à criminalidade", que produz o medo e a consequente sensação de insegurança na população. Mas apenas isso não é suficiente para que se consiga legitimar toda a violência produzida e reproduzida pelos agentes do Estado. É necessário também a produção de um "inimigo". Isso se obtém, primeiramente, através da criminalização seletiva, que se dá não apenas na aplicação da lei, mas mesmo em sua elaboração.

Assim, a própria lei trata diferente, por exemplo, quem furta uma bicicleta e quem furta dinheiro do povo através da sonegação de impostos. No segundo caso, se o criminoso devolve o dinheiro furtado, ele se exime da culpa; no primeiro, mesmo que a bicicleta seja devolvida, o indivíduo ainda precisa responder judicialmente pelo furto. Mas ainda assim é possível dizer que a seletividade na aplicação da lei é ainda mais grave. Pois mesmo sendo ideológica, a legislação ainda é um contrato social que está disponível a todos; mesmo que não concorde, o indivíduo tem como prever quais são as possíveis consequências de seus atos. Entretanto, sabe-se que, na prática, o tratamento a indivíduos de diferentes classes sociais é totalmente distinto, mesmo à revelia da lei. Segundo Bittencourt:

A questão é que há uma seletividade entre as ações que transgridem as normas penais estabelecidas e as ações que identificam os crimes e os criminosos. Sendo assim, punição e impunidade são as duas faces da mesma moeda, à medida que a punição é seletivamente aplicada a diferentes classes sociais (e frações de classe). Tal fato pode ser medido por comparação de características da população livre e da população encarcerada ou vítima de violência policial.[21]

Além dessa seletividade, ainda existe a perspectiva de responsabilização exclusiva do indivíduo, baseado na filosofia *neo*liberal que dominou as discussões políticas dos últimos 70 anos, a partir principalmente da produção ideológica dos países anglófonos. Analisando o discurso neoliberal em outra oportunidade, foi possível observar que:

> A política econômica de livre mercado e a diminuição de gastos sociais, somadas à privatização, entrega nas mãos da iniciativa privada todos os serviços de assistência básica. Não há uma maneira de controlar a acumulação ampliada do capital, intensificando a concentração de renda e a disparidade econômica entre os mais ricos e os mais pobres. Aliada a isso, temos uma situação em que a responsabilidade sobre o bem-estar social deixa de estar depositada sobre o Estado, que tem suas funções reduzidas, e passa a pesar sobre os ombros do indivíduo [...].[22]

Assim, toda a responsabilidade sobre a criminalidade recai sobre o indivíduo, na rede ideológica que inclui ideias como *meritocracia* e *autonomia moral*. São ideológicas porque, como foi dito anteriormente, não dá pra falar em *meritocracia* numa sociedade em que indivíduos partem de situações tão desiguais e enfrentam mais ou

---

21. BITTENCOURT, 2017, pág. 34.

22. CAZELLI, Felipe R. O liberalismo político e as origens sociais da criminalidade: contrapondo as desigualdades socioeconômicas e o discurso liberal. **Anais do 5º Seminário Interdisciplinar em Sociologia e Direito**. Niterói: PPGSD-UFF, 14-16 out. 2015, nº 5, v. 15, págs. 40-53. pág. 48.

menos obstáculos na vida de acordo com a condição na qual se encontram inseridos. O mesmo ocorre com a *autonomia moral,* que é um conceito que se constrói sobre uma determinada visão de moralidade, que muitas vezes não corresponde àquilo que, de fato, atenderia aos interesses das classes mais vulneráveis.

É por isso que se diz hoje no Brasil, com tanta facilidade, frases como "bandido bom é bandido morto", a despeito de não haver na legislação do país qualquer lei que garanta a punição de qualquer crime com a morte. A pergunta que fica a partir dessa frase é: não seriam igualmente criminosos aqueles que apoiam a morte de outros, independentemente do motivo? A questão é que a ideologia da individualização da culpa se encontra entranhada no nosso sistema penal. Ao falar sobre a definição legal do crime, por exemplo, Bittencourt lembra que é "um mecanismo de individualização da culpa: toda ação é entendida como se fosse uma livre escolha do indivíduo"[23]. Por isso o crime causa revolta, pois, na imaginação da consciência alienada pela ideologia, o indivíduo cometeu um crime simplesmente "porque quis", e por nenhuma outra razão. Entretanto, Bittencourt continua:

Sem negar que há algum grau de escolha subjetiva na conduta humana, é preciso ter em mente que toda escolha é condicionada por um contexto objetivo, que impõe limites e pressões às opções, de uma tal maneira que, em muitos casos, as escolhas terminam por se ajustar às situações. A repressão penal baseia-se numa "filosofia do como se" do livre-arbítrio e da culpa, que

---

23. BITTENCOURT, 2017, pág. 36

suspende o contexto do ato e dissolve a responsabilidade coletiva, induzindo à despolitização e privatização da conflitualidade social.[24]

Dessa maneira, fica claro que o foco exclusivo no indivíduo como fonte da criminalidade não apenas desconsidera as vicissitudes dos contextos produtores de criminalidade e os fatores sociais criminogênicos, como inclusive retira totalmente do Estado a responsabilidade por qualquer fator relativo ao crime que não seja sua punição. Essas são as estruturas que facilitam a criação de um "inimigo interno" na perspectiva da sociedade brasileira e que facilita a legitimação de todo um aparato repressivo e fortemente violento. Não apenas isso, mas sabe-se também que esse aparato tem como alvo favorito uma determinada classe social e pessoas com determinadas características, levando Borges a afirmar que:

> A figura do criminoso abre espaço para todo tipo de discriminação e reprovação, com total respaldo social para isso. E ao retomarmos os dados que demonstram que há um grupo-alvo e predominante entre a população prisional, ou seja, que é considerada criminosa, temos aí uma fórmula perfeita de escamoteamento de um preconceito que é racial primordialmente.[25]

O que vemos como consequência dessa ânsia de punir e desse racismo estrutural que perpassa todo o sistema, é um encarceramento absurdo, que tornou o Brasil o terceiro país com maior população carcerária do planeta, ficando atrás apenas dos EUA e da China[26].

---

24. BITTENCOURT, 2017, pág. 36

25. BORGES, 2017, pág. 23.

26. NSTITUTO HUMANITAS. **Brasil se mantém como 3º país com maior população carcerária do mundo. São Leopoldo**. RS: Unisinos, 2020. Disponível em: <http://www.ihu.unisinos.br/78-noticias/596466-brasil-se-mantem-

Não apenas isso, mas o punitivismo tem sido a lógica a partir da qual se lida com a criminalidade há muitas décadas no país, não produzindo nenhum resultado relevante no tocante à redução da criminalidade, em especial aquela que está relacionada à violência urbana – muito pelo contrário, as taxas de criminalidade parecem só aumentar[27] – levando Bittencourt a se perguntar:

> Se o encarceramento realizado por meio das polícias e cumplicidade do Ministério Público e Judiciário não surtiu os resultados desejados, e ainda impunha custos cada vez maiores e causava dificuldades extraordinárias à administração penitenciária, por que foi expandido ao máximo?

Nossa segurança pública parece atuar da mesma forma durante décadas, mas esperando (ou, ao menos, *dizendo* esperar) resultados diferentes; segundo Albert Einstein, numa citação já bastante popular, essa é a própria definição de insanidade. Ou seja, podemos dizer que a segurança pública no Brasil é insana.

CONCLUSÃO

É muito importante a compreensão do que é ideologia, enquanto *falseamento* da realidade. Isso porque, em muitos momentos, a tentativa de demonstrar

-como-3-pais-com-maior-populacao-carceraria-do-mundo>. Acesso em: 07 de mar. de 2021.

27. Conforme indicam dados do IPEA – Instituto de Pesquisa Econômica Aplicada. Disponível em: <https://www.ipea.gov.br/atlasviolencia/dados-series/20>. Acesso em: 31 de maio de 2021.

que as propostas identificadas como ideológicas não encontram respaldo na realidade social, é também chamada de ideológica. Como se estivéssemos falando de ideologias em embate, cada uma visando vencer o debate através da persuasão, ambas sendo igualmente válidas. A pesquisa apresentada neste artigo intencionou mostrar algo bem diferente.

O que vimos aqui é que o que se chama de ideologia é algo que apenas tem *ares* de verdade. As pessoas concordam, porque são apresentadas a conceitos que são universalmente desejáveis. Ao entrar em contato com eles, porém, perde-se a perspectiva das condições concretas de realização do que prega a ideologia. No fim das contas, o que se busca realizar só é alcançável para uma parcela da população, enquanto a outra é dominada e oprimida. Quando essa parcela oprimida concorda com a dominação, temos a manutenção e a reprodução do sistema opressor.

O punitivismo é só uma das manifestações da ideologia, mas é uma bem grave. Isso porque extermina vidas, tanto literal quanto simbolicamente. Associa-se a uma máquina estatal extremamente violenta e cobra um alto preço do povo brasileiro. Descortinar o caráter ideológico do punitivismo significa demonstrar que, enquanto seja um discurso que fundamenta a aplicação do Direito Penal brasileiro, ele não consegue cumprir com os objetivos a que o Direito Penal declaradamente aspira. O descompasso entre o que se diz que Direito Penal deve realizar, e o que ele realiza de fato, fica bastante evidente.

REFERÊNCIAS BIBLIOGRÁFICAS

ALBUQUERQUE, José Augusto G. **Metáforas do poder**. Rio de Janeiro: Achiamé, 1980.

BITTENCOURT, Matheus B. **A gestão punitiva da insegurança**: do esquadrão da morte às masmorras high tech. Curitiba: Prismas, 2017.

BORGES, Juliana. **Encarceramento em massa**. São Paulo: Sueli Carneiro; Pólen, 2017.

CAZELLI, Felipe R. (2015) John Locke e o problema da tutela dos direitos dos pobres. In: **Revista JurES**, v. 7, nº 14. Vitória: Estácio de Sá, jun. 2015, págs. 20-37.

CAZELLI, Felipe R. O liberalismo político e as origens sociais da criminalidade: contrapondo as desigualdades socioeconômicas e o discurso liberal. **Anais do 5º Seminário Interdisciplinar em Sociologia e Direito**. Niterói: PPGSD-UFF, 14-16 out. 2015, nº 5, v. 15, págs. 40-53.

CHARLOT, Bernard. **A mistificação pedagógica**: realidades sociais e processos ideológicos na teoria da educação. São Paulo: Cortez, 2013.

CHAUÍ, Marilena. **O que é ideologia?** 9ª ed. São Paulo: Brasiliense, 1988.

GRECO, Rogério. **Curso de direito penal**: parte geral. v. 1. 17 ed. Rio de Janeiro: Impetus, 2015.

INSTITUTO HUMANITAS. **Brasil se mantém como 3º país com maior população carcerária do mundo**. São Leopoldo, RS: Unisinos, 2020. Disponível em: <http://www.ihu.unisinos.br/78-noticias/596466-brasil-se-mantem-como-3-pais-com-maior-populacao-carceraria-do-mundo>. Acesso em: 07 de mar. de 2021.

MASCARO, Alysson L. **Estado e forma política**. São Paulo: Boitempo, 2013.

QUEM SOMOS

As Editoras LETRAS JURÍDICAS e LETRAS DO PENSAMENTO, com 22 anos no mercado *Editorial e Livreiro* do país, são especializadas em publicações jurídicas e literatura de interesse geral, destinadas aos acadêmicos, aos profissionais da área do Direito e ao público em geral. Nossas publicações são atualizadas e abordam temas atuais, polêmicos e do cotidiano, sobre as mais diversas áreas do conhecimento.

As Editoras LETRAS JURÍDICAS e LETRAS DO PENSAMENTO recebem e analisam, mediante supervisão de seu Conselho Editorial: **artigos, dissertações, monografias e teses jurídicas** de profissionais dos Cursos de: ***Graduação, de Pós-Graduação, de Mestrado e de Doutorado, na área do Direito e na área técnica universitária, além de obras na área de literatura e de interesse geral.***

Na qualidade de *Editora Jurídica e de Interesse Geral*, mantemos uma relação em nível nacional com os principais *Distribuidores e Livreiros do país*, para divulgarmos e para distribuirmos as nossas publicações em todo o território nacional. Temos ainda relacionamento direto com as principais *Instituições de Ensino, Bibliotecas, Órgãos Públicos, Cursos Especializados de Direito* e todo o segmento do mercado.

Participações em Feiras **Nacionais e Internacionais.**

NOVIDADE!!! O Autor (a) da LJ/LP terá uma página exclusiva para inserir sua biografia, fotos, vídeos e artigos de sua área e artigos em geral, para interagir com o leitor e ganhar maior visibilidade no mercado.

Na qualidade de editora prestadora de serviços, oferecemos os seguintes serviços editoriais:

- ✓ Análise e avaliação de originais para publicação;
- ✓ Redação, Revisão, Edição e Preparação de Texto;
- ✓ Assessoria Técnica Editorial;
- ✓ Cadastro do ISBN – CBL e SNEL;
- ✓ Ficha catalográfica – CBL e SNEL;
- ✓ Design e montagem da Arte de capa;
- ✓ Digitação e Diagramação de textos;
- ✓ Direitos Autorais: Consultoria e Contratos;
- ✓ Elaboração de sumáriosde índices e de índice remissivo;
- ✓ Fotografia: Escaneamento de material fotográfico;
- ✓ Fotografia: Escaneamento de material fotográfico;
- ✓ Gráficas – Pré-Impressão, Projetos e Orçamentos;
- ✓ Ilustração: projeto e arte final;
- ✓ Áudio Books;
- ✓ Livros Digitais, formatos E-book e Epub;
- ✓ Organização de Lançamentos, eventos, palestras e workshops;
- ✓ Pesquisa Editorial CBL e SNEL.
- ✓ Peças Publicitárias - Banners, Cartazes, Convite de Lançamento, Folhetos, Marcadores de Página e peças em geral de divulgação e publicidade.

Nesse período a *Editora* exerceu todas as atividades ligadas ao setor **Editorial/Livreiro** do país. É o marco inicial da profissionalização e de sua missão, visando exclusivamente ao cliente como fim maior de seus objetivos e resultados.

"NOSSAS MARCAS MOSTRAM AS LETRAS DO FUTURO"

O EDITOR

A Editora reproduz com exclusividadetodas as publicações anunciadas para empresas, entidades e/ou órgãos públicos. Entre em contato para maiores informações.

Nossos sites: www.letrasjuridicas.com.br e www.letrasdopensamento.com.br

E-mails: comercial@letrasjuridicas.com.br e comercial@letrasdopensamento.com.br

Telefone/fax: (11) 3107-6501 – 99352-5354